백만 불의 판매 기법

이 도서의 국립중앙도서관 출판시도서목록(CIP)은 e-CIP 홈페이지(http://www.nl.go.kr/ecip)에서 이용하실 수 있습니다.(CIP제어번호: CIP2008003281)

백만 불 원탁회의(MDRT) 시리즈 02

금 융 전 문 가 를 위 한

백만 불의
판매 기법

백만 불 원탁회의 생산성향상센터 지음
김선호 옮김

Selling Techniques

서울출판미디어

판매는 일반적으로 기업의 성공과 실패를 결정짓는 가장 중요한 요소로 인식된다. 판매하는 것이 제품이든 서비스든 상관없이, 판매자와 구매자 사이에 발생하는 거래에는 판매 기법을 잘 아는 노련한 전문가의 연결이 있게 마련이다.

이 책은 더 큰 목표를 달성하려는 영업전문가를 대상으로 한다. 왜 책 제목이 『백만 불의 판매 기법』일까? 세계적으로 가장 유명한 영업조직인 '백만 불 원탁회의(MDRT: Million Dollar Round Table)'에서 이제부터 배울 핵심 정보를 직접 뽑아냈기 때문이다. 판매의 세부사항을 논의하기에 앞서 백만 불 원탁회의에 대한 궁금증을 풀어보자.

1927년 32명의 영업전문가가 영업 아이디어를 공유하려고 테네시주 멤피스에서 만났다. 이들은 각자의 노하우를 공유하면 참가자 모두의 전문성을 높일 수 있을 것으로 기대했다. 이들은 생명보험을 판매하는 영업전문가였다. 오늘날 이 모임은 40개국 약 1만 9,000명이 넘는 회원이 참여하는 국제조직으로 성장했고 금융 서비스 전반으로 영역을 넓혔다.

백만 불 원탁회의는 세계적인 주목을 받고 있다. 수십 명의 소박한 모임에서 세계적으로 유명한 영업조직으로 성장한 것이다. 이러한 성장의 비밀은 무엇일까? 그것은 바로 유명한 이 조직을 오랜 기간 동안 하나로 묶어준 일련의 핵심 가치를 개발했다는 데 있다. 이러한 가치를 지속적으로 장려하고 확장시키면서 오늘날의 훌륭한 조직이 되었다. 이 책과 백만 불 원탁회의를 소개하는 가장 좋은 방법은 이러한 가치를 명확히 설명하고 이 가치를 통해 직업적 잠재력과 인간적 잠재력을 100% 발휘할 수 있는 방법을 알려주는 것이다.

백만 불 원탁회의의 가장 중요한 가치는 전문적인 측면과 인간 능력의 측면에서의 **생산성**이다. 백만 불 원탁회의는 영업 분야에서 가장 높은 기준으로 제시된 생산성 수준에 도달한 사람의 모임으로 설립되었다. 이 생산성 수준은 현재 세계적으로 상위 6%에 해당하는 영업전문가로 대표된다. 백만 불 원탁회의의 생산성 수준은 가입할 수 있는 자격이 되는 기초 수준(MDRT), 기초 수준보다 3배 높은 수준(COT: Court of the Table), 기초 수준보다 6배 높은 수준(TOT: Top of the Table)으로 구분된다. 이 유명한 영업조직의 철학은 '큰 꿈을 꾸어라' 그리고 '그 꿈을 실현하자'이다.

모티머 애들러 박사*는 1962년에 백만 불 원탁회의에 인간의 생산성을 강조하는 개념을 도입했다. 애들러 박사는 모든 사람 특히 성공한 사람의 내재적 욕구를 백만 불 원탁회의 회원에게 이해시키려

---

* Motimer Adler, 1902~2001, 미국의 철학자. 허친스(R. M. Hutchins)와 함께 『서양의 위대한 책』 시리즈 편집, 철학 연구원 설립. ─ 옮긴이

고 노력했는데, 인간이 가지고 있는 내재적 욕구는 의미 있는 삶을 살기 위해서 인간이 도달해야 하는 내적·외적 요소 모두를 말한다.

애들러 박사는 이러한 개념이 적용되는 시대에 우리들이 와 있다는 것을 보여주었다. 백만 불 원탁회의 회원은 이미 영업의 성공만으로는 충분하지 않다고 깨닫는 수준까지 도달했다. 인간의 삶은 생계를 위해 하는 모든 영업 행위보다 더 큰 의미가 있다는 것이다. 자신의 존재 이유가 자신이 하는 일보다 더 중요하게 되었다. 단순한 생존을 위해서는 인간의 삶에서 몇몇 측면만 필요하지만, 잘 살려면 삶의 다른 많은 측면이 필요하다고 애들러 박사는 말했다. 현재 백만 불 원탁회의는 삶에서 중요한 일곱 가지 요소가 균형을 이루는 '완전한 인간 개념(Whole Person Concept)'을 채택했다. 일곱 가지 요소는 건강, 가족, 정신, 교육, 재무, 봉사, 경력이다. 완전한 인간은 자신의 삶에서 일곱 가지 요소가 균형을 잡고 일관성을 유지하도록 평생 추구하면서 인간의 잠재력을 완벽하게 개발하기 위해 끊임없이 노력하는 사람이다.

　백만 불 원탁회의의 전임 회장인 그랜트 타가트(Grant Taggart)는 완전한 인간 개념을 다음과 같이 잘 표현했다. "개인적으로 보면 재산을 모으기 위해 돈을 버는 것이 중요하지만, 그게 가장 중요하다고 생각하지는 않습니다. 누군가 말했듯이 성공은 한마디로 황금도 아니고 용감한 행동을 하는 것도 아닙니다. 지금 벌고 있는 돈이나 짓고 있는 집은 우리가 죽으면 아무 의미가 없습니다. 그러나 죽고 난 후에도 다른 사람의 마음속에 살아 있는 사람이야말로 성공한 사람입니다." 이러한 철학이 백만 불 원탁회의 영업전문가를 오늘날과 같이 성공하게 만들었다.

　나눔과 돌봄의 정신(sharing and caring spirit)은 백만 불 원탁회의 모든 회원이 소중히 여기는 또 다른 가치다. 1927년 최초 모임 때 탄생한

이 정신은 조직의 상징이 되었다. 백만 불 원탁회의에는 회원이나 회원의 고객 그리고 회원이 소속된 회사를 위해 지식을 나누는 여유로운 전통이 있다. 서로에게 돕고자 하는 관심이야말로 백만 불 원탁회의 회원이 갖춘 진짜 독특하고 긍정적인 자질이다.

탁월함을 위한 헌신(commitment to excellence) 또한 조직에 널리 퍼져 있는 가치다. 세계적으로 최고의 영업회의인 연례회의야말로 이 가치가 가장 잘 드러나는 행사다. 백만 불 원탁회의의 수많은 회원이 이 회의에 참석하려고 자신이 버는 연간 수입의 10% 이상을 사용한다는 점이 이 회의에 대한 최고의 찬사다. '탁월함을 위한 헌신'의 또 다른 증거는 매년 1,200명 이상의 회원이 조직에 적극적으로 봉사한다는 사실이다. 백만 불 원탁회의의 전문인력은 세계적으로 다른 영업조직의 모델이 되고 있다. 우수한 성과는 이제 백만 불 원탁회의의 최저 기준일 뿐이다.

1969년에 백만 불 원탁회의 회원인 마셜 월퍼(Marshall Wolper)는 동료에게 **"자신이 생각하는 것 이상이 되어라"**라고 하면서 새로운 가치를 제시했다. 그의 기본 전제는 다음과 같다. "아는 것이 적다고 새로운 시장에 뛰어드는 것을 두려워해서는 안 됩니다. 우리는 책을 통해 항해하는 법을 모두 배울 수 없습니다. 직접 뛰어들어 최선을 다해야 합니다. 직접 일을 하면서 배울 수 있고, 새로운 판매를 위한 노력을 기울이면서 열심히 일해야만 성장할 수 있습니다."

앨릭 매켄지 박사*는 **시간경영**(time management) 철학을 통해 조직에 다음과 같은 중요한 가치를 제공했다. "누구나 시간이 충분하지 않습니다. 그러나 모든 사람에게 24시간이라는 충분한 시간이 있습니다." 매켄지 박사를 통해 백만 불 원탁회의 회원은 시간을 낭비하게

---

* Alec McKenzie, 세계적으로 권위를 인정받고 있는 시간 관리 전문가. 『결심을 실천으로 바꿔주는 타임 전략』이 우리나라에 번역 출간되었다. ─옮긴이

하는 요소와 권한위임의 중요성을 배웠다. 영업전문가는 시간경영을 실무에 적용시켜 자신의 시간을 자신이 가장 잘하는 일, 즉 가망고객과 고객의 문제점을 발견하고 해결책을 창출하는 만남에 집중해서 쓸 수 있게 되었다. 백만 불 원탁회의 영업전문가는 기본적으로 문제 해결사다.

백만 불 원탁회의 회원에게 강화된 가치가 **목표 설정**(goal setting)의 중요성이다. 회원은 먼저 일과 자신의 삶에서 원하는 것이 무엇인지 알고 이것과 일치된 목표를 설정해야 한다. 목표 설정은 영업전문가에게 결승점을 향해 달리게 하는 원동력이며 성장을 측정할 수 있는 지표이다. 백만 불 원탁회의 회원은 마음만 먹으면 달성할 수 있다는 사실을 배웠다. 이들은 '큰 꿈'을 꾸며 그 꿈을 실현하려고 목표를 설정한다.

백만 불 원탁회의는 모든 활동에서 전문가답게 행동하는 **전문성**의 가치를 강조한다. 백만 불 원탁회의 영업전문가는 자신이 누구인지 잘 알고 자신이 하는 일에도 정통해야 한다고 굳게 믿는다. 이 밖에도 많은 가치가 있지만, 백만 불 원탁회의에서 특별히 강조하는 것이 회원은 정도를 걸어야 하며 법률적 또는 윤리적으로 정당한 행위 그 이상을 솔선수범해야 한다는 것이다. 회원은 항상 옳은 일만을 해야 한다. 옳은 일을 하면 후회가 없고, 삶의 모든 측면에서 정도를 걸어야만 옳은 일을 하는 것이라고 굳게 믿는다.

　백만 불 원탁회의의 가치와 완전한 인간 개념을 받아들이면 어떤 결과가 창출될까? 간단히 말해 놀라운 판매 성공이다. 판매의 성공을 위해 필요한 사항이 무엇인지가 이제부터 배우고 익힐 내용이다.

CONTENTS

머리말 5

제1장   판매 철학 • 21

나 자신을 판매하라 ·································· 31

행동을 통한 전략의 시각화 • 31
마법 같은 지름길은 없다 • 32
인간 본성에 대한 매일의 교훈 • 33
다재다능한 능력을 갖춰라 • 34
가망고객의 태도와 선호 • 34
개인적 요소 • 36
가망고객의 자문 • 37
고객의 선호 • 39
우호적인 첫인상 확보 • 42
나의 역할에 어울리도록 하라 • 43
작은 것이 중요하다 • 44
잘 차려입기와 화려하게 치장하기 • 46
단정함 • 48
목소리와 말투 • 49
악수 • 52
상식은 훌륭한 지도자 • 54

판매과정 ·································· 54

주의 단계 • 55
흥미 단계 • 56
욕망 단계 • 57
확신 단계 • 59
마무리 • 60
두 가지 기본 질문 • 61
마지막 처리 • 62
상황 설정과 판매상담 사례 • 65
개인으로서 고객 • 78

제2장   판매 아이디어 • 79

상담 확보하기 ································· 81

전화 소개 • 85

가망고객의 주의를 집중시키기 • 90

관심을 집중시키는 법 • 92

　　1. 혜택에 즉시 중점을 두어라 | 2. 질문으로 시작하라 | 3. 특이하고 충격적인 병따개로 시작하라 | 4. 판매와 연관된 흥미로운 일화를 이야기하라 | 5. 친숙하고 중요한 이름을 활용하라 | 6. 보여주면서 시작하라 | 7. 뉴스를 판매제안에 활용하라

추가해서 지켜야 할 사항 • 98

최종 목표 • 99

가망고객이 더 듣고 싶어 하게 만들어라 • 100

경청 예술 • 100

규칙에 의한 판매 ································· 101

지원 팀 구축 ································· 114

판매했으면 절대 다시 사들이지 마라 ················· 115

더 생산적인 판매를 위해 성격의

역동성을 활용하는 법 ························· 116

사색가의 특질 • 121

사색가와 일하기 • 122

지시자의 특질 • 125

지시자와 일하기 • 126

연결자의 특질 • 128

연결자와 일하기 • 130

사교가의 특질 • 132

사교가와 일하기 • 134

좀 더 재치 있게 판매하는 28가지 방법 ············· 137

CONTENTS

제3장   침체 극복 • 143

고참 영업전문가의 열 가지 함정 ························· **145**
  1. 큰 건만 추구하면서 고객 기반이나 고객 확대를 포기 • 147
  2. 완벽한 사실정보 파악을 중단 • 149
  3. 바쁜 것을 생산적인 것으로 착각 • 150
  4. 고객 관계를 지속적으로 유지하는 데 실패 • 151
  5. 확실한 판매를 포기 • 152
  6. 지원 인력에게 위임 실패 • 153
  7. 하루 일정이나 시간 관리의 구조적 접근 실패 • 155
  8. 영향 세력 개발의 실패 • 155
  9. 지속적 학습의 실패 • 156
  10. 고객 기반의 양과 질에 대한 연간 검토의 중단 • 157

판매의 심리적 요인 ································· **159**
  기본적 동기부여 • 162
  주요 동기, 선택 동기, 보조 동기 • 171

자기 과시의 두려움 ································· **178**
  두려움 없는 가망고객 발굴과 자기 과시 • 187
  판매의 두려움과 용기 • 189
  '연구' • 189
  숨겨진 위험 • 191
  백만 불 원탁회의에도 접촉혐오증이? • 193
  기원 • 195
  스스로 가지고 있는 이미지에서 • 196
  신비한 종교 • 197
  목표 겨냥 • 199
  경로 계획 • 199
  체계적 접근 • 200
  세 가지 핵심적 요인 • 201
  위대한 사칭자 • 201

접촉혐오증의 치료방법 206

  복합유형, 복합치료 • 206
  업계 프로파일 • 208
  나이, 성, 그리고 접촉혐오증 • 212

제4장 **다음 단계의 수준으로 도약** • 213

  1. 나만 그러는 것이 아니다 • 217
  2. 변화하는 데 결코 늦은 때는 없다 • 218
  3. 지금 당장 변화를 시작할 수 있다 • 218

두려움과 함께 살기 223

  바보처럼 보일 두려움 • 227
  거절에 대한 두려움 • 227
  '진의가 간파될' 두려움 • 228
  잘못된 의사결정을 내릴 두려움 • 228
  오류에 대한 두려움 • 230
  실패에 대한 두려움 • 231
  과도한 성공에 대한 두려움 • 231
  두려움의 과정 • 235
  행동변화의 대안 • 237

행동수정 237

  사고 정지 • 238
  사고 전환 • 239
  성공연습 • 239
  내부 대화 통제 • 240
  행동수정을 통한 재학습 • 241

CONTENTS

자기 개선 계획 ································· **244**

자신의 말을 느끼도록 배우기 • 245
균형감과 확신 개발 • 246
자기 점검 • 247
삶에서 가장 소중한 시간 • 251
받아들일 수 있는가? • 251
성격 요약 • 252

판매 증대를 위한 15가지 방법 ······················ **253**

1. 마케팅 계획을 개발하라 • 253
2. 올바른 마케팅 전술을 선택하라 • 254
3. 기본에 충실하라 • 255
4. 걱정하라 • 255
5. 가망고객 발굴 노력을 확대하라 • 255
6. 차별화하라, 차별화하라, 차별화하라 • 256
7. 영업지원 인력을 효과적으로 활용하라 • 257
8. 응답 고리를 제공하라 • 257
9. 옆길로 빠지지 마라 • 258
10. '새롭고 개선된' 것을 제공하라 • 258
11. 기술발전에 보조를 맞춰라 • 258
12. 지속적으로 그리고 일관되게 소통하라 • 259
13. 영역을 넓혀라 • 259
14. 항로를 유지하라 • 260
15. 생각하라 • 260

차가운 개척영업을 뜨거운 판매로 바꿔라 ············· **261**

네 가지 고성과 기술 ······················ **274**

1. 긍정적 자부심의 증대 • 275
   백만 불짜리 피드백 | 작은 위험
2. 동료에게 자발적으로 책임감 있게 행동하기 • 279
3. 감정 대신 행동방식으로 판매하기 • 280

4. 나의 신념과 행동을 연결하기 • 283

자발적 목표 설정을 위한 오디오 기법 ················· 284

다른 방법 • 286

사고 전환 마케팅 ················· 289

진보의 역설 • 290
과거의 관행과 새로운 방법 • 291
어떤 시장을 • 293
나의 시장 형성 • 296

결론 ················· 299

완전한 인간을 목표로 ················· 301

경력 • 304
교육 • 312
건강 • 317
봉사 • 320
가족 • 324
완전한 인간의 성공 • 327

옮긴이 후기 ················· 330

제 1 장

판매 철학

영업전문가의 성과는 전적으로 판매 철학에서 비롯된다. 판매 철학은 영업전문가가 가지고 있는 판매에 대한 야망과 태도 그리고 판매 상품에 대한 확신이다.

백만 불 원탁회의 회원의 판매 철학은 예외 없이 굳건해서 업계에서 최고를 자랑할 정도다. 이러한 영업전문가에게는 세상이 아주 경쟁적이라는 사실을 알려줄 필요도 없다. 이들이 체득한 영업력(salesmanship)의 본질은 경쟁에 대처할 수 있는 자신의 능력이다.

판매를 하기 전에 우호적인 분위기를 만들어야 하는 이유는 무엇인가? 상품과 서비스를 확실하게 판매하는 데 도움이 되기 때문이다. 가망고객이 저항하려고 쏟아낸 수많은 의견이 틀렸다는 것을 하나하나 확신시키려고 노력하는 이유는 무엇인가? 그렇게 해야만 판매가 마무리되기 때문이다.

이러한 판매는 경쟁과 아무 관련이 없다고 오해하는 사람이 있다. 판매 현장에서는 똑같거나 비슷한 상품을 판매하는 다른 영업인과 경쟁할 뿐만 아니라, 가망고객의 지갑에 들어 있는 돈을 차지하려는 완전히 다른 상품을 판매하는 영업인과도 경쟁한다. 이러한 사실을 깨닫는 것과 상관없이 가구 판매자는 정육점과 음식점, 극장과 경쟁한다.

경쟁에 가장 잘 대처하는 방법은 '가장한다'라는 말을 강조하면서 경쟁이 없는 것처럼 가장하는 것이다. 경쟁자가 제공하는 것을 헐뜯기보다 자신의 상품이나 서비스가 지닌 품질과 이점을 보여주면, 자신의 성실성에 흠집을 내지 않으면서도 경쟁상품은 비교가 되어 가치가 떨어지게 된다.

경쟁자와 경쟁상품을 직접 공격하는 것만큼 잠재고객을 화나게 만드는 일은 없다. 그것은 정말 형편없는 짓이며 판매에 도움이 안 되는 불필요한 일이다. 경쟁자의 약점보다 내가 제공하는 상품과 서비스의 장점을 제안하면 훨씬 더 나은 효과를 창출할 수 있다.

영업전문가는 가끔 자리에 앉아 경쟁 없는 세상을 꿈꾸곤 한다. 이런 상상은 한가한 백일몽이 아니라 무서운 악몽이다. 경쟁이 없다면 이 세상은 구매하고 판매하고 생존하는 데 바람직하지 않게 될 것이다. 경쟁으로 품질이 높아지고 가격이 떨어진다. 경쟁 때문에 판매자는 늘 긴장의 끈을 늦추지 않는다. 더 이상 밖에 나가 경쟁할 필요가 없어지면 판매는 극단적으로 줄어들고 삶의 질 또한 형편없이 떨어질 것이다. 그런데 자신이 처한 경쟁 상황에 대처하는 법을 아는 사람은 아직도 극소수에 불과하다!

경쟁에 대응하자. 우리 자신은 제일 먼저 경쟁을 알고 이해해야 하며 다른 영업전문가가 제공하는 상품과 서비스를 현실적인 시각으로 바라볼 수 있어야 한다. 현실을 마음속에서 왜곡하거나 거부해서는 안 된다. 다른 영업전문가가 훌륭하다면 우리 자신은 더 훌륭해야 한다. 다른 영업전문가가 좋은 상품을 판매하면 우리 자신의 상품은 더 탁월해야 한다.

영업전문가는 자신을 다른 사람과 비교할 수 없을 정도로 최고라고 늘 생각해야 한다. 자신이 판매하는 상품에 대한 흥분과 열정으로 불타올라야 한다. 동시에 경쟁자의 약점을 이용해 판매해서는 안 된다. 경쟁자도 능력이 있지만 나보다 못하다는 점을 이해시켜야 한다. 경쟁자의 상품이 좋지만 내 것만큼 탁월하지 않다는 사실을 이해시켜야 한다.

영업전문가는 마음속 깊은 곳에서 경쟁자의 것이 더 낫다는 점을 인정할 수밖에 없을 때도, 자신의 상품이 지닌 탁월한 특징을 항상 찾을 수 있다. 이러한 특징을 파악해 부각시키고 지속적으로 언급하라. 이 특징을 정직하고 진지하게 믿고 상담 내내 확대해서 판매의 중심에 있게 만들어라.

성실은 모든 면에서 가장 기본적인 요소다. 어떤 유형의 상품이나 서비스를 판매하는 영업전문가도 다른 어떤 자질보다 정직성에 대한 일관성 있는 평판을 얻어야만 더 많은 기회를 얻고 그것이 곧 판매로 연결된다는 사실을 입사 초기부터 배운다. 일반인은 가망고객으로서 영업전문가가 솔직하게 접근할 때 성실성을 다음과 같은 다양한 방식으로 해석한다고 한다.

- "나와 하는 모든 거래에 영업전문가로서 엄격한 윤리 기준을 지키길 기대한다."

- "말에 신용이 있어야 한다. 하겠다고 한 것은 꼭 행동으로 보여주어야 한다. 약속한 대로 실천해야 한다. 5분만 말하겠다고 해놓고 20분 동안이나 주저리주저리 떠들면 화가 난다."

- "상품의 한계를 설명해주어야 한다. 이 상품이 제공할 수 있는 혜택과 제공하지 못하는 혜택을 자세히 이야기해주어야 한다. 불행한 일이 벌어진 다음에 상품이 적합하지 않았다는 사실을 알고 싶지 않다."

- "난처한 질문에 에둘러서 답변하지 마라. 솔직한 게 좋다."

- "다른 고객의 비밀 정보를 이야기하면 의심이 생긴다. 나에 대한 개인 정보도 그렇게 쉽게 새어나가지 않을까 의구심이 든다."

- "상품과 회사에 대해 충성심이 있어야 한다. 자신이 판매하는 상품에 대해 내가 지닌 신뢰를 무너뜨리지 마라."

- "자신의 제안이 내 욕구에 최선의 해결책이라고 진정으로 믿을 때만 자신의 상품을 구매하도록 요청하라."

성공한 백만 불 원탁회의 영업전문가는 다음과 같은 초석이야말로 자신이 지닌 영업 성실성의 기초라고 말한다. "저는 언제나 가망고객의 입장이 되어 가망고객인 제게 제안할 수 있는 상품만 가망고객에게 제안합니다." 그는 이렇게 해서 고객에게 올바른 것만 판매한다는 항상 믿을 만한 평판을 얻고 있다.

이러한 평판이 실무에 도움이 될까? 실무에 도움이 될 뿐만 아니라 필요한 요소다. 이거야말로 매일매일 공중의 이익에 봉사하는 일이 자신의 판매 철학이라고 굳게 믿는 성공한 수많은 영업전문가가 도달한 결론이다. 그리고 아마도 추가로 필요한 세부사항을 이미 염두에 두고 있을 것이다.

성사시키려는 모든 영업에 다음과 같은 두 가지 단순한 검증을 적용시켜보라.

1. 내가 제안하는 상품에 대한 확실한 욕구가 가망고객에게 있다는 점을 나는 합리적으로 확신할 수 있는가?
2. 내가 판매하는 상품의 혜택과 한계를 포함한 모든 내용을 가망고객이 명확히 이해할 수 있도록 도움을 주려고 했는가?

무엇을 판매하든 가망고객은 이 두 가지 질문에 올바른 답변을 제공하는 우리의 성실성을 높이 평가한다. 자신의 일을 더 잘하면 고객의 평판은 높아진다.

우리의 철학은 동기부여에서 출발해야 한다.

어떤 사람은 천성적으로 동기부여가 잘되고 또 그런 것처럼 보이기도 한다. 또 어떤 사람은 살아오면서 이제까지 겪은 경험에서 동기를 부여받는다. 우리는 자신이 겪은 서로 다른 경험을 통해 변화한다. 각각의 경험에서 동기부여가 안 되면 우리는 '크게 성공'할 수 없고 꿈을 성취할 수 없다는 일반적 믿음 때문에 목표를 조절한다.

대부분의 백만 불 원탁회의 영업전문가는 이 전제에 동의한다. 이들은 어떤 일이 '저절로 이루어지거나', 명상이나 운명 또는 신의 섭리만으로 성공할 수 있다고 생각하지 않는다. 성공하려면 그 이상이 필요하다. 이들은 적절한 때에 적절한 곳에 있어야 할 뿐만 아니라, 열심히 일하고 일에 대한 열정이 있어야만 기회를 잡을 수 있다고 믿는다.

동기부여의 핵심 요소 중 하나가 남녀노소를 불문하고 개인이 지닌 경쟁심이다. 고등학교 때 '가장 성공할 것 같은' 사람으로 예상한 사람 중 실제로 가장 성공한 사람이 **된** 경우를 얼마나 많이 들어보았는가? 사람의 마음을 읽는 법을 배우기 전에는 우리는 성공할 사람을 정확하게 예측할 수 없다.

영업전문가는 오랜 시간에 걸쳐 동기부여에 대해 숙고한 끝에 사상과 철학을 만들어냈다. 많은 사람이 가장 효과적으로 동기를 부여받으려면 내적 요소와 외적 요소 모두에서 동기부여가 도출되어야 한다는 결론에 도달했다.

내적 동기부여는 최선을 다하고 잠재력을 100% 발휘하고 행복한 삶을 살고 다른 사람에게 봉사하겠다는 '불타는' 추진력과 욕망으로 설명되어왔다. 성공한 영업전문가라면 이 내적 동기부여 목록에 추가할 수 있는 다른 자질을 갖추고 있다. 이러한 자질을 갖춘 사람은 성공할 가능성이 아주 높다.

내적 원천만으로는 최고의 잠재력을 발휘하는 데 필요한 추진력을 유지할 수 없을 것이다. 외적 동기부여도 중요한데, 이는 다섯 살짜리 아이가 엄마나 아빠를 존경하거나 신참 영업전문가가 고참 영업전문가를 존경하거나 또는 중견 영업전문가가 최고의 영업 슈퍼스타를 존경하는 데서 시작하기도 한다.

외적 동기부여자는 미국의 전직 대통령, 스포츠계나 연예계의 유명인, 종교 지도자, 정신적 지도자 등이 될 수 있다. 살아오면서 대단히 존경하고 감탄한 인물이 있는가? 그것은 그 사람이 **되고** 싶다는 뜻이 아니라 그 사람의 관점에서 자기 자신을 돌아보고 싶다는 뜻이다. 이는 숭배가 아니고 존경이다. 간단히 말해 꿈을 이룬 사람에 대한, 그리고 자신의 꿈을 이룰 수 있도록 동기부여를 해주는 사람에 대한 뜨거운 존경일 뿐이다. 우리는 자기 자신에게 꼭 이렇게 다짐해야 한다. "그 사람이 했다면 나도 할 수 있어."

외부에서 끌어당기고 내부에서 밀어붙이면 강력한 조합이 된다. 이 두 가지를 지닌 사람은 자신의 목표나 꿈을 성취하거나 뛰어넘을 수 있는 훌륭한 기회를 맞이하게 된다.

또 다른 형태의 외적 동기부여로는 **인정**(recognition)이 있다. 다음 이야기에서 인정의 중요성이 잘 설명된다. 야구시합을 하던 열두 살 때로 돌아가 보자. 우리는 3루를 지키면서 야구 글러브를 주먹으로 치고 몸을 부산하게 움직이면서 가능한 한 긍정적 태도로 시합을 하고 있다. 그러다 관중석을 바라보았는데, 부모님의 모습이 보이지 않는다. 부모님이 늦나보다고 생각한다. 시합을 하면서 점점 진지해져 더욱 잘하고 싶어지다가 자기 타순까지 기다리지 못할 정도가 된다. 4회가 되어 다시 한 번 관중석을 바라본다. 부모님이 앉아 있는 모습을 보는 순간 우리 내부에서 벌어지는 변화를 설명하기란 불가능하다. 그때부터 새로운 시합이 시작되어 첫 번째 내야불을 처리해야 하고 첫 번째 타석에 들어서게 된다. 부모님이 지켜보는 그 순간이 가장 중요하다. 얼굴은 상기되고 피부는 팽팽해진다. "하느님 제발 땅불을 처리할 수 있게 해주시고 타석에 들어서면 안타를 칠 수 있게 도와주세요, 제발."

서른 살, 쉰 살, 또는 일흔 살이 되어서도 어렸을 때 어떤 느낌이 있었는지는 야구 글러브를 주먹으로 펑펑 치지 않아도 확실히 기억할 수 있다. 실제로 이러한 느낌은 나이가 들면서 더 강화되고 더욱 극적인 동기부여 요소가 된다. 나이가 들수록 남을 의식하지 않고 자신의 감정을 솔직하게 표현하기가 점점 어려워지는데 이는 정말 불행한 일이다. 자신의 감정을 설명하는 능력이 문제가 아니다. 중요한 것은 자신의 감정으로 무엇을 느끼느냐다.

성공한 사람이 부모나 스승이 살아계셔서 최고의 경험을 함께 나누길 바란다고 말하는 것을 얼마나 많이 들어보았는가? 이러한 감정을 알고 있는 사람에게 제안하는 바는 이렇다. 과거의 경험을 계속 살아 있게 하라. 그러면 언젠가 큰 도움이 될 것이다.

나 자신을 판매하라

어떤 일에도 '천부적인 사람'은 거의 없다. 대부분의 영업전문가는 고객과 일하는 법을 배우는 데 시간과 노력을 들여야 한다. 천부적인 사람이 무의식적으로 하는 일을 의식적으로 배우는 것, 즉 재능이 부족한 사람이 시간을 들여 지적인 연습을 통해 유능한 영업전문가가 되는 데 필요한 기법을 배우는 것이 과연 올바른 과정일까?

이것이 올바른 과정이 **아니**라면, 모든 교육의 가치를 내던지고 시행착오의 반복으로 완전히 돌아가서 죽을 때야 시행착오를 그만두게 된다. 다른 사람이 효과적인 판매를 위해 하는 일을 배워서 똑같이 따라하면 이익을 얻을 수 없다고 생각하는가? 이 단순한 결론은 상식이나 통찰력을 반영한 것이며, 판매 심리학이 진정 의미하는 모든 것으로서 결코 이해하기 어려운 내용이 아니라 꽤 오래된 상식에 지나지 않는다. 이런 각도에서 바라보면 판매 심리학이나 판매 전략을 실행하는 것이 덜 복잡해지고 쉬워진다.

행동을 통한 전략의 시각화

수많은 가망고객이 자신이 이해할 수 있는 말로 생생하게 설명을 듣기 전까지는 자신이 사업이나 가정을 제대로 돌보지 못하고 있다는 사실을 깨닫지 못한다고 우리는 아무런 의심 없이 받아들인다. 마찬가지로 많은 영업전문가는 자신이 판매의 승리와 실패를 좌우하는 몇 가지 일을 하거나 또는 하지 않는다는 점을 깨닫지 못한다.

다음에 나오는 내용을 통해 영업전문가가 가망고객의 호의와 신뢰를 얻는 데 도움이 되는 몇 가지 판매 전략을 깨우칠 수 있으며, 일상 업무에 적용하는 법을 알 수 있다. 이것은 대부분 영업전문가의 언어로 쓰인 예화나 사건 그리고 논평으로 이루어졌다. 여기서 얻은 원칙을 행동으로 옮기는 것을 상상한 다음 실천하라.

이러한 전략을 몇 가지만 알아도 더 나은 영업전문가가 되는 데 도움이 된다. 성공한 영업전문가나 최고로 성공한 영업전문가가 매일 사용하고 있는 전략을 자기 개성에 맞춰 실행하면 반드시 수익이 높아질 것이다.

마법 같은 지름길은 없다

'전략'은 지름길을 의미하지 않는다. 젊음의 샘이라는 행복의 지름길을 찾으려 했던 폰스 데 레온*의 부질없는 노력과 같이, 판매에서 마법의 판매공식이나 판매 지름길은 세상에는 존재하지 않는다. 어떤 묘안이나 지름길이 있다는 생각을 버려라. 대신 자신의 판매 기법

---

* Ponce de Leon, 1469~1521, 스페인의 탐험가. 유럽인으로서 미국 플로리다를 처음 밟았으며, 젊음의 샘을 찾으려고 시도했다. ─옮긴이

이나 사업 그리고 사람에 대한 지식을 향상시키는 데 가치를 두고 이를 실천하라. 백만 불 원탁회의의 최고 영업전문가는 이러한 요소의 개선에 직접 비례하여 성공이 달라진다고 말한다.

사업의 **기술적 역량**(판매해야 하는 것에 대한 지식, 가망고객의 욕구와 기호에 대한 지식, 자신을 규율할 수 있는 능력을 포함한 효율적인 판매 방법에 대한 지식, 자신의 일과 회사에 대한 믿음)을 고려할 때 성공적 판매의 핵심 요소는 다른 사람과의 상호작용에 대한 진정한 욕망이다. 이를 통해 판매 전략에 힘이 실리며, 고객에게 '우리와 똑같이 생각할 수 있도록' 믿음을 주어 수용되는 첫 번째 단계에 진입한다. 해리 오버스트리트(Harry Overstreet)는 자신의 저서 『인간 행동에 영향력 미치기(Influencing Human Behavior)』에서 이러한 개념을 최상의 예술이라고 묘사했다.

인간 본성에 대한 매일의 교훈

영업전문가는 인간 그리고 인간의 행동에 대한 자신의 상상과 지식을 지속적으로 개선해야 한다. 인간에 대한 새로운 생각을 받아들이고 이해가 깊어지면 영업전문가는 고객 한 분 한 분에게 딱 맞는 가장 강력한 제안을 할 수 있다. 다행히도 활동적인 영업전문가는 매일 인간 본성에 대해 교훈을 얻는다. 이들은 이러한 지혜의 원천에 접했을 때 새로운 판매 전략을 배울 뿐만 아니라 책이나 동료에게 배운 전략을 적용하기도 한다. 이들은 훗날 영업의 거장으로 성장할 수 있도록 최고의 전략을 행동 습관으로 바꾼다. 어떤 예술이나 학문에서도 거장이 되려면 시간이 걸리듯, 이렇게 하는 데는 시간이 걸린다.

영업전문가는 많은 고객에게 규칙적이고 일상적으로 전화를 걸어 구태의연한 방식으로 고리타분한 이야기를 늘 똑같이 하면서 살아갈 수 있다. 그러나 이것은 판매가 아니며 보상 또한 형편없을 것이다.

근면과 평균의 법칙이 중요하다고 이제까지 너무나 많이 강조되어 왔다. 그러나 평균의 법칙을 확신하는 근면한 사람이 고객에게는 게으름뱅이나 따분한 사람으로 비칠 가능성이 높다. 또 반대로 고객의 신뢰와 관심을 얻는 데 뛰어난 사람도 리더가 될 정도의 자제력이 없을 수 있다.

다재다능한 능력을 갖춰라

다양한 직업 종사자 중에서 영업전문가야말로 다재다능한 능력을 갖추어야 한다. 일반 구매자에게는 뛰어난 영업력으로 무장한 사람이 필요하다. 과거와 달리 앞으로 영업전문가는 자신이 일반 사람의 관점에서는 어떻게 보이고 어떻게 행동하는지 검토할 필요가 있다. 그렇다고 이것이 명확한 욕구를 발굴하여 그 욕구를 충족시킬 확실한 제안을 제공하는 대신에 부정적인 수단을 사용하라는 말은 절대로 아니다.

가망고객의 태도와 선호

가망고객과 접촉에서 첫 번째 단계도 밟지 못하고—평소와 달리 현

장에서 혹독하게 거절당하고 숱하게 퇴짜를 맞은 힘든 날일 때—이것을 가
망고객의 탓으로 돌리는 버릇이 있다면, 가망고객의 저항은 자연스
러운 것이기 때문에 이것을 극복할 수 있도록 준비해야 한다는 사실
을 명심하라.

아마도 잘못은 우리에게 있을 것이다. 가망고객의 관심이 부족하
다고 비난하지 마라. 농부가 추위가 빨리 왔다고 온도계를 비난하는
것처럼 비이성적인 행동이다. 가망고객이 호감을 보이고 우리가 제
공하는 것에 흥미를 느끼게 만드는 일은 모두 우리에게 달렸다.

위스콘신 주의 작은 농촌에 사는 한 유능한 영업전문가가 부유한
농부에게 전화를 했더니 1주일 후에 다시 전화하라고 했다고 한다.
10주 동안 계속 전화를 했지만 농부는 늘 바쁘다는 핑계를 대며 또
다음에 전화하라고 했다. 11주째가 되었을 때 영업전문가는 차를 몰
고 곧장 농부의 헛간으로 갔다. 그는 그 다음에 벌어진 상황을 말했
다. "가망고객은 재빨리 숨지 못해 저에게 들켰습니다. 저는 말했습
니다. '제가 두렵습니까? 그러실 필요가 전혀 없습니다. 선생님께서
는 제 상품이 필요하지 않으면 구매하실 필요가 없습니다. 부엌으로
가시죠.' 농부에게 화를 내고, 이럴 수 있냐고 비난하면서 상황을
역전시켜 판매를 할 수 있음에도 불구하고 그렇게 하지 않았습니다.
농부의 어머니가 부엌에 있었습니다. 저는 농부에게, '선생님과 진솔
하게 이야기를 나누고 싶습니다. 제 눈을 보시면 제가 진실만 이야기
한다는 사실을 아실 겁니다'라고 말했습니다." 그는 상품을 설명할
수 있었고 3주 후에 농부는 그의 고객이 되었다.

어느 상품판매기획 전문가는 다음과 같이 말했다. "판매를 하려는 모든 특별한 노력에는 이에 상응하는 저항이 따른다." 특히 낯선 사람이 판매하려고 들거나 끼어드는 것을 좋아하는 사람은 아무도 없다. 우리가 다가간다고 해서 고객이 언제나 어딘가로 숨지는 않지만, 자신의 자연스러운 모습을 숨길 수 있는 방어적인 가면처럼 우리가 성공하려면 벗겨내야 하는 인위적 치장이라는 다른 방어막을 펼친다.

새로운 것에 대한 저항은 자연스러운 일이다. 우리의 성장에 밑거름이 된 가치 있는 일은 대부분 저항을 이겨내고 이루어졌다. 1820년대에는 사람들이 철도 건설을 반대했는데, 반대한 이유 중 하나가 사람과 가축을 깜짝 놀라게 해서 여성이나 소, 돼지가 조산하고 젖소가 우유를 생산하지 못하고 암탉이 알을 낳지 못한다는 것이었다. 오늘날 세상은 표면적으로 많이 변했지만 인간의 본성은 옛날과 똑같다. 인간은 대개 자신의 관성이 방해받지 않기를 바라기 때문에 저항은 예상되는 일이다.

개인적 요소

자연스러운 저항을 제거하는 데 훌륭한 영업력이 유용하다는 게 인정되지만, 전형적인 경험을 쌓아왔다면 대부분의 판매는 어느 정도 안면이 있거나 우정이 쌓인 사람에게서 이루어진다는 사실을 깨달아야 한다. 예를 들어 매년 10만 불 이상의 소득을 올리는 영업전문가 집단에서 평균 판매의 40% 이상은 5년 이상 알고 지낸 사람에게서, 약 70% 정도는 1년 이상 알고 지낸 사람에게서 이루어진다.

다른 연구에서도 이와 비슷한 결과가 나왔다. 한 경쟁력 있는 회사의 부사장은 확신에 차서 다음과 같이 말했다. "미국에서 매년 15만 불 이상 버는 영업전문가의 생산성을 분석해보면, 각자의 영업 중 85%가 개인적 요소가 중요한 기능을 하는 경로에서 발생했다는 점으로 그들의 영업활동 특징을 확실히 알 수 있을 것입니다." 즉 영업전문가가 가망고객이나 가망고객의 친구와 아는 사이였다는 것이다.

고객에게 우호적으로 알리는 방법은 영업전문가에게 대단히 중요하고 가치가 있다. 따라서 낯선 사람을 친구로 바꿀 필요가 있고 상담 전에 이렇게 할 수 있다면 더 좋은 일이다. 한 영업전문가는 이렇게 말했다. "자신을 좋아하는 사람을 너무나 많이 알고 있기 때문에 이 일에서 실패할 사람은 아무도 없다는 사실을 명심하십시오. 매일 모든 방법을 동원해 '우정의 전선'을 넓히십시오. 영업전문가의 조력자는 급여를 받지 않는 직원, 바로 친구입니다."

지인이나 친구를 늘리는 데 엄청난 돈을 투자할 필요는 없다. 근사한 골프장의 회원권을 구입해도 큰 손해는 아니지만, 많은 영업전문가는 사교적 모임보다는 종교단체나 시민단체 그리고 지역단체와 같은 조직에서 활동하는 것이 더 가치 있고, 만남도 더 수익성 있다고 말한다.

가망고객의 자문

우리가 방문했을 때 가망고객이 스스로에게 묻기 쉬운 질문은 무엇일까? 가망고객마다 각각 다르겠지만, 이미 충분히 알려진 가망고객의 반응을 통해 잠재의식에 있을 법한 질문을 추려볼 수 있다.

- 이 사람을 좋아하게 될까? 나와 잘 맞을까?

- 이 사람은 일을 잘하나? 뭔가 나에게 유용한 것을 배울 수 있을까?

- 이 사람을 믿을 수 있을까? 정직한 영업전문가일까?

- 이 문제를 내 관점에서 보고 정직한 해결책을 제시해줄까?

이러한 질문은 여러 가지 다른 형식으로 제기되지만 결국은 똑같다. 뉴욕 시에서 활동하는 한 백만 불 원탁회의 영업전문가는 다음과 같이 말한다. "제가 역량 있고 성실한 사람이며 복잡한 제 상품이나 서비스에 정통하고 도움을 주길 학수고대한다는 사실을 가망고객이 바로 느낄 수 있게 해야 합니다."

성실성과 기술적 역량이 있으면 영업전문가가 비록 재미없는 성격이라 하더라도 상당히 높은 수준에 도달할 수 있을 것이다. 외모나 태도가 매력적이지 않은 남부 지방의 한 영업전문가는 자신이 다른 영업전문가와 성격이나 영업력으로 경쟁할 수 없다는 사실을 가망고객에게 솔직히 인정하고, 일에 대한 자신의 지식과 고객에 대한 서비스로 가망고객이 원하는 종류의 일을 해냄으로써 상당히 좋은 실적을 쌓아왔다. 이 영업전문가는 오로지 성실성과 능력으로 많은 장애물을 극복했는데, 이는 세련되지도 않고 쉽지도 않지만 성실성과 상품에 대한 완벽한 지식으로 신뢰를 쌓을 수 있는 방법을 충분히 보여주었다.

한 회사가 자사의 뛰어난 영업전문가들에게 그들의 최고 고객 10명의 명단을 요청했다. 수집된 명단의 고객에게 편지를 보내 왜 이영업전문가에게 구매했는지 물어보았다. 대단히 흥미로운 답변이 나왔는데, 이는 앞에서 언급한 사항을 확인해주었다. 주요 이유를 차례로 살펴보면 다음과 같다. 우정, 훌륭한 상품 지식, 판매자에 대한 고객의 신뢰, 고객에게 상품을 이해시키는 능력, 강압적이지 않은 접근, 훌륭한 서비스.

고객의 선호

최근 한 금융회사가 자사의 고객에게 특정 영업전문가를 자신의 친구에게 기꺼이 소개하는 이유를 물어보았다. 답변의 일부는 다음과 같다.

> **한 농부의 답변** 우리 농부들은 온갖 사기꾼 같은 영업사원에게 자주 속았기 때문에 이 영업전문가를 만나기 전까지 항상 의심을 품고 서 영업사원을 살펴봤습니다. 그런데 처음부터 이 사람이 저를 이용해 상품을 판매하기보다 저에게 도움을 주려고 노력하는 것을 느낄 수 있었습니다. 저는 이 사람을 신뢰하게 되었고, 항상 고객에게 좋은 일을 하기 때문에 제가 다른 사람에게 추천해주어도 그 사람에게 보험을 판매하는 것과 상관없이 그 사람이 저에게 고마워할 거라고 확신합니다.

한 의사의 답변 이 영업전문가를 만나기 전까지 저는 그의 상품을 부정한 돈벌이로 생각했습니다. 그는 저에게 다가와서 자신이 상품을 통해 전문직 역할을 수행한다는 사실과 저를 위해서 할 수 있는 일, 그리고 지속적으로 해줄 수 있는 일을 알려주었습니다. 저의 전문적 역할이 환자의 육체적 건강을 돌보는 것인데 그와 마찬가지로 그의 일은 고객의 재무적 건강을 돌보는 것이었습니다. 제 친구 모두 그가 제공하는 서비스가 필요하기 때문에 여러 친구에게 그를 만나보라고 제안했습니다.

한 사무직원의 답변 제 영업전문가가 저에게 저축의 가치와 저축하는 법을 가르쳐주었습니다. 제게 맞는 계획을 설계하고 재무적 성공을 성취할 수 있는 방법을 가르쳐주는 등 저를 위해 많은 일을 해주었습니다. 제 계획에 너무나 열광해서 제 친구도 저와 똑같은 기쁨을 누리길 바랐습니다. 그래서 친구에게 추천했습니다.

한 은행원의 답변 제 영업전문가는 고객에게 고객의 이익을 최우선한다는 느낌을 주는 행복 재능을 갖고 있습니다. 그는 성실하고 가치 있고 필수적인 서비스만 제공하기 때문에 이런 느낌을 줍니다. 은행 일은 잘 알지만 그가 제공하는 상품에 대해서는 잘 모릅니다. 그래서 전문가의 도움을 받기로 했습니다.

한 제조업자의 답변 실제로 사업에 큰 도움이 된 영업전문가를 추천하지 말라는 법이 어디 있습니까? 몇 년 전에 친구의 추천을 통해 만난 이 영업전문가는 제 보험보장을 검토하고 하나의 재무계획을 실천하도록 도와주었습니다. 여러 가지 일 중에서 근사한 것은 주식에 투자하느라 약관대출 받은 것을 상환하게 한 것이었습니다. 그는 제 보험보장이 충분하다고 생각했기 때문에 이렇게 해봤자 그에게 떨어지는 수입은 한 푼도 없었습니다. 그러나 저에게 해준 서비스에 보상을 해주고 싶다는 생각이 자꾸 들고 이런 인격을 지닌 그 사람을 사랑할 수밖에 없어서 친구들에게 그를 추

천하기 시작했습니다. 그 후 회사의 보험보장계획 연구를 그에게
맡겼습니다. 훨씬 전에 그에게 부탁했어야 했지만, 이사회 의장의
아들이 대리점을 하고 있어 그 대리점에서 50만 불의 기업보험을
구입한 상태였기 때문에 늦었습니다. 그런데 그는 멋지게 일을 처
리했으며 보고서 사본을 각 임원에게 배포했고 자신의 사업뿐만 아
니라 이사회 의장의 아들이 운영하는 대리점에도 도움이 되는 제안
을 했습니다. 그는 능력이 있는 데다가 이타적인 사람이기에 저는
제 힘이 닿는 한 도울 것입니다.

처음 백만 불 원탁회의 회원이 된 사람이 다음과 같은 편지를 고
객에게서 받았다. 이것을 통해 간접적으로 이 영업전문가가 백만 불
원탁회의 회원이 된 큰 실마리를 찾을 수 있다.

[백만 불 원탁회의 회원인 영업전문가의 이름] 님께

경험상 수백 명의 영업사원에게서 전화를 받았습니다. 실제로 제
동생이 훌륭한 회사의 영업전문가였습니다. 참으로 이상한 일이지만
그는 한 번도 저에게 보험을 판매한 적이 없었습니다.

30년 전에 가장 친한 친구에게서 구입한 보험 하나를 아직도 유지
하고 있습니다. 제가 전에 말씀드렸듯이 수년간 수많은 영업사원에게
시달렸습니다. 진심으로 말씀드리지만 당신이 저에게 다가올 때 바로
신뢰를 확실히 느낄 수 있어 제가 젊었을 때 만났더라면 제 모든 보험
을 당신에게 구입했을 거라는 느낌을 지울 수가 없었습니다.

당신과 만날 때면 언제나 고객의 이익을 먼저 생각하고 단순히 수수료를 챙기려는 것이 아니라 고객에게 혜택을 제공하려고 한다는 사실을 느낄 수 있었고 지금도 그렇습니다. 제 마음 깊이 확신하건데 당신의 성공 비결은 바로 이것이 아닐까 생각합니다. 제가 소박하게 바라는 것은 이러한 특별한 종류의 영업력, 제 생각에는 세상에서 가장 높은 형태인 이 영업력에 도전하려는 영업전문가에게 특히 참고가 되고 지침이 되도록 이 편지가 공개되는 것입니다.

가망고객과 고객에게 이와 같은 태도와 선택을 받으려면 무엇을 해야 할까? 가망고객이 느끼는 인상의 순서에 따라 다양한 기여 요소를 살펴보자. 우호적인 첫인상을 주기 위해 외모나 말 그리고 행동이라는 어느 정도 기계적인 문제에 신경을 써서 노력할 수 있다. 다음에 다룰 사항이 가망고객 또는 고객의 저항을 제거하고 수용성을 높일 수 있는 이러한 요소의 기능이다.

우호적인 첫인상 확보

더운 8월의 어느 날 철강 영업사원이 이틀이나 입은 셔츠와 후줄근한 양복을 입고 제조업체의 임원 사무실에 들어갔다. 임원의 입에는 시가가 물려 있었다. 영업사원은 머뭇거리면서 말했다. "상쾌한 아침입니다, 선생님. 저는 알바니 제철사에서 왔습니다."

"당신이 뭐라고?" 가망고객은 말했다. "당신이 알바니 사에서 왔다고? 이봐 젊은 양반, 난 알바니 사의 간부를 몇 분 아는데, 당신은 그분들과는 영 딴판인데, 당신, **다른 회사 사람** 아냐? 당신이야말로 상쾌한 아침 맞이하라고!"

자주 인용되는 랠프 월도 에머슨(Ralph Waldo Emerson)의 말을 여기서 다시 반복해도 좋을 것이다. "당신의 품격과 다른 말은 믿을 수 없습니다." 바꿔 말하면 외모, 목소리, 말, 매너, 태도, 행동을 통해 전달되는 인상으로 가망고객은 마음속에 우리에 대한 본질적이고 특징적인 초상을 그린다.

우리가 가망고객 앞에 나타날 때 가망고객은 우리를 어떤 사람으로 볼까? 이들은 우리에 대한 초 단위로 쪼개진 일련의 이미지나 사진을 보면서 가장 중요하다고 생각하는 것을 자신의 의식에 저장한다.

어떤 사람은 상담이 처음 10초 이내에 성사되거나 거부된다고 말한다. 하여간 우리는 다른 사람을 만나면 처음 몇 초 만에 그 사람에 대한 인상을 기초로 순간적인 판단을 내린다. 이 판단에 오류가 생기면 비록 영업전문가의 첫인상이 나쁘더라도 판매는 이루어질 것이다. 반대로 첫인상이 좋으면 판매로 연결되며, 가망고객의 비우호적인 첫인상에 대해 힘든 싸움을 할 필요가 없어진다.

나의 역할에 어울리도록 하라

가망고객이 우리의 옷차림새나 태도, 목소리를 보고 들으면서 함께 일할지 여부를 판단하는가? 우리는 양을 보면서 양의 탈을 쓴 늑대를 발견하기를 기대하지는 않는다. 양이 아니라는 증거가 나타나기 전까지 우리는 진짜 양이라고 가정한다. 따라서 능력 있고 정직하고 매력적인 성격에 어울리게 잘 차려입은 영업전문가는 나중에 부족한 것이 발견되기 전까지 이러한 특징을 갖추고 있다고 간주된다. 나의 역할에 어울리도록 하면 이미 좋은 출발을 한 것이다. 옷을 잘 차려입는다고 훌륭한 사람이 되는 것은 아니지만, 고객의 저항을 낮출 수 있어 영업전문가의 역할을 수행하는 데 큰 도움이 된다. 자신의 역할에 어울리도록 하면 바로 장애물 하나를 제거하게 될 것이다.

작은 것이 중요하다

폭넓은 경험을 쌓은 네브래스카 주 지점장은 다음과 같이 말한다. "언젠가 유명한 옛날 연극 <숙취(The Morning After)>에서 나오는 인물처럼 차려입고 저를 방문한 영업사원이 있었습니다. 그는 대단히 훌륭한 판매제안을 시작했지만 제 마음은 혼란스러웠습니다. 저는 그의 구두와 바지를 보고 셔츠와 넥타이를 흘끗 쳐다보았습니다. 이 영업사원이 한 말이 모두 사실이라면 왜 이렇게 꾀죄죄하게 차려입었는지 생각하느라 많은 시간을 보냈습니다."

"그는 자기가 얼마나 많은 주문을 받았고 얼마나 많은 고객을 보유하고 있는지, 그리고 고객이 얼마나 엄청난 수량의 상품을 구매했는지 이야기했습니다. 그의 겉모습은 그의 말이 사실이 아니라는 것을 완벽하게 증명하는 듯싶었습니다. 전 그의 말을 신뢰할 수 없었기 때문에 구매하지 않았습니다."

"성공적으로 판매하려면 영업전문가는 좋은 인상을 남겨야 합니다. 영업전문가는 자신의 역할에 어울려야 합니다. 영업전문가는 성공한 것처럼 보이고 성공한 것처럼 말하고 성공한 것처럼 행동해야 합니다. 이러한 작은 것이 중요하며, 판매상담을 성공으로 이끌려면 이 모두가 필요합니다."

흔히 말하기를, 어떤 사람이 잘 차려입었는지 초라하게 입었는지 눈에 띄지 않으면 그 사람은 옷을 잘 입은 것이라고 한다. 이런 말은 위험하다. 보통 사람들이 잘 차려입지 않기 때문에 오히려 잘 차려입은 사람을 비호의적으로 본다는 게 정말일까?

너무나 자주 우리는 잘 차려입은 사람의 옷에 주목하지 않는데 이유는 이 사람은 당연히 잘 차려입을 것이라고 기대하기 때문이다. 초라하게 입고 있는 사람을 주목하는 이유는 주목을 받을 만큼 옷의 색깔이나 모양새가 튀거나 칠칠치 못하기 때문이다. 잘 차려입은 사람은 보통 사람보다 몇 가지 면에서 우위에 선다. 겉보기에 깔끔한 옷차림은 영업전문가가 되는 기본이며, 오직 굉장히 유명한 디자이너의 맞춤복만이 아마도 다른 사람에게 폭발적인 주목을 받을 것이다.

남부 지방에 있는 성장성 높은 회사의 지점장은 자신이 성공한 것은 자신의 개인적 이미지 덕분이라고 주저 없이 말한다. 그의 차림새는 흠잡을 데가 전혀 없이 완벽하다. 동료와 비교해서 두 배나 비싼 양복을 구매하고 옷가게에 가는 횟수도 두 배로 많다. 일이 바쁘다고 이발소에 가는 것을 미루지도 않고 구두는 늘 반짝반짝 빛난다. 소득이 적은 가망고객과 만나 대화할 때는 위압감이 들지 않도록 옷차림새를 수수하게 바꾼다. 그러나 부유한 가망고객의 사무실에 있을 때 그의 차림새는 완벽하게 조화를 이룬다.

잘 차려입기와 화려하게 치장하기

보수적으로 입는 것이 안전하다. 자주색 줄이 있는 담녹색 셔츠를 입고 싶은 충동이 들면 자제하라. 어느 회사의 영업사원은 지점장과 동반활동 하기를 싫어하는데 그 이유는 지점장의 셔츠가 맘에 들지 않기 때문이다. 이런 사람 밑에서 일하고 있다는 사실을 가망고객에게 알리고 싶지 않은 것이다. 작은 것이 큰 차이를 만든다.

몇몇 영업전문가가 죄의식을 갖는 엷은 황갈색의 조끼, 검은색 안경줄이 달린 코안경, 몸에 꽉 조이는 경주용 상의와 같은 것은 서커스 안내원이나 모조품을 파는 사기꾼, 아니면 전문 도박사로 일하고 싶지 않다면 가장무도회 때를 위해 처박아두는 것이 최선이다.

자신의 옷차림에 의구심이 생기면 친한 친구에게 의견을 구하거나 가격대가 자신의 소득 수준에 맞는 보수적인 옷가게에 가보라. 자신의 목적을 말하고 분석을 요청하라. 매일같이 다양한 부류의 사람을 만나는 전문가로서 당신은 재단이나 색, 디자인이 보수적인 정장을 입는 게 좋다. 몸에 맞는 정장으로 다림질이 잘되었고 얼룩이 없으면 화려하게 치장한 것이 아니라 잘 차려입은 것이다. 어떤 영업전문가는 늘 안심할 수 있기 때문에 항상 아무 무늬 없는 흰색 셔츠를 입는다. 옷을 선택할 때 약간 유행이 지난 것들이 안전한데 그 이유는 많은 가망고객이 말은 하지 않지만 옷에 대해 보수적인 생각을 갖고 있기 때문이다. 대부분의 최신 유행은 좀 더 보수적인 사람이 익숙해지기 전에 사라진다.

신기하고 화려한 옷에 대한 취향을 자제하는 영업전문가는 현명한 전략을 취하는 사람이다. 자신의 개성을 표현하는 것은 일과 상관없는 곳에서 해야 한다.

많은 영업전문가는 방문하려는 고객에 맞춰 옷을 입는다. 어떤 원칙을 정하는 것은 어려운 일이지만 일반적으로 말해 은행의 고위 임원을 만나러 갈 때는 약간 보수적으로 자연스럽게 입는다. 젊은 고객을 방문할 때는 유행하는 셔츠를 입어도 괜찮을 것이다. 농부를 만날 때는 깔끔하되 경마장의 마주처럼 화려하게 차려입지 않도록 한다. 잘 모르겠으면 보수적으로 입어라.

오하이오 주에 사는 한 영업전문가는 이러한 일이 중요하다는 것을 확인하면서 여성에게 판매할 때 고려해야 할 점을 덧붙였다. "여성을 만날 때는 예의바르고 단정하게 입어야 합니다. 비오는 날에는 구두가 젖고 옷의 주름이 엉망이 되기 때문에 저는 여성 고객을 방문하지 않습니다."

단정함

남자에게 "구두는 광을 내되 손톱은 광내지 말아야 한다"는 좋은 조언이다. 잘 손질한 손톱에 기분이 상하는 사람은 없지만, 특별히 네일아티스트의 관리를 받은 손톱에는 많은 사람이 부정적이다. 손톱은 깔끔하고 길지 않아야 하며 너무 빛나서는 안 된다. 여성이든 남성이든 빛나는 손톱은 여성적이라고 생각하는 사람이 많다.

뉴잉글랜드에 사는 한 영업전문가는 다른 지역에서 활동하는 대부분의 동료와 다를 바가 없다. 다른 게 있다면 다만 손톱이 마치 기름칠을 한 것처럼 빛난다는 것이다. 그는 꾸준히 회사 내 십만 불 클럽의 회원이었으며 생산성은 거의 백만 불에 가깝다. 그런데 가망고객 두 명이 대화 중에 우연히 그 사람의 손톱을 보았고 두 사람 다 구매하지 않게 되었다. 이와 같이 생각한 가망고객의 숫자가 얼마나 되는지는 아무도 모른다. 영업전문가의 배우자나 회사 상사가 건설적인 비판을 한마디만 했더라면 그 사람에게 선행을 한 자락 베푸는 것과도 같았을 것이다.

또 다른 사소한 것이 이발이나 미용이다. 제멋대로 자란 머리카락은 화가에게나 어울리지, 판매에는 적합하지 않다. 이발소나 미장원을 나설 때 머리카락에서 향수 냄새가 나지 않아야 한다. 많은 사람의 판단에 따르면, 머리카락에 향수 냄새가 나면 바람직하지 않은 직업에 종사하는 사람으로 오해받을 수 있다. 면도를 깔끔히 하는 것은 말할 필요도 없이 당연한 일이다. 이러한 사소한 것이 실제로 차이를 만들고, 종종 그 차이가 크다는 사실을 절대 잊어서는 안 된다.

목소리와 말투

목소리와 말투는 어떤가? 전국적으로 알려진 한 전화회사가 이렇게 표현했다. "내가 나에게 전화를 할 수 있다면 무엇을 들을 수 있겠습니까? 단지 나의 목소리와 말투, 나를 유일하게 대표하는 것이 들립니다. 다른 사람이 듣듯이 나의 말을 들을 수 있습니다. 들어보면 기분이 좋아집니까? 듣는 즉시 여기 있는 사람이 진정으로 예의 바르고 흥미롭고 빈틈없는 사람이라는 것을 알 수 있습니까? 목소리의 어조나 인사하는 방식 그리고 예의를 통해 쉽게 이해받을 수 있는 상대라거나 친밀한 얼굴이나 빈틈없고 능력 있는 사람의 일면을 보여주는 것이 있습니까? 매력 있는 성격을 지닌 사람에게 쉽게 반응하는 우리 자신을 발견할 수 있지 않겠습니까?"

"우리의 목소리나 말투는 전화 인격 그 자체이기 때문에 이것을 연구해서 전화를 받거나 전화를 걸 때 언제나 거의 '미소가 묻어나는 목소리'를 내는 것에 대해 생각하게 될 것입니다. 그러면 역시 자신의 말투가 명확한지도 주의하게 될 것입니다. 분명하게 말을 하면 다른 사람이 이해하기 쉬우며 이런 특징 하나만으로도 좋은 인상을 남길 수 있습니다."

부주의한 말투는 진짜 문제다. 글은 제대로 쓰면서 말투는 너무나 엉성한 사람이 있다. '이런 종류(this kind)' 대신 '이런 것들의 종류들(these kind)'은 그리 심각하지는 않으며, '조금은(kind of)' 대신 '쪼께 좀(kind of a)'은 대단한 피해를 주는 것도 아니다. 그러나 '그렇지 않다(it doesn't)' 대신 '그지 않다(it don't)'나 '당신과 나 사이에(between you and

I)' 대신 '당신과 내 틈새에(between you and me)'라고 하면 많은 사람이 짜증이 날 것이다.

이와 같은 문법적인 오류가 내 말투에는 없는지 다른 사람에게 봐 달라고 요청하고 속어를 사용하는지도 스스로 점검하라. 다음과 같은 표현은 매우 나쁜 인상을 남기기 쉽기 때문에 모든 사람, 특히 영업전문가와 같이 우호적으로 고객을 만나는 일이 생명인 사람은 써서는 안 된다.

"들어봐"	"알아듣겠어?"
"알겠어"	"뭔 소린 줄 알겠어?"
"주목해봐"	"자네에게 말하려는 것은"
"훙"	"뭔 소리냐면"

테네시 주에 사는 한 영업전문가가 말하면서 "알아듣겠어?"라는 말을 매순간 반복했다. 이는 완전히 무의식적인 습관으로 다른 사람의 신경을 거스르는 표현이다. 이 표현에는 상대방이 자신의 생각을 제대로 따라올 정도로 똑똑한지 의심스럽다는 의미가 담겨 있다. 이 영업전문가의 반복적인 질문에 대한 무언의 답은 이렇다. "당신은 어떻게 생각하는데? 내가 좀 바보 같아 보여?"

말할 때는 두 가지 메시지가 전달된다. 첫 번째는 말하는 내용이고 두 번째는 내용을 말하는 방법이다. 대단한 문장도 신경질적이거나 열의 없이 지루해하거나 허공을 응시하거나 중얼거리거나 주저하면서 말하는 등 수많은 방법으로 말할 수 있다.

감정을 실어 분명하게 말하기를 배우는 최선의 방법은 크게 읽는
것이다. 이런 자질은 책을 판매하는 영업사원의 암기된 판매화술에
는 부족한 것이며, 단어를 생략하거나 단조롭게 이야기하는 말투에
서도 찾아볼 수 없다.

몇 년 전 유명한 영업전문가이자 저자인 보든*은 흥미롭고 정확하
게 말하는 것이 중요하다고 강조했다. 그가 제시한 말하는 원칙 여섯
가지를 살펴보자.

1. **명확하게 말하라.** 각 음절의 음가를 완전히 살려 정확하고 분명하게 말
   하라. 명확하게 말하려면 1분에 약 150단어가 올바른 평균 속도다. 문
   장 끝에 군더더기 말을 덧붙여 명확성을 떨어뜨리지 마라.

2. **대화하듯이 말하라.** 말 잘하는 사람은 우리가 다음과 같이 말하도록 만
   든다. "이 사람은 젠체하지도 않고 선동자도 아니네. 이 사람은 호감이
   가고 분별력이 있고 믿을 만해."

3. **진지하게 말하라.** 모든 성공한 연설가의 목소리에 '화재경보기'와 같은
   특질이 있다. 이 강렬한 진지함은 상대방의 오금을 저리게 한다. 라디
   오가 풍미하던 시절에는 연설자의 목소리에 이런 특질이 아주 중요했
   다. 예를 들어 윈스턴 처칠이 영국이 가장 힘든 시기에 국민을 설득할
   수 있었던 요소 중 하나였다.

---

* R. C. Borden, 『청자(聽者)가 좋아하는 대중연설(Public speaking as listeners like it)』
의 저자. ―옮긴이

4. **활력 있게 말하라.** 목소리에 활력이 있으려면 전달 속도를 바꾸고 음조를 바꾸고 성량을 바꿔야 한다. 루스벨트 대통령의 연설은 마치 관광버스와 같았다. 중요하지 않은 지역은 빠르게 지나가다가 특별히 관심 있는 지점이 나타나면 속도를 줄였다.

5. **끝났을 때 멈춰라.** 전치사나 관사 앞에서 쉬면 멈추는 효과가 반감된다. 쉴 때는 반드시 쉼표, 세미콜론, 마침표, 물음표와 같이 끝났다는 기호의 가치가 살아야 한다.

6. **'군소리와 사족'을 피해라.** '에~'나 헛기침으로 말에 오점을 남기지 마라. 말하는 내용에 신경을 분산시킬 수 있는 틀에 박힌 말이나 몸짓을 피해라.

악수

예민한 영업전문가가 주의를 기울여야 하는 여러 가지 다른 선호와 혐오가 있다. 예를 들어 고객의 사무실을 방문했을 때 악수를 하려고 손을 내미는가? 그렇다면 그런 습관은 이제부터 버려야 한다. 사람들은 대부분 모르는 사람과 악수하는 것을 좋아하지 않으며, 어떤 사람은 낯선 사람과 악수하는 것을 불쾌하게 여기기도 한다. 안전한 지침은 이렇다. 가망고객이 악수하려는 몸짓을 먼저 보이기 전이나 또는 가망고객이 자신이 하는 일이 너무 비천해 상대방이 먼저 악수를 청하지 않을 거라고 생각하는 경우가 아니면 악수하지 마라.

한 영업전문가는 이렇게 말한다. "가망고객이 악수를 원하는지 쉽게 알 수 있습니다. 가망고객의 오른팔에 어떤 움직임이 있는지 잠시

만 주의해서 보면 됩니다. 그들을 정면으로 바라보면서 이런 사실을
의식하면 가능합니다."

찰스 디킨스의 『데이비드 코퍼필드(David Copperfield)』에 나오는 유라
이어 히프의 무기력하고 끈적끈적하고 비굴한 악수에 대해 읽거나
들어보았을 것이다. 힘껏 꽉 잡는 것과 힘 있게 아래위로 흔드는 기
법은 주목을 덜 받지만 이 두 방법 모두 '성격 플러스'* 학파를 반
영한 것으로 무기력하고 활기 없는 악수만큼이나 불쾌하기는 마찬가
지다. 상식적으로는 살짝 힘이 들어간 악수가 적당하지만, 어떤 영업
전문가는 고객에게 좋은 인상을 주려면 손바닥을 활짝 편 상태에서
팔을 뻗어야 한다고 주장하기도 한다. 이렇게 하면 인위적인 악수가
된다. 절대 인위적으로 하지 마라. 자연스럽게 해야 한다.

"자리에 앉아도 되겠습니까?"라고 말한 다음 자리에 앉는 것은 별
잘못이 없다. 그러나 친근하게 악수하기 전까지는 기다려라.

가망고객의 책상 위에 있는 우편물이나 개인 사물을 힐끗힐끗 쳐
다보면 결코 친근해질 수 없다. 이런 평범한 실수는 대개 무의식적으
로 저지른다. 그러나 가망고객은 늘 잘 알아차리며, 이런 짓을 좋아
하지 않는다.

---

* Personality Plus, 플로렌스 리타우어(Florence Littauer)의 저서로 성격을 네 유형으
로 구분했다. 리타우어의 『기질 플러스』, 『자녀와 기질 플러스』, 『부부와 기질
플러스』 등이 우리나라에 번역 출간되었다. — 옮긴이

상식은 훌륭한 지도자

고객이 받아들이는 행동은 대부분 상식적인 것이다. 초초한 빛으로 주시하면 정직하지 않은 성격으로 오해받을 수 있기 때문에 고객을 볼 때는 정면에서 바라보라는 충고를 들었을 것이다. 이런 충고에는 조금 주의를 기울여야 한다. 빤히 쳐다봐서 상대방을 무안하게 해서는 안 되기 때문이다. 영업사원의 이야기로 시작되는, 석유회사의 수년 전 광고를 기억하라.

"뭘 그리 빤히 보고 있나?" 영업사원이 사장에게 질문을 받았다. "영업력을 실습하고 있습니다, 사장님." 그는 놀라서 대답했다. "그래? 난 최면을 거는 걸로 생각했는데"라는 것이 대답이었다.

이 이야기의 교훈은 무엇일까? 호감 가는 외모와 사려 깊은 말투로 분명하게 말하기 그리고 고객이 좋아하는 행동은 모두 위대한 저항 제거기라는 점이다. 이를 통해 고객에게서 호감과 신뢰를 얻을 수 있다. 확실히 기계적이지만 앞으로 이야기할 더 중요한 태도와 과정의 기초를 세우는 주요한 요소다.

판매과정

판매과정, 즉 가망고객이 확실한 구매결정을 내리도록 순차적으로 진행하는 것은 판매제안을 만드는 틀이다. 가망고객이 우리의 상품이나 서비스가 자신의 문제에 최선의 해결책을 제공해줄 것이라 느낄 수 있도록 가망고객의 생각을 안내하여 연결시킨다. 가망고객의 욕구에 집중했을 때만 완벽한 영향력을 발휘한다. 적절한 말로 아이디어를 묘사하는 능력은 효과적인 **고객 지향적** 소통이 되어 모든 영업이 성공적인 마무리로 이어질 것이다.

지적인 영업전문가는 고객의 마음이 우호적인 결정을 내릴 수 있도록 판매과정에서 다양한 단계를 사용한다. 이런 판매 순서를 가지고 고객의 구매 동기를 자극하는 틀을 만들 수 있다. 가망고객의 마음속에 있는 기호와 욕구를 항상 강조하는 판매제안을 만들 때 이러한 판매과정의 기초 원칙을 적용하는 법을 이해하는 것이 절대 필요하다.

주의, 흥미, 욕망, 확신, 행동(마무리)이라는 다섯 단계는 모든 가망고객이 판매제안을 자신의 이익이 존중된 해결책이라고 판단하고 수용하기로 결정하기까지 마음이 거치는 과정이다. 이렇게 가망고객이 결정에 이르는 단계를 더 잘 이해하도록 각 단계를 간단히 분석해보았다. **한 단계는 다음 단계와 융합된다**는 사실을 항상 명심하라. 구매과정에서 각 단계의 특징을 이해하기 쉽도록 여기에서는 분리했을 뿐이다.

주의 단계

영업전문가가 긍정적으로 접근하면 가망고객이 반드시 해야 할 첫 번째 구매결정에 대한 답변을 최대한 빨리 알려줄 기회를 확보할 수 있다. "왜 이 영업사원을 만나야 하나?" 영업전문가는 가망고객에게 자신이 고객을 위해 뭔가 진정한 혜택을 줄 수 있다는 사실을 신속하게 확신시켜야 한다. 가망고객에게 제안 전체를 다 듣고 싶은 마음이 들게 해야 한다. 영업전문가가 자신이 제공할 상품에 가망고객이 더 깊은 흥미를 갖도록 하는 기회를 잡으려면 가망고객이 확실히 주의를 기울여야 하기 때문에 이 단계가 중요하다.

주의 단계에서는 이 밖에 상담 전에 확보된 정보의 정확성을 검증하거나 상담 전에 확보되지 않았던 새로운 정보를 얻는 기회를 가질 수 있다. 사전 접근으로 가망고객에게 확보해야 할 정보는 자신의 상품이나 서비스에 대한 욕구, 구매 권한, 적격성(대량 구매 또는 고액 구매를 할 수 있는 신용 상태 여부)이다. 새로운 정보는 이 시점에서 발견할 수 있다. **경청하면** 가망고객이 자신의 욕구와 기호를 알려줄 것이다.

흥미 단계

영업전문가가 열정적으로 구매과정에 따라 진행하고 주의 단계에서 가망고객이 보여준 최초의 관심을 강화함으로써 가망고객의 흥미는 점점 북돋아진다. 이러한 노력의 결과로 가망고객은 판매제안을 더 듣고 싶어 한다.

가망고객이 마땅히 유리해야 할 상황이 그렇지 못하게 되었다는 사실을 알려줄 수 있는 지식을 개발하면서, 가망고객의 문제를 효과적으로 처리할 제안이라는 기초를 쌓기 시작한다. 자신의 상품과 서비스에 대한 열정과 자부심으로 가망고객의 신뢰를 높인다. 자신이 제공하는 것을 통해 가망고객의 이익이 얼마나 잘 충족될 수 있는지 알 수 있도록 몇 개의 특별한 판매 핵심을 제안하여 가망고객이 입맛을 다시게 해야 한다. 따라서 흥미 단계의 발전은 과정 구축의 한 부분이 된다. 다음 예를 살펴보자.

> **영업전문가** 제가 방문한 이유는 세상의 모든 사람과 마찬가지로 선생님도 주택 대출 상환금을 줄이고 싶어 한다고 믿기 때문입니다.
>
> **가망고객** 네, 흥미롭지만 지금 다른 비용을 줄이려고 노력하는 중입니다.
>
> **영업전문가** 제가 드리는 아이디어로 엄청난 돈을 절약하실 수 있습니다. 아마도 수천 불이 될 것입니다. 선생님께서 흥미가 있으실 겁니다. 실제 제가 알고 싶은 것은……
>
> [영업전문가는 바로 제안의 중심으로 옮기가기 시작한다.]

욕망 단계

가망고객이 두 가지 사실을 알게 되면 제안과 설득을 통해 마음속에서 영업전문가의 제안에 대한 욕망이 일어난다.

> 1. 영업전문가가 제공하려는 것이 없어 벌어진 현재 상황의 불리함
> 2. 영업전문가가 제공하려는 것을 받아들일 때 얻을 수 있는 유리함과 이익

전형적인 대화는 이럴 것이다.

> **영업전문가** 사실 제가 선생님 가정의 재무 상태를 논의하는 목적은 선생님의 다른 비용 문제를 해결하는 데 도움을 드리려는 것입니다.
>
> **가망고객** 글쎄, 덕분에 이제까지 제 기본적인 문제를 무시해왔다는 사실을 깨닫게 되었습니다.

이 단계에서는 제안으로 제공되는 확실한 이점을 예시를 들어 부각시키는 경우가 많다. 예시를 통해 가망고객의 욕망을 불러일으키고 키울 수 있으며 확신 단계로 이동시킬 수 있다. 가망고객의 흥미와 주의를 끌고 나서, 가망고객의 기본적 동기를 만족시키도록 상품의 요점을 직접적이고 확실하게 확신시켜 욕망을 고조시킨다. 사랑이나 애정 또는 성취나 영속성에 대한 욕구와 같이 가망고객의 기본적 동기에 호소한다. 가망고객은 영업전문가의 제안과 자신의 개별 욕구나 문제 사이의 절대적인 관계를 깨닫게 될 것이다. 가망고객이 자신에게 현재 무엇이 부족하고 제안되는 상품이나 서비스를 받아들이면 무엇을 얻을 수 있는지 깨닫게 되면 욕망이 생긴다. 판매제안의 이 단계에서 가망고객의 감각, 즉 시각, 청각, 촉각, 미각, 그리고 후각을 자극하는 노력을 기울여야 한다. 도표, 도식, 그림, 사진, 광고, 설명서, 포트폴리오, 모델, 견본품과 증정품, 영화나 슬라이드, 증언식 광고나 기타 보조수단을 사용해서 이 과정을 하나의 드라마로 표현해야 한다.

확신 단계

고객이나 가망고객이 상품이나 서비스에 대한 주장이 사실이고 자신의 기호를 충족시킬 수 있다고 분명히 느낄 때 확신이 확보된다. 영업전문가는 이제까지 제기된 어떤 질문이나 반대의견에도 만족스러운 답변을 제공할 것이다. 영업전문가는 효과적인 예를 제시하고 반대의견에 대응해가면서 고객이 확신할 준비가 되었다는 사실을 알게 된다. 영업전문가가 증거를 통해 자신의 제안에 녹아 있는 주장을 설명하고 입증하기 때문에 가망고객의 어떤 반대의견도 예시를 통해 답변된다. 가망고객이 품고 있던 아무리 오래된 믿음도 제안으로 바뀌고 수정될 수 있다. 판매가 마무리로 나아가려면 예시를 통해 이러한 목적을 완벽하고 효과적으로 수행하는 것이 핵심이다.

가망고객이 제기하는 반대의견을 언제나 환영하라. 반대의견을 처리함으로써 우리는 판매의 마무리라는 목표를 달성할 수 있다. 판매과정의 어떤 단계에서도 늘 반대의견에 직면하게 될 것이다. 반대의견을 판매과정의 정상적 상황, 즉 판매할 수 있는 기회로 생각하라. (가망고객이 반대의견을 제시하는 이유, 반대의견에 답변해야 할 때, 가장 흔한 반대의견, 반대의견에 답변하는 기법은 다른 장에서 다룰 것이다.)

영업전문가 제가 고객님의 재무 문제에 해결책을 만들어서 재무의 안전성을 확보하는 방법을 알려드리면, 고객께서는…….

가망고객 네, 그렇게 될 수만 있다면 당연히 따르겠습니다.

마무리

영업전문가가 가망고객이 받아들일 수 있는 최상의 해결책을 제시하고 있기 때문에 가망고객이 긍정적 결정을 내릴 수 있도록 영향을 미치면 마무리에 들어가게 된다. 가망고객의 욕망과 확신은 행동으로 바뀐다. 이것이야말로 모든 판매제안의 유일한 목적이다.

이것이 가망고객에게 마지막 남은 중요한 결정이다. 가망고객이 다음과 같이 말할 때 진실의 순간에 이른다. "당신의 제안을 지금 당장 받아들이겠습니다." 많은 사람이 믿는 바와 달리 마무리는 구매과정의 최초 단계부터 실제로 시작되고 있다. 마무리는 판매제안과 분리되거나 구분되는 것이 아니다. 마무리가 효과적으로 이루어지려면 판매과정의 다른 모든 단계가 성공적으로 완료되어야만 한다. 마무리에는 어떤 '비밀'이나 '마술'이 없다. 미리 설정된 논리적이고 효과적인 순서와 정직한 설득이 결합된 결과일 뿐이다. 영업 마무리에 필요한 유일한 기본은 자신의 상품이나 서비스를 가망고객의 욕구에 적합한 최상의 해결책으로 제공하는 것이다.

마케팅과학연구소(Marketing Science Institute)가 의사결정 과정 또는 구매결정을 도출하는 행동에 대한 연구에서 밝혔듯이, '오직 하나의 의사결정'이 있는 것이 아니고 '일련의 정보 획득과 이에 따른 수많은 의사결정 사례'가 있다.

두 가지 기본 질문

구매과정의 다양한 단계를 공부하면서 두 가지 중요한 질문을 자신에게 해봐야 한다.

> 1. 제안을 하려면 가망고객이나 고객이 구매과정의 모든 단계를 거쳐야 하는가?
> 2. 그렇지 않다면 어떤 단계에서 제안을 시작할까?

첫 번째 질문의 답은 쉽게 나온다. 그럴 필요가 없다. 두 번째 질문의 최상의 답은 **경험**을 통해서만 알 수 있으나, 노련한 영업전문가가 사용한 기법을 통해 배울 수 있다. 노련한 영업전문가는 가망고객을 방문하기 전에 다른 영업전문가가 이미 그 가망고객에게 다양한 단계를 거치게 했다는 사실을 안다. 사전 접근 노력을 해보았지만 고객이 구매과정의 어느 단계까지 경험해봤는지 파악할 수 없을 때, 영업전문가는 현명한 질문을 던지고 경청해서 상황을 판단할 수 있다.

가망고객이 욕망 단계에 있다면 확신 단계에 노력을 집중한 다음 마무리로 가도록 노력한다. 만약 가망고객의 흥미와 주의가 이미 개발되었다는 사실이 확인되면 욕망, 확신, 행동 단계로 움직이도록 한다. 이미 확신 단계에 도달했으면 자신의 상품이 최선의 해결책이라고 확신시켜서 행동으로 움직일 수 있도록 상품 정보와 구매 동기를 제공한다. **언제나** 첫 번째 과제는 가망고객이 구매결정의 어느 단계까지 가보았는지 밝혀내는 것이다. 그런 다음 가망고객의 마음을 그 단계에서 마무리에 이르게 하면 된다.

마지막 처리

판매과정의 마지막 처리(final touch)를 종종 소홀히 한다. 마지막 처리는 여섯 번째 단계로 신용을 쌓는 단계다. 고객이 현명한 의사결정을 내렸다고 언급해서 다시 한 번 확신을 주는 일을 항상 기억하라. 고객에게 자신과 자신이 속한 회사를 더 신뢰하도록 만들 수 있고, '구매 후 의심(after-sale doubts)'에 빠지는 것을 막을 수 있고, 지금 판매가 완료되지 않더라도 가까운 장래에 마무리할 수 있는 기반을 쌓게 될 것이다. 결국 가장 가치 있는 무형자산, 즉 영원한 사업관계의 기초인 신용을 쌓게 될 것이다.

모든 제안은 구매과정에 대한 이해에 기초해서 우호적이고 진심 어린 방법으로 제공되어야 한다. 판매제안 내용 중 특정 부분을 암기해야 한다. 완벽성과 정확성을 높이고 쓸데없는 중복을 피하도록 모든 노력을 기울이자. 항상 다음과 같은 기본 진실에 따라야 한다. "우리가 말하는 모든 것이 고객의 특정한 이익과 연관되어야 한다."

다음에 소개할 제안에서는 이제까지 논의한 여러 요소가 설명된다. 사례 제안을 통해 영업전문가가 가망고객과 가망고객이 근무하는 회사에 대한 중요한 사실을 어떻게 알아내는지 '감'을 잡을 수 있을 것이다. 훌륭한 영업전문가는 알아낸 정보와 자신의 상품 지식을 활용하여 완벽한 제안을 개발할 것이다. 사례 제안에서는 기본적 판매 절차가 준수된다. 현명한 영업전문가는 상담하는 특정 조직과 가망고객에 대한 아주 중요한 사실을 발견하여 이것과 자신의 상품 지식에 기초하여 전체 제안을 만든다는 점을 특별히 주목하라. 마무리 단계에서 타사의 상호를 능숙하고 재치 있게 사용한 점도 주목하라. 배경 정보와 해설은 제안 자체에 녹아 있다.

판매상담 사례에 나오는 영업전문가는 모든 기업을 상대로 영업하는 사람이다. 영업전문가는 기업을 방문하여 회사문서 보호와 관련된 판매제안을 할 예정이다.

이 실제 상담을 완전히 이해하려면 영업전문가의 마음속에 있는 배경 사실과 생각을 어느 정도 아는 것이 중요하다.

이 영업전문가는 모든 기업이 외상매출금, 재고대장, 총계정원장, 의사록, 과세 자료와 같이 사업을 계속해나가는 데 필요한 특정한 핵심 문서를 보유한다는 사실을 안다. 화재보험회사에서 손실을 완벽하게 보상받아 이러한 핵심 정보를 화재 후에도 활용하려면 사전에 보험사가 이 핵심 사업 정보를 검사할 수 있어야 한다는 사항이 보험증권에 명기되어 있다. 회사는 손실의 증거를 제시해야 하므로 자료가 안전하게 보관되어 있는 것이 매우 중요하다.

화재로 자료가 소실된 회사 중 43%가 6개월 이내 폐업했다는 조사 결과도 영업전문가는 알고 있다. 이 수치는 놀랍지만 납득할 만하다. 핵심 자료가 없으면 회사는 채무자가 누구이고 채권자에게 얼마나 빌렸고 재고로 얼마를 가지고 있었는지 특정 세금공제가 왜 가능했는지 공급자와 고객이 누구인지 등을 정확히 입증할 수 없다. 사업은 자료를 토대로 성장한다. 자료가 없으면 경영 마비는 필연!

화재는 예측할 수 없는 위험이며 사업체가 직면하는 아주 보편적인 재앙이라는 사실을 영업전문가는 잘 안다. 미국에서 화재의 첫 번째 원인은 흡연과 성냥이고 두 번째 원인은 전선의 결함이라는 사실을 영업전문가는 안다. 따라서 사업체의 입지가 어디든 '방화시설'이 아무리 잘되어 있다 하더라도 화재는 발생할 수 있고 '방화시설'이 잘되어 있다고 생각하던 건물에서 가장 크고 참혹한 화재가 발생한 사실을 영업전문가는 안다.

많은 가망고객이 핵심 자료를 보관하는 금고를 하나 이상 보유한 사실을 이 영업전문가는 안다. 자료를 화재에서 보호하기 위해 사용되는 수많은 금고가 결코 화재에 안전하지 않다는 사실도 이 영업전문가는 안다. 낡은 데다가 화재에서 보호되는지도 불확실하고 최신금고보다 훨씬 무겁다. 절연재에서 발생하는 가스 때문에 구형 금고는 화재가 발생했을 때 실제로 폭발할 수 있다. 구형 금고는 모양새가 뒤떨어져 현대식 사무실에 어울리지 않아서 사무실 밖에 놓여 있으며 최신형 금고에 비해 공간도 많이 차지한다. 구형 금고는 내부 공간이 작고 고정되어 있지만 최신형 자료 보관 금고는 내부 공간이 넓고 자유롭게 바꿀 수 있다.

다음에 나오는 판매상담에서 한 영업전문가가 지닌 위대한 확신과 서비스 태도를 지켜보라. 영업전문가 자신이 고객에게 한 약속, 즉 언젠가 자신의 상품이 가망고객의 사업을 폐업에서 구해줄 것이라는 약속이 고객이 가졌던 약속 중 가장 중요한 것이라고 진심으로 믿는 이유를 이해할 수 있을 것이다.

상황 설정과 판매상담 사례

이 영업전문가는 처음으로 권유를 하기 위해 작지만 유망한 가구 제조사의 재무담당자를 개척방문(canvass call) 하는 상황이다. 영업전문가는 일반적인 목록은 예상할 수 있지만, 이 회사에 어떤 자료가 중요한지 정확히 알지 못한다. 화재의 위험과 관련하여 자료가 보관된 사무실이 신축된 지 얼마 안 되는 벽돌건물에 있고, 이 건물은 마찬가지로 벽돌건물인 제조공장에 붙어 있다는 사실을 알았다. 재질이 나무인 일부 가구는 쉽게 탄다. 건물의 중앙 현관에 다가가니 출하하려고 쌓아놓은 상자와 빈 포장상자가 보였다. 이 사업체는 화재가 발생할 가능성이 상당히 높고 화재가 발생했을 때 벽돌건물이기 때문에 열이 빠져나가지 못해 피해가 심각할 것으로 보였다. 더구나 작업장에서 흡연을 하는 사람이 있고 기계가 외부로 노출된 전선으로 작업 공정에 따라 연결되어 있었다. 현재 어떤 종류의 금고를 사용하고 있는지, 사업을 유지하는 데 필요한 핵심 자료가 무엇인지 영업전문가는 모르는 상태다. 이러한 정보는 앞으로 가망고객에게서 알아내야 한다.

영업전문가인 에릭 스테빈스가 회사 재무담당자 도널드 스완슨에게 인사하면서 판매상담을 하는 과정을 우리 모두 함께해보자.

영업전문가 안녕하십니까, 스완슨 씨. 저는 매글리오 금고 회사의 에릭 스테빈스라고 합니다.

재무담당자 만나서 반갑습니다, 스테빈스 씨. 자리에 앉으시지요. 무슨 일로 오셨습니까?

영업전문가 스완슨 씨께 말씀 드릴 기회를 갖게 되어 정말 기쁩니다. 이 회사의 재무담당자인 선생님을 제가 도울 수 있다고 생각합니다. 핵심적인 기업 자료를 보호하는 안전전문가로서 저는 이 지역의 몇몇 기업에 도움이 될 만한 제안을 꽤 많이 해오고 있습니다. 스완슨 씨, 제가 궁금한 것이 하나 있습니다. 귀사는 창립된 지 얼마나 되었습니까?

[영업전문가는 충분히 이야기했고 스완슨이 토의에 참여할 필요가 있음을 깨달았다. 창립된 지 얼마나 되었는지 확인함으로써 만약 회사가 잘못되어 화재로 자료를 소실하면 얼마나 큰 경영 자원이 없어지는지 후에 지적할 수 있다. 스완슨은 자기 회사 일이기 때문에 이 질문에 아마도 대답하려고 할 것이다.]

재무담당자 1971년에 창립되었습니다. 좀 힘든 시기도 있었지만 그 이후에는 계속 번창하고 있습니다.

영업전문가 당연한 일이겠지만 회사의 성공에 매우 큰 자부심을 갖고 계시는 듯합니다. 매글리오 금고에서 일하면서 창업할 때는 작았지만 점차 성장한 많은 회사에 도움을 줄 기회가 있었습니다. 이런 제 일에 아주 만족하고 있습니다. 자료보호전문가로서 많은 회사가 일반적으로 중요 자료를 갖고 있고 일부 회사는 대부분 회사의 특성이나 업종에 따라 핵심적인 자료를 갖고 있다는 사실을 알고 있습니다. 귀사의 경우 만약 가장 핵심적인 자료를 꼽으라면 어떤 것이 첫 번째에 해당하겠습니까? 외상매출금 대장입니까?

재무담당자 네, 아마도 그게 첫 번째가 될 것 같습니다.

영업전문가 스완슨 씨 궁금한 점이 있습니다. 가구 판매가 어떻게 이루어집니까, 대리점을 통해서입니까?

재무담당자 네, 모든 판매는 전국에 있는 소매 대리점을 통해 이루어집니다.

영업전문가 그렇다면 지금 현재 보유한 수량이 얼마나 되는지 알 수 있는 재고목록과 관련 자료를 보관해야만 하겠네요, 맞습니까?

재무담당자 네.

영업전문가 재고목록이 파손되면 걱정스럽고 끔찍한 일이 되겠군요? 예를 들어 화재로 말입니다.

재무담당자 네, 그렇겠죠, 그러나 화재보험에 가입했습니다. 화재보험으로 보장받을 수 있죠

[비록 현재 대부분의 기업이 화재보험에 가입하고 있지만, 확실히 확인해야 할 사항이었다. 스완슨은 자발적으로 그것을 언급했다! 화재보험 약관상 '손실 입증'이 필요하다는 사실을 재무담당자는 아마도 몰랐을 것이다.]

영업전문가 화재보험 증권으로 보험금을 청구한 적이 있습니까?

재무담당자 아니오, 아직, 다행스럽게도!

영업전문가 제게 보험약관 견본이 하나 있는데 여기 보시면 손실의 경우 화재보험사가 관련 자료를 사전에 확인해야만 손실액을 입증할 수 있다는 사실이 명확히 적혀 있습니다. 그리고 약관의 앞부분을 보시면 이러한 중요 자료는 이 증권으로 담보하지 않는다고 기술되어 있습니다. 선생님께서는 외상매출금 대장과 재고목록 자료 그리고 다른 일부 자료가 회사에 아주 중요하다고 말씀하셨습니다. 이러한 자료는 야간에 사무실 어디에 보관합니까?

[여기에서 영업전문가는 회사에는 중요 자료가 있고 화재가 발생할 수 있기 때문에 화재보험에 가입하는 것이 좋다고 말한 사람이 있다는 사실을 알고 있

다. 그러나 이 자료의 보호 방법은 아직까지 설정되어 있지 않았다. 회사에 아주 좋은 금고가 하나 있기만 하면 핵심 중역이나 부서의 장 또는 화재보험을 통해 완벽하게 보상받을 필요가 있는 핵심 자료를 취급하는 어떤 사람이라도 금고의 일정 공간을 사용하게 할 수 있을 것이다. 거의 확실히 회사의 핵심 인물은 회사를 지속적으로 운영하는 데 필요한 특정 부분의 자료를 갖고 있다. 이러한 자료는 화재 이후에 더 필요할 것이다.]

재무담당자 회계 업무를 주로 처리하는 옆 사무실에 큰 금고를 두고 거기에 우리의 아주 중요한 자료를 보관하고 있습니다.

영업전문가 자료보호가 제 전문이기 때문에, 스완슨 씨, 이러한 자료를 보호하는 데 필요한 몇 가지 제안을 해드릴 수 있습니다. 다른 회사와 함께 일하면서 배운 것이지요 [일어서면서] 금고와 회계사무실을 보여주시지 않겠습니까?

재무담당자 [일어서면서] 그러시죠.

[영업전문가는 먼저 아무 말 없이 금고를 주의 깊게 검사한다. 그는 금고의 내부와 외부 공간을 측정하고, 금고의 내부 배치를 재빠르게 그려두고, 금고의 외벽과 문 그리고 금고 문의 내부를 점검한다. 그는 손가락으로 문설주를 위에서 아래로 문지르면서 내려간다. 문설주에 있는 흰 가루를 발견한다. 금속 표지 위에 쓰인 일련번호를 적는다. 표지는 하나밖에 없다. 금고는 60년 이상 되었기 때문에 주요 자료를 보호하는 데 사용해서는 안 된다는 사실을 경험상 안다. 영업전문가는 1분이라는 짧은 시간 동안 스완슨에게 아무 말도 하지 않으면서 주의 깊게 금고를 조사한다.]

영업전문가 정말 흥미롭네요, 스완슨 씨! 이 금고는 회사보다 훨씬 오래되었습니다. 중고로 구매하셨습니까 아니면 이 건물의 전 임차자가 놓고 간 것입니까?

재무담당자 회사를 폐업하려는 누군가에게 구매한 것 같은데 정확히 기억나진 않습니다.

영업전문가 알겠습니다. 모든 종류의 금고를 취급한 저희 회사의 경험과 지식에 따르면 이 금고는 최소한 60년은 된 것으로 추정됩니다. 제2차 세계대전 직전인 1939년경에 제조되었다는 것을 의미합니다. 그 당시만 해도 훌륭한 금고였고 지금 봐도 확실히 튼튼해 보입니다. 선생님은 이 금고가 주요 자료를 파괴하는 화재의 열기를 차단할 것으로 굳게 확신하고 계시는데, 그러면 나중에 어떤 입장이 되실지 당연히 아셔야 합니다. 이 금고를 너무 신뢰하면 선생님께 어떤 일이 벌어질지 알고 싶어 하시리라 확신하는데, 그렇지 않습니까, 스완슨 씨?

[영업전문가는 스완슨이 지금 자기가 말하려는 것에 주의를 집중하고 있는지 확인하고 싶어 한다. 스테빈스는 자료를 이 금고에 보관해왔는데 금고가 사용 기간보다 더 오래 사용되었고 중요한 자료를 보관하는 곳으로는 확실히 신뢰할 수 없다는 사실을 안다. 그는 스완슨에게 오래된 금고의 위험과 곤란함뿐만 아니라 다른 약점을 확신시킬 수 있으면 최신형 매글리오 금고를 받아들이게 할 수 있을 것이다. 스테빈스가 이것을 어떻게 전개하는지 살펴보자.]

재무담당자 물론 사실이라면 알고 싶습니다.

영업전문가 스완슨 씨, 사실을 잘 알지 못하는 어떤 사람이라도 선생님께 무언가 오래되었기 때문에 좋지 않다고 말하기는 쉽다는 것은 인정합니다. 그러나 제가 말씀드리려고 하는 것은 저희 회사의 경험에서 나온 노하우입니다. 아마도 아시겠지만 저희 회사의 역사는 100년이 넘었습니다. 저희 회사는 미국 헌법 초안을 화재에서 보호하는 금고를 제작했습니다. 무엇보다도 스완슨 씨 서류 금고의 목적은 확실히 자료를 보호하는 것입니다. 종이는 대략 180도가 되면 숯이 된 다음 재로 변합니다. 스완슨 씨 집에 냉장고가 있지 않습니까?

재무담당자 왜요, 물론 있습니다!

영업전문가 그럼 냉장고의 목적은 음식이 상하지 않는 온도 밑으로 온도를 유지하는 것입니다. 맞습니까?

재무담당자 당연하죠.

영업전문가 서류 보관 금고도 똑같은 역할을 합니다. 열을 차단하지 못하는 금고라면 180도 정도로 온도가 올라가면 자료는 소실될 것입니다. 냉장고에 보관했는데 음식이 상한다면 기분 좋을 리가 없겠지요? 마찬가지입니다! 그렇다면 의문이 있습니다. 지금 보유한 이 금고는 화재가 났을 때 대부분의 열을 차단할까요? 내부 온도가 180도 이하로 유지될까요? 열이 쉽게 침입할 수 있는 곳 중 하나가 문설주, 그러니까 문과 금고 본체가 만나는 곳인데 이 그림에서 보이는 여기이고, [오래된 금고를 가리키면서] 지금 이 금고에서는 여기입니다. 선생님께서 보시다시피 현재 보유하신 금고에는 그 사이가 상당히 많이 벌어져 있습니다. 금고 문을 열어보면 이 벌어진 사이가 똑바로 이 오래된 금고의 내부에까지 연결되었습니다. 스완슨 씨 벌어진 틈으로 내부가 보이십니까?

재무담당자 네, 보이네요!

영업전문가 열을 방지하기 위해 고려해야 할 또 다른 요소가 금고의 벽입니다. 당연히 양 측면과 뒷면 그리고 천장과 바닥이죠. 보시다시피 금고는 [종이 위에 그리면서] 이렇게 내부 금속 내장과 외부 금속 외장으로 만들어집니다. 이 두 개의 금속 사이를 일반 시멘트로 채워넣습니다. 화재의 열기가 금고를 둘러싸면 열기는 금고 내부로 침입하려고 합니다. 이 시멘트가 안으로 들어오는 열기를 막는 유일한 방어물입니다. 보도블록 사이로 풀이나 잡초가 자라는 것을 보신 적이 있지 않습니까, 스완슨 씨?

재무담당자 아, 있습니다.

영업전문가 당연하지만 시멘트를 바르려면 먼저 물이 필요합니다. 그러나 세월이 흐르면 이 물은 증발합니다. 이 오래된 금고의 콘크리트에 틈이 벌어진 이유가 바로 그겁니다. 금고의 문설주 바닥에서 가루를 보셨을 것입니다, 이런 것을요[손가락으로 가루를 모아서 스완슨에게 보여준다]. 이것은 금고의 벽과 문에 단열하기 위해 바른 시멘트가 말라 떨어진 것입니다. 이러한 모든 사실을 아셨다면 어떻게 이런 식으로 금고를 만들 수가 있는지 의아해하실 것입니다. 그런 생각이 안 드십니까, 스완슨 씨?

재무담당자 그렇게 생각합니다.

영업전문가 60년 전만 해도 열파괴로부터 자료를 보호하는 금고의 성능을 사전에 측정할 수 있는 신뢰할 만한 방법이 없었습니다. 오늘날 매글리오의 모든 서류 금고의 모델은 시카고에 있는 안전성 실험실에서 테스트를 받은 다음 인증을 받습니다. 이는 공중에게 자료보호에 대한 소비자 보증을 제공합니다.

[당연하지만, 스테빈스는 스완슨의 오래되고 불안전한 금고를 계속 험담만 할 수 없고, 좀 더 최신의 믿을 수 있는 금고를 대안으로 제시해야 한다. 영업전문가는 그의 가망고객이 문제가 있다는 사실을 알기 때문에 그 문제를 그가 인정하도록 확실히 해야 한다. 스완슨이 동의하면 스테빈스는 더 진행해 새롭고 믿을 만한 매글리오 서류 금고가 해결책이라는 것을 확신시킬 수 있으며 가능하다면 바로 이 해결책을 수용하도록 만들려고 한다. 내일이면 늦을 수도 있다.]

영업전문가 스완슨 씨, 제가 몇 가지 사항을 언급했습니다. 화재 안전을 위해 전기기구나 수많은 가정용품을 실험하는 안전성 실험실을 아시는지 여쭤보고 싶습니다. 안전성 실험실을 아십니까?

[스테빈스는 안전성 실험실을 제3의 전문가 단체로 언급했기 때문에, 스완슨이 이것을 확실히 전문가의 보증으로 간주해주길 바란다.]

재무담당자 아 네, 우리가 보유한 기계 중 몇 대에 안전성 실험실의 인증표가 붙어 있습니다.

영업전문가 오래된 금고가 튼튼해 보이지만 자료를 보호하는 데 치명적인 위험이 있다는 사실을 아시겠습니까?

재무담당자 이제야 그 사실을 알게 되었습니다.

영업전문가 매글리오의 최신형 서류 보관 금고 사진을 비교해 보여드리면 아마도 그 사실이 더 명확해질 것입니다. 여기 문이 닫힌 금고의 사진이 있습니다. 얼마나 최신형인지 한 번에 아실 수 있습니다.

[영업전문가는 스완슨의 마지막 말에 부드럽게 끼어들면서 처음으로 그의 해결책을 제시한다.]

영업전문가 이쪽에 금고의 내부 배치를 보여주는 사진이 있습니다. 실제 매글리오의 최신형 금고는 자물쇠가 달린 비밀함, 부피가 큰 자료를 위한 서랍장, 현금 보관 서랍, 편리한 서류 보관철과 같이 기업체에서 필요로 하는 거의 모든 종류의 내부 조합에 따라 설치할 수 있는데, 이는 사용하는 사람의 필요와 기분에 따라 금고의 내부를 자유자재로 바꿀 수 있다는 것을 의미합니다. 이러한 조합의 위치를 바꾸거나 나중에 추가로 공간을 설치하고 싶으면 드라이버 하나로 순식간에 할 수 있습니다. 물론 선생님이 보유한 구형 금고의 한계 중 하나가 만들어졌을 때의 내부 구조를 바꿀 수 없어 영원히 그대로 써야 한다는 점입니다.

[스완슨은 계속 들으면서 지켜보고만 있다. 몇 가지 의문을 제기할 만도 한데 제안을 멈추게 하지 않는다. 스완슨이 자신의 말로 반대의견을 제기할 수 있는 기회를 주기 위해 스테빈스는 질문하는 방식으로 전환했다. 스테빈스는 최소한 스완슨이 제안을 듣는 데 흥미를 보인다는 사실을 짐작할 수 있지만, 영업전문가는 자신의 제안에 대해 고객으로부터 구체성을 확보해야만 한다.]

영업전문가 선생님이 현재 보유한 금고의 규격을 기준으로 하면 세로가 100cm, 가로가 50cm, 깊이가 40cm인 금고가 필요합니다. 선생님께서는 외상매출금 대장과 재고관리 카드를 금고에 보관하고 계시는데 궁금한 점이 하나 있습니다. 야간에 금고에 보관하는 다른 중요한 서류는 없습니까?

재무담당자 총계정원장과 세금 자료가 있습니다. 이게 다입니다.

영업전문가 이 회사는 주식회사인데 의사록은 어디에 보관하고 있습니까?

재무담당자 제 책상의 잠금장치가 있는 서랍에 보관합니다.

영업전문가 야간에 금고에 보관하지 않는 것으로 소실되지 않았으면 하는 다른 것 없습니까?

재무담당자 네, 더는 없습니다.

영업전문가 많은 회사는 의사록이 소실되거나 권한 없는 사람이 훔쳐보는 것을 걱정하기 때문에 서류 보관 금고의 자물쇠가 있는 구역에 보관하는 것을 경험을 통해 알고 있습니다. 귀사에도 동일한 보안을 제안하고 싶습니다. 그런데 제가 앞에서 외상매출금 대장에 얼마만 한 금전적 가치를 두시는지 여쭤보았습니까? 어느 정도로 추정하십니까?

재무담당자 외부 사람에게 누설할 수 없습니다.

[새로운 금고의 가격이 제시될 때 이것은 중요하다. 회사가 백만 불의 가치를 둔다면 이 금액을 보호하려고 2,000불을 지출하는 것은 결코 불합리한 일이 아니다.]

영업전문가 스완슨 씨, 우리가 나눈 대화를 비밀로 한다는 것을 보증합니다. 추정만 해주십시오 50만 불의 가치가 있습니까?

재무담당자 그 금액보다는 훨씬 크죠!

[스테빈스가 필요로 하는 것은 추정치다.]

영업전문가 그렇다면 50만 불 이상이군요. 회사의 재무담당자로서 다른 회사와 마찬가지로 외상매출금 대장이나 다른 서류를 소실했을 때 책임을 져야 합니까?

[스테빈스는 명백한 사실임에도 불구하고 스완슨이 공개적으로 핵심 서류를 보호하는 것이 자신의 책임이라는 사실을 인정하기를 바란다.]

재무담당자 뭐라고요, 아, 네, 제가 책임져야 합니다.

영업전문가 이 경우 현재 금고는 출시 당시에는 최상의 것이었다는 사실은 앞에서 동의했지만, 더 이상 서류를 안전하게 보호할 수 있을 만한 금고로 정직하게 추천할 수는 없습니다. 제가 방문해서 지금까지 서류 보호 방법을 점검해드렸기 때문에 이러한 위험을 조언하지 않는다면 저는 완전히 무책임한 사람이 됩니다. 발전하는 회사의 재무담당자로서 그리고 우리 둘만 아는 이야기지만 50만 불 이상의 가치가 있는 외상매출금 대장을 소실한다면 끔찍한 일이기 때문에 매글리오 금고 회사를 대신해 제가 선생님께 제안을 하고 싶습니다. 현재 보유한 검증되지 않은 금고를 최신형 매글리오 서류 금고로 대체하실 것을 권합니다. 중요한 서류의 양을 기초로 할 때 필요한 모델은 더 적은 바닥 공간을 차지하면서 더 많은 공간, 즉 회사가 지속적으로 성장하면서 추가로 금고를 구입하지 않고도 필요한 추가 공간을 확보할 수 있어야 합니다.

[스테빈스는 주문서를 꺼내 스완슨이 볼 수 있게 놓는다.]

영업전문가 내부 공간이 어떤 모양인지 보여드리면 [내부 배치를 그린다.] 이 최신 서류 보관 금고는 1층에 의사록을 포함해서 개인적으로 중요한 기밀문서를 넣을 수 있는 자물쇠가 달린 보관함이 설치되고, 외상매출금 대장은 여기 2층에 넣을 수 있고, 재고 서류 카드는 금고의 중앙 바로 밑인 서랍장에 넣을 수 있습니다. 세금 서류도 보안이 매우 필요하기 때문에 서랍장 밑의 자물쇠가 있는 보관함에 넣을 수 있습니다. 맨 밑에는 10% 정도 사용하지 않는 공간이 있기 때문에 앞으로 서류가 추가되면 확장할 수 있습니다. [멈춘다.] 모든 것이 다 보관되지 않겠습니까?

재무담당자 네, 그런 것 같습니다.

영업전문가 향후 원하시면 이 내부 배치는 쉽고도 빠르게 바꿀 수 있다는 점을 다시 한 번 강조하겠습니다. 또한 재무담당자로서 최신 매글리오의 또 다른 보안 특징에 흥미가 있을 것입니다. 구형 숫자 맞춤 자물쇠는 숫자가 앞면에 돌출되어 있지만, 저희는 매글리오만의 독자적인 기술로 개발한 숫자가 위에 나타나는 염탐방지 맞춤 다이얼이 있습니다. 번호를 아는 권한 있는 사람만이 숫자를 볼 수 있게 됩니다. 다른 사람은 번호를 염탐할 길이 없습니다.

[스테빈스는 재빠르게 주문장에 가격을 적어 보이고 나머지는 때가 되면 채워지도록 빈칸으로 둔다.]

영업전문가 이것이 귀사에 드리는 저희 회사의 추천 사항입니다, 스완슨 씨. 회사 또는 개인적으로 부담해야 할 위험을 고려하신 다음 필즈버리 사나 슬로언 월터스 사가 했던 것처럼 저희가 제안한 매글리오의 최신 서류 보관 금고로 구닥다리 금고를 교체하는 것이 현명했는데 하고 나중에 후회하지 않길 바랍니다.

재무담당자 이 금고를 너무 오래 갖고 있어서 말입니다. 마치 회사 동료 같습니다.

영업전문가 스완슨 씨, 잘 압니다. 그러나 금고를 갖고 있는 가장 중요한 이유가 서류를 안전하게 보관하는 것입니다. 다행스럽게도 이제껏 화재가 난 적이 없었습니다. 이번 주에 화재가 난다면 이 오래된 금고가 결코 좋은 동반자가 아니었음이 드러날까 걱정될 뿐입니다.

재무담당자 한 번도 화재가 난 적이 없었고 화재 방지를 위해 훌륭한 예방 안전책을 시행하고 있습니다.

영업전문가 그러시다니 기쁩니다, 스완슨 씨. 회사에 화재가 나길 바라는 것이 아닙니다. 그렇지만 만약 화재가 난다면, 저희가 헌법 초안을 보호하듯이 화재 후에 필요한 서류를 보호하는 것이 우리 마글리오 금고의 책임일 것입니다. 스완슨 씨도 화재가 발생할 수 있다는 사실을 인식하고 있지 않습니까? 그렇지 않다면 화재 보험에 가입할 필요가 없지 않겠습니까? 그리고 서류가 회사의 핵심 부분이라는 것을 스완슨 씨도 동의한다고 저는 확신합니다. 그렇지 않습니까, 스완슨 씨?

재무담당자 글쎄……, 네.

영업전문가 이제는 이 구형 금고가 얼마나 큰 도박인지, 그리고 열로부터 서류를 보호하기 위해 갖고 있는 것이라고는 오직 이 금고 하나라는 사실을 아실 것입니다. 믿을 수 있는 매글리오 서류 보관 금고를 구입하는 것이 서류를 소실해 사업이 망하는 위험보다 더 싸다는 데 동의하십니까?

재무담당자 그렇지만 당장 새로운 금고를 구입하는 것이 예상보다 비싸서요. 회사는 지속적으로 비용을 절감하고 있습니다. 좀 기다려야 할 것 같습니다.

영업전문가 스완슨 씨 회사를 위해 매글리오 금고가 역할을 수행하는 데 앞으로 20년 동안 매달 9.75불보다 적게 듭니다. 외상매출금 장부의 최소 가치인 50만 불을 보호하는 데 쓰는 비용을 고려하면 그리고 갑자기 서류를 소실해 선생님이나 회사에 벌어질 일을 생각하면 매달 9.75불은 공짜입니다. 기다린다면 백만 불 이상이 들 것입니다. 아니 회사 전체일 것입니다.

재무담당자 총액이 얼마입니까?

영업전문가 내부 배치 조정을 포함해 겨우 2,340불입니다.

[스테빈스는 지금부터 한동안 강력한 마무리를 하려고 한다. 스완슨은 지금 당장 이 보호장치가 필요하다. 지금 당장 스완슨이 행동으로 옮기도록 설득해야만 스테빈스는 서비스를 제공할 수 있다. 스완슨은 계속 듣기만 하지만 마음속에는 장점과 단점이 싸우고 있을 것이다. 조금만 더 확신시키면 계약을 체결할 것이다.]

영업전문가 이 위험을 지금 당장 스스로 제거하고자 결심하면 결코 후회할 일이 없습니다, 스완슨 씨. 이 일은 재무담당자로서 선생님의 책임이며 아시다시피 매글리오 금고는 신뢰할 수 있습니다. 실무자로서 핵심적인 외상매출금 대장과 재고 대장뿐만 아니라 사업을 유지하는 데 필요한 다른 중요한 서류와 같이 커다란 투자 대상을 기꺼이 그리고 확실히 보호해야만 합니다!

[주문장을 스완슨 앞에 바로 놓는다.]

영업전문가 기다린다고 얻는 것은 거의 없고 오히려 위험만 커질 뿐입니다. 저는 모든 사실을 알려드렸습니다. 스완슨 씨, 지금 당장 "네"라고 하시면 지금부터 확실히 보호받을 수 있습니다. 올바른 의사결정입니다.

[이 말과 함께 주문서에 서명하도록 필기구를 스완슨 앞에 놓는다.]

재무담당자 당신 말이 맞다고 생각합니다. 돈을 지출하지 않았으면 하는 바람이지만 서류를 잃어버리면 더 큰 낭패입니다. [주문서에 서명한다.]

영업전문가 올바른 의사결정을 내리셨습니다. 훌륭한 투자입니다!

개인으로서 고객

각각의 고객을 개성을 지닌 개인으로 상대하라. 결코 특정 유형으로 가망고객을 분류하지 마라. 영업전문가가 자신의 문제를 단순화하려고 한정된 유형으로 고객을 분류하려 해봤자 그런 노력은 결코 성공하지 못한다. 모든 가망고객은 한 사람의 **개인**일 뿐만 아니라 각자 다양한 기분과 태도를 지닌다. 판매제안이 진행되면서 고객의 기분이 몇 번씩 바뀐다는 사실을 경험상 알 것이다. 그렇기 때문에 영업전문가에게는 유연성이 필요하다. 자신의 성격을 고객과 고객의 현재 태도에 맞춰 접근하라.

그러나 다시 한 번 마음속에 의문이 생길 것이다. 고객을 유형별로 분류하지 않으면서도 판매 상황에서 영업전문가에게 도움이 되고 실제로도 의미 있게 분류할 수 있는 다른 방법이 없을까? 이 의문에는 긍정적 답변이 기다린다. 고객은 그들의 구매 문제에 따라 집단으로 분류될 수 있다. 구매 문제라는 관점에서 고객에게 봉사하는 법을 배우면 그들이 현명한 의사결정을 내리는 데 가치 있는 도움을 줄 수 있다.

이러한 '분류' 기법은 다음과 같이 사용된다. 최대한 빨리 고객이 지닌 구매 문제의 유형을 알아내라. 이는 고객의 반응을 주의 깊게 경청하면 된다. 그 다음 이 문제에 만족할 수 있도록 도움을 주고 그들이 드러낸 개인적 태도와 기분에 맞춘 지적인 판매제안을 하라.

제 2 장

판매 아이디어

이 장은 이 책의 핵심 부분으로, 판매상담의 확보, 새로운 사실과 동기부여 발견, 개인과 기업의 판매, 다양한 시장에서의 판매 등 생각할 수 있는 모든 판매에 대응하는 백만 불 원탁회의 회원의 아이디어가 실려 있다.

각각의 항목에서는 백만 불 원탁회의 최고 영업전문가가 판매 경험에서 얻은 확실하고 검증된 조언을 제공한다.

상담 확보하기

가망고객과의 판매상담을 확보하려면 별도의 계획을 준비하고 판매할 때 아주 중요한 몇 가지 요소를 이해할 필요가 있다. 상품 지식과 가망고객 명단은 물론 '올바른 가망고객'에게서 상담을 확보하는 방법을 알아야만 한다. 즉 가망고객에게 주의를 확보하고 흥미를 일으키도록 재빨리 개발해서 상담이 진행되는 동안 주의와 흥미를 계속 유지시켜야 한다. 이러한 과제를 성공적으로 수행했을 때 가망고객에게 이익이 되는 점을 설명해서 확신이 들게 하고 가망고객의 욕구를 자극할 수 있다. 그런 다음 판매 마무리가 가능하다. 이러한 목표를 현실화하는 것이 이 장에서 논의할 내용이다.

상담의 시작은 구매자의 유형, 판매 상품, 판매회사의 평판에 따라 다양할 것이다. 전화 연결을 걸러내는 것이 자신의 의무라고 생각하는 비서나 부하직원에 둘러싸인 기업 임원을 만나기는 아주 어렵다. 이러한 상황은 특히 무형상품이나 특별상품을 개인에게 판매할 때 더 그럴 수 있다. 반면 도매상이나 소매상, 구매대리인과 같이 영업전문가를 상담하는 일이 자신의 주업인 사람에게 전화할 때는 그런 일이 거의 없다. 이런 회사는 구매대리인이나 구매자가 영업전문가를 접견하거나 상담할 일정 시간을 할당해놓고 있기 때문이다.

모든 판매 상황에서 상담을 약속하고 확보하는 데 정직한 접근 외에는 어떤 다른 방법도 정당화할 수 없다는 사실을 깨달아야 한다. 핑계를 대거나 속이려 하다가는 결국 스스로를 책망하는 결과를 맞을 때가 많다. 많은 영업전문가는 가망고객과 만나는 것을 대단히 어려운 일이라고 과장한다. 그러나 자신의 경험을 살펴보면 상담이 단순히 판매를 부탁하는 정도에 불과하다는 사실을 알 수 있을 것이다.

상담을 확보하는 데 도움이 되는 몇 가지 기본적 방법을 제안하고

자 한다. 우선 긍정적이고 확신에 찬 태도는 많은 상황에서 상담 거부를 극복할 수 있게 해준다. 먼저 비서나 안내원, 부하직원에게 존경을 표현하라. 이들에게 신용을 얻는 것은 협력을 확보하는 자산이 된다. 친하되 도를 넘지 않는 태도를 유지하면서 행동해야 한다. 어떤 질문이라도 솔직한 태도로 답변해야 한다. 가끔 제안하려는 내용을 설명하는 것이 적절할 수 있다. 상품이나 서비스에서 제공하는 몇 가지 혜택을 간략하게 설명할 수도 있다. 개인적으로 바람직한 인상을 주는 것은 협력을 얻으려는 진지한 노력을 할 때 가능하다는 사실을 때때로 잊어버린다. 가망고객이나 고객을 기다려야 한다면, '기다리는 시간'에 메모하거나 보고서를 작성하거나 상품과 관련된 자료를 공부하거나 사업 관련 도서를 읽는 등 상대방에게 진지한 모습을 보일 수 있는 유리한 기회로 활용하라.

상담을 요청하려면 다음 접근법 중 하나를 사용하면 좋다.

- "[가망고객의 이름] 님에게 [본인 이름]가 왔다고 전해 주시겠습니까?"
- "사업상 [가망고객의 이름] 님을 뵈러 [본인 이름]가 왔다고 [가망고객의 이름] 님께 말씀드려주시면 고맙겠습니다."
- "안녕하십니까? 저를 위해 [가망고객의 이름] 님과 상담할 수 있도록 약속을 정해주셔서 대단히 감사합니다."

상담이 즉시 이루어지지 않으면 이렇게 말하라.

> "[가망고객의 이름] 님께서 지금 시간이 안 되면 오늘 오후에 다시 오도록
> 하겠습니다."

　　이러한 상담에서는 두 가지 중요한 사항을 고려해야 한다. 첫째,
올바른 가망고객을 만나러 왔는지 확인해야 한다. 둘째, 다시 오는 데
시간이 많이 걸리거나 상담 환경이 적절하지 않으면 잠재고객을 만
나기 위해 기다리는 시간을 제한해야 한다. 우리에게 시간은 가장 소
중한 자산이다. 언제나 자신의 시간이 가치 있다는 인상을 주라. 경우
에 따라서 근처에 있는 다른 사람을 만난 후 다시 올 수 있다. 가능하
다면 항상 '대기 시간'을 줄일 수 있도록 사전 약속을 정하라.

　　전화, 소개장에 의한 추천 또는 간략한 소개글이 담긴 명함은 상
담을 확보하는 데 꽤 도움이 된다.

　　자신의 이름을 소개할 때 다음과 같은 기법을 활용하면 좋다. 예
를 들어 "제 이름은 제넌 맥마흔입니다"라고 단순하게 말하기보다
가망고객에게 "제 이름은 맥마흔, 제넌 맥마흔입니다"라고 말하라.
이렇게 하면 한 번이 아니라 두 번에 걸쳐 자신의 이름을 가망고객
의 마음에 새길 수 있는 기회를 갖는다.

　　전화로 가망고객을 발굴하는 방법을 간단하게 소개해보자. 지금부
터 노련한 영업전문가가 '적절한 개인'에게 약속을 정하는 것을 살펴
볼 것이다. 진정한 가망고객과 그렇지 않은 고객을 구분하는 데 유효

한 전화 대화법도 배우게 될 것이다. 여러 해 전 백만 불 원탁회의 한 회원이 전화로 상담에 성공하는 방법을 정리한 적이 있다. 그 방법은 오늘날까지도 적절한 조언이 되고 있다.

전화 소개

우리는 영업전문가로서 판매가 가능한 구매자인 이상적인 가망고객과 대화하고자 한다. 그래서 약속을 정하려고 전화한다. 이렇게 하는 것은 논리적이다. 우리는 이상적인 가망고객이 필요로 하는 상품을 가지고 있다. 최소한의 노력으로 가망고객이 세부사항을 알고 구매하면 더 큰 혜택을 얻을 수 있다는 사실을 깨닫게 해야 한다.

그러나 이상적인 고객에게 직접 말할 수 있는 기회는 거의 없다. 비서나 부하직원이 이런 전화를 걸러내는 역할을 한다. 이상적인 가망고객과 직접 대화할 수 있는 가장 좋은 방법이 무엇일까? 최고의 영업전문가가 다음과 같이 질문과 대답을 통해 몇 가지 방법을 알려준다.

질문 어떻게 시작합니까?

대답 제일 먼저 이상적인 가망고객의 이름을 알아야 합니다.

질문 당연히 제일 먼저 해야 할 일입니다. 만약 이름을 모른다면 어떻게 합니까?

대답 그렇다면 비서가 아닌 전화안내원을 통해 알 수 있습니다.

질문 이름을 알았습니다. 그런 다음엔?

대답 자, 상대방 이름이 린 스미스라고 가정하겠습니다. 비서가 전화를 받으면 단지 "스미스 씨를 부탁합니다. [자신의 이름]입니다"라고 자신 있게 말하고, 질문 형식으로 말하진 마십시오.

질문 무슨 뜻입니까?

대답 그럼, "스미스 씨라는 분 계십니까?"라고 말했다고 가정하죠. 첫째로 그런 사람이 있는지 확신하지 못한다는 것이 드러납니다. 둘째로 스미스 씨와 직접 대화하려고 부탁한 것이 아니라 통화가 가능한지 여부만 물은 게 됩니다. 완전히 다른 이야기가 된 거죠. 상대방이 자리에 있다는 것을 알게 되면 그 다음엔 상대방과 통화할 수 있도록 부탁해야 합니다. 처음으로 되돌아가는 겁니다. 이 질문은 방어적인 "아니요"라는 말을 하게 하고 거절당할 가능성도 높습니다.

질문 어떻게 해야 합니까?

대답 전화를 하기 전에 스미스 씨가 제 친구라고 상상하는데, 이렇게 하는 것이 늘 도움이 됩니다. 친구라고 생각한 사람에게 전화하는데 비서나 부하직원이 통화를 못하게 할 것이라고 걱정하는 짓은 우스꽝스러운 일임을 쉽게 알 수 있을 것입니다. 그래서 저는 "스미스 씨를 부탁합니다. [자신의 이름]입니다"라고만 합니다. 그러면 십중팔구 잠시 후 스미스 씨가 전화를 받습니다.

질문 "스미스 씨를 부탁합니다"라고만 간단하게 하면 안 됩니까?

대답 가끔 그렇게 해본 후 스스로 생각해보시죠. 저는 제 이름을 밝히는데, 가끔 잊고 이렇게 하지 않으면 대부분 비서가 누구시냐고 물어옵니다. 그럼 자기 이름을 말해야 합니다. 대개 다음 질문은 "무슨 회사입니까?"가 됩니다. 소속 회사를 말하면 비서가 무슨 일로 전화를 하셨냐고 묻기 쉽지요.

질문 선생님은 이러한 상황에 빠진 적이 **결코 없었다는** 말씀입니까?

대답 제 말을 오해하지는 마십시오 제가 말씀 드린 것은 대부분의 경우 통한다는 것입니다.

질문 그렇지 않을 경우에는 어떻게 합니까?

대답 글쎄요, 가장 최악은 모호하게 만드는 것입니다. 최고의 대답은 "[회사명]입니다, 스미스 씨가 자리에 계십니까?"지요 이렇게 하면 스미스 씨의 비서에게 세 가지 선택을 주게 됩니다. 연결해 주든지, 자리에 없다고 하든지, 많은 것을 물어보든지 할 수 있습니다. 비서가 바쁘다면, 그리고 대개 바쁘기 때문에 비서로서는 가장 쉬운 일이 연결하는 것입니다.

질문 이게 전부입니까?

대답 아니요, 대부분의 경우 비서는 스미스 씨와 무슨 용건으로 통화하려고 하는지 물어볼 것입니다. 이럴 때 우물쭈물하거나 더듬거리면 판매상담을 시작할 수 없게 됩니다. 머뭇거리면 비서는 퇴짜를 놓을 방법을 생각할 여유를 가지게 마련이지요.

질문 그럼, 어떻게 합니까?

대답 질문을 피하고 다시 약속을 정하려고 노력합니다. 그래서 이렇게 말하곤 합니다. "비서 되십니까? 약속을 정하려고 전화했습니다. 스미스 씨와 약속을 정해주시겠습니까, 아니면 제가 직접 스미스 씨와 이야기할까요?"

질문 비서가 계속 거부하면 어떻게 하겠습니까?

대답 비서에게 아주 짧고 직접적으로 이야기합니다. 통화 시간이 짧다는 사실을 확신시키고, 가망고객에게 연결해달라고 요청하면서 마무리합니다.

질문 스미스 씨가 너무 바빠 만날 수 없다고 하면서 다른 사람과 통화해보면 어떻겠냐고 비서가 말하는 경우에는 어떻게 합니까?

대답 이런 상황을 해결하는 최선의 방법은 스미스 씨의 시간이 너무나 소중하다는 것을 잘 알겠고, 그분의 부하직원과 통화할 수 있게 되어 기쁘다는 말을 비서에게 합니다. 다만 그 직원이 구매의 승인권이 있을 경우에만 그렇습니다. 스미스 씨를 꼭 만나야 한다면 최선의 길은 처음부터 다시 시작하는 것입니다. 이런 경우 저는 이렇게 말합니다. "스미스 씨와 통화한 다음에 부하직원과 연결해주시면 좋겠습니다. 오늘 꼭 통화해야 할 정도로 급하지는 않습니다. 언제 다시 전화하면 좋은지 알려주시겠습니까?"

질문 그럼 스미스 씨와 통화할 수 있게 됩니까?

대답 대개 그렇습니다.

상담을 확보하기 위해서는 이러한 제안 외에도 상담의 첫 번째 목표를 달성하는 데 도움이 되는 사전 소통과 명함의 지적인 활용 등의 기법도 사용할 수 있다. 한 번에 가망고객에게서 상담을 확보하려고 할 때, 특히 새롭게 개척하는 상담일 경우에 다음 세 가지 도구가 앞길을 열어줄 수 있다. ① 흥미롭게 잘 쓴 사전 소개편지, ② 유용한 정보가 담긴 우편엽서, ③ 가망고객의 흥미를 자극할 수 있는 명함이나 광고물 같은 것.

1. 목적을 간결하게 전달하면서도 상상력과 독창성을 갖추고 알기 쉽게 쓴 사전 소개편지로 가망고객에게 영업전문가 자신과 제안을 효과적으로 소개한다. 편지에는 회신용 우편엽서를 동봉하여 가망고객이 전화를 받을 수 있는 가장 편한 날짜와 시간을 표시해서 회신하게 할 수 있다. 전화할 때 편지 보낸 것을 언급하면서 사전 지식에 기초하여 대화를 시작할 수 있다.

2. 우편엽서도 똑같은 방식으로 사용할 수 있다. 내용은 반드시 간단해야 하지만, 조만간 전화하겠다는 의사를 전달하는 기본 목표를 달성해야 한다. 소책자, 대형 전단지, 소형 전단지, 카탈로그와 같은 다양한 종류의 광고물로 우리 자신이나 회사, 우리가 제공할 상품이나 서비스를 미리 알려줄 수 있다. 이것은 영업전문가가 가망고객에게 처음 접근할 때 어색함을 없애는 데 큰 도움이 된다. 여기서도 똑같이 미리 보낸 광고물을 언급하면서 서로의 공통분모를 찾을 수 있다.

3. 명함도 적절하고 창의적으로 사용하면 소개 매체로 활용할 수 있다. 영업사원이 방문하려면 먼저 명함을 제시하는 것이 규칙인 회사도 있기 때문에 이러한 회사의 방침은 따라야 한다. 가망고객이 우리가 소속된 회사에 대해 잘 알고 좋은 인상을 가지고 있으면 명함 하나가 커다란 자산이 될 수 있다. 미리 명함을 제시하지 않아도 된다면 명함을 제시할 최상의 시기는 상담을 마무리할 때라는 사실을 대부분의 경험 있는 영업전문가는 안다. 그때가 되어야 흥미를 느낀 가망고객이나 고객이 자료의 원천으로 삼을 수 있다. 몇몇 영업전문가는 좀 더 개인적인 접근을 하는 데 명함을 성공적으로 활용한다. 명함에 자필로 개인적 메시지를 적어 전달하면 상대방의 관심과 호기심을 끌게 된다.

가망고객의 주의를 집중시키기

이제 가망고객과 마주 앉아 있다. 이러한 **주의 단계**에서 가망고객은 첫 번째 마음의 결정을 내려야 한다. "영업사원을 만났군. 내가 왜 이 사람의 말을 들어야 할까?" 가망고객에게 상품이나 서비스가 진정으로 그에게 혜택이 된다는 사실을 재빨리 확신시켜라. 제일 먼저 꺼내는 말이나 첫인상에서 긍정적 반응을 이끌어내야 한다. 이 단계, 그리고 판매과정의 모든 단계에서의 노력은 가망고객이 확신할 수 있을 때까지 집중해야 한다. 그래야만 판매제안을 마무리할 수 있는 위치에 가게 된다.

신참 영업전문가는 가끔 묻는다. "저와 회사를 간략히 소개한 다음 바로 판매제안을 해야 합니까?" 가망고객에 대한 판단과 상황에 따라 그럴 수도 있고 그렇지 않을 수도 있다. 노련한 영업전문가는 일상적인 활동을 통해 가망고객과 고객이 구매 문제의 특정 유형에 따라 분류될 수 있다는 사실을 알고 있다. 분류는 다음과 같다.

- 기존 고객은 쉽게 관심을 확보할 수 있는데 영업전문가와 과거에 이미 일련의 경험을 공유하고 있기 때문이다.

- 상품에 대한 자신의 욕구를 인식하고 특정 유형의 상품을 갈망하는 새 고객은 이미 자극이 된 상태다. 이들에게 주로 강조할 사항은 자신의 상품과 서비스가 경쟁사에 비해 최고의 해결책이라는 점이다.

- 문제와 일반적인 해결책을 인식한 고객이 있다. 기꺼이 구매하려는 사람에게는 자신의 상품을 선호하도록 만들어야 한다.

> 문제나 해결책을 인식하지 못하는 가망고객이 있다. 현재의 여건과 어떠한 욕구도 드러나지 않은 지금 상태에 만족한다. 그렇다면 문제와 해결책을 인식하도록 안내해야 한다.

주의 단계는 실제로 다음 두 단계로 나뉜다는 것을 명심하라. ① 예비적 친교 단계, 즉 예의를 갖추어 대응하는 것으로 시간에 따라 달라진다. ② 가망고객이 상품이나 서비스에 관심을 집중하는 단계다. 자기 자신에서 상품으로 옮겨가는 과정은 언제나 부드러워야 한다. 다음 예시를 지켜보자.

가망고객 [회사의 오래된 계산기에 대한 문제를 약간 길게 말한 후] …… 거래 하나에도 숫자를 맞추기 위해 직원들이 쏟아 붓는 시간이 얼마나 되는지, 세 사람이 숫자를 확인했고, 적어도 그렇게 해야만 안심이 되니…….

영업전문가 [이 경우 가망고객이 다음 말을 잇기 전에 깊은 한숨을 쉬는 순간이 적절한 때이므로 이때 말한다.] 정확한 수치를 언제쯤이나 얻을 수 있는지 의아해하시는 것 같습니다. 작은 트랜지스터가 장착된 이 계산기의 속도와 정확성을 아시면 기뻐하실 겁니다. 이 계산기는 계산이 빠를 뿐만 아니라……. [영업전문가는 계속해서 제안을 한다.]

예비적 친교 단계에서는 실제 방문 목적을 달성하기에 앞서 가망고객의 문제점을 알거나 예의를 다하는 데 주의를 기울이고 이해를 보여야만 한다. 최소한의 예의를 차리고 바로 본론으로 들어가도 괜찮다 싶을 때가 많을 것이다. 이럴 때는 아주 간단한 인사만 주고받은 후 즉시 본론으로 들어가라. 모든 상황에서 자신의 판단을 믿고 가망고객에게서 단서를 얻어라. 가망고객의 얼굴과 몸짓을 지켜보고 목소리의 높낮이에 유념하라. 가망고객은 강력하면서도 끊임없는 소통의 신호를 보낸다.

관심을 집중시키는 법

예비적 친교 단계를 거쳤으면 가망고객의 관심을 상품이나 서비스로 이끌 수 있다. 지금이야말로 상품이나 서비스를 소유하거나 사용할 때 얻을 수 있는 혜택을 직접 표현하면서 판매제안을 시작할 시점이다. 효과적으로 가망고객이 제안에 주의를 집중할 수 있도록 하라.

다음에 있는 일곱 가지 기법을 몸에 배게 하라. 충분히 숙달해서 특히 편안하게 사용할 수 있어야 한다. 한마디 한마디가 모두 듣는 사람의 계획이나 포부 그리고 문제와 연결되어야 한다. 그래야 제안이 효과적일 수 있다.

1. 혜택에 즉시 중점을 두어라

대화를 시작하자마자 누릴 수 있는 혜택을 가망고객에게 제안해라. 강력한 제안을 듣지 않으려는 사람은 비이성적이라고 생각할 수 있도록 하라. 가망고객이 이성적인 사람이라면 이 시점에서 거절할 수 없도록 접근해야 하며 이로써 상품의 더 많은 이점을 설명할 수 있다. 다음에 몇 가지 예가 있다.

- "포장비용을 하루 [금액]씩 절감할 수 있는 방법을 알려드리고자 합니다."
- "이 중력 전송장치를 사용하면 원재료를 추가로 세 번 처리하는 일을 안 해도 됩니다. 현재 세 사람이 하는 일을 두 사람이 할 수 있습니다."

이와 같은 말을 통해 영업전문가는 흥미 단계로 끌어올린다. 가망고객은 상품을 구매하면 얻을 수 있는 것이 무엇인지 바로 알게 된다.

2. 질문으로 시작하라

질문을 하면 쉽게 가망고객의 주의를 끌 수 있다. 질문을 종종 '병따개(openers)'로 활용할 수 있다. 단순하고 직접적이고 재치 있는 질문을 공들여 만들기만 하면 된다. "별일 없으십니까?" 또는 "제 흥미를 끌 만한 것이 있나요?"처럼 낡아빠지고 어리석은 질문은 절대하지 마라. 다음과 같은 질문이 훨씬 낫다.

- "오늘 밤 서류가 화재로 모두 불에 타버려도 곧바로 내일 사업을 차질 없이 운영할 수 있는지 말씀해 주시겠습니까?"
- "모든 사람이 보험에 가입할 수 있는 것은 아니라는 사실을 생각해보신 적이 있으십니까?"

3. 특이하고 충격적인 병따개로 시작하라

특이하고 충격적인 병따개를 사용하면 호기심을 불러일으키고 흥행 재능을 보여줄 좋은 기회를 얻는다. 제안에 집중시킬 수 있어 가장 효과적인 도입이 될 것이다. 보험 영업전문가라면 서류 가방에서 주택 대출서류 양식을 꺼내 찢은 다음 "선생님도 이렇게 하실 수 있습니다!"라고 말해보라. 그러면 가망고객의 주의를 확실히 끌 수 있다. 잉크가 새지 않는 만년필 제조사의 영업전문가라면 가망고객의 주의를 바로 끌기 위해 특이하고 충격적인 기법을 사용할 수 있다. 잉크병을 꺼내 만년필에 잉크를 채운 다음 만년필을 자기 옷을 향해 심하게 위아래로 흔든다. 그런 다음 "잉크가 새지 않습니다. 새지 않는 만년필이기 때문입니다!"라고 말한다.

4. 판매와 연관된 흥미로운 일화를 이야기하라

흥미롭고 판매와 관련된 일화를 말하도록 하라. 일화는 적절한 사건이나 사례의 간단한 설명이자 가망고객이 특별하게 의미를 두거나 직면한 문제와 관련된 실화다. 일화를 솜씨 있게 이야기하라. 가망고객의 관심을 집중시키고 결과를 알고 싶어 하도록 긴장감 있게 말하라. 다음 예에 핵심이 나와 있다.

> **영업전문가** [투자 목적으로 수익증권을 판매함.] 경험이야말로 위대한 스승입니다만, [가망고객의 이름]님, 종종 값비싼 대가를 치러야 합니다. 지난주에 저의 훌륭한 고객 한 분이 이런 사실을 뼈저리게 느꼈습니다. 그분이 제게 해준 말은 이렇습니다. "수년 전에 우리 가족은 그때까지 모은 돈을 전혀 알지 못하는 것에 투자해 쫄딱 망했습니다. **우리**는 주택의 부분 개량에만 약간의 전문성이 있을 뿐 투자라고는 전혀 모르고 있었는데도 어떤 조언도 받지 않은 채 그렇게 투자했다는 사실이 믿어지지 않았습니다." 그 경험이 반면교사 역할을 했기 때문에 [가망고객의 이름] 님, 제 고객은 새로 모은 종잣돈을 좀 더 현명하게 투자할 수 있도록 하겠다고 결심했습니다. 물론 제 고객은 투자한 돈의 수익을 원하지만, 수익 그 이상의 확신, 즉 돈의 안전과 마음의 평화를 얻을 수 있는 전문가의 조언을 더 중요하다고 생각하게 되었습니다. 어떤 개인도 자신만을 위해 전문가로 구성된 회사를 소유할 수 없다는 사실을 인식한 것입니다. 그렇기 때문에 자신의 소중한 돈을 수익증권에 맡기기로 했습니다. 그분은 자신의 돈뿐만 아니라 수익증권에 투자한 다른 사람의 돈도 최고의 금융전문가가 집중적으로 관리해준다는 사실을 알았습니다.

들려주는 이야기가 실화이고 자신의 상품에 만족한 고객의 경험과 관련된 이야기라는 것만 확실히 하면 된다. 말을 할 때 긴장감을 높일 수 있는 소재를 개발하라. 다음 이야기의 기법을 주목하라.

영업전문가 [산업용 소화기를 판매함.] 선생님은 본인의 경험을 통해 직접 배우실 수도 있지만 다른 회사가 치른 대가를 통해 배우실 수도 있습니다. 지난주에 공장장인 고객에게서 들은 이야기입니다. 그분은 행복한 공장장이죠. 그분은 탁월한 몇 가지 조언을 받아들이셨습니다. 말씀드릴 내용은 그분이 제게 한 이야기입니다. 다른 공장의 유지관리 부서장은 더 새로운 최신식 소화기를 제안 받더라도 완고하게 거부했습니다. 대부분의 건물에 설치된 스프링클러로 충분하다고 생각했고, 또 여러 곳에 소방 호스가 설치되어 있었습니다. 그 공장에는 아무 탈도 없을 것처럼 보였지요. 그런데 그렇지가 않았습니다. 스프링클러가 설치되지 않은 사무실에서 불이 나기 시작했는데 거기는 소방 호스가 닿지 않는 곳이었습니다. 최신식 소화기가 있었다면 초기 발화는 쉽게 진화되었을 것입니다. 그러나 그 공장에는 하나도 없었습니다. 화재보험으로 재물 손실은 보상받았지만 공장은 5일 동안 조업을 중단해야만 했습니다.

5. 친숙하고 중요한 이름을 활용하라

가망고객이나 고객이 중요하게 생각해서 인정하고 감동할 지역 또는 전국의 명사 이름을 활용하면 가망고객의 주의를 긍정적이고 크게 이끌어낼 수 있다.

6. 보여주면서 시작하라

어떤 경우에는 보여주면서 시작하는 것이 현명할 때도 있다. 몇몇 상품이나 서비스는 특히 이러한 기법이 잘 맞는다. 이러한 병따개를 활용할 때는 상품이나 부속품, 포트폴리오, 사진, 모델과 같은 관련 자료로 고객의 주의를 집중시킬 수 있다.

7. 뉴스를 판매제안에 활용하라

판매제안에 뉴스를 최대한 활용하기를 좋아하는 영업전문가가 있다. 기존 고객을 정규적으로 방문하는 영업전문가에게는 적절하고 유용한 방법이다. 이들은 가망고객이나 고객에게 업계나 인접 업계에서 벌어지는 일을 전해준다. 이들은 이러한 정보를 판매를 늘리는 데 도움이 되는 실용적인 제안으로 짜 맞추려고 항상 노력한다. 업계 신문, 금융 신문, 그리고 업계 관련 출판물에는 일반적으로 관심을 끌 만한 기사가 제공된다. 예를 들어 쇼윈도, 판매대, 기타 매장의 내부와 외부 배치를 개선하는 법, 또는 광고물과 판촉 아이디어를 새롭고 효과적으로 사용해서 수익을 늘리는 법 등을 활용한 판매제안에 고객은 진지하게 관심을 보일 것이다. 새로운 매장 배치나 광고 문안과 같이 좋은 아이디어를 생각했다고 단순하게 말하지 마라. 가망고객에게 좋은 인상을 심어주고 주의를 집중시키려면 다음과 같이 말해야 한다.

영업전문가 일주일에 한 번씩 이러한 유형으로 배치를 바꾸면 [회사 이름]의 매출이 15% 증가합니다.

추가해서 지켜야 할 사항

논란이 있었거나 깊게 뿌리박힌 개인적 감정을 자극할 가능성이 높은 주제를 거론하는 일은 절대 피하라. 항상 정치나 사회, 종교에 대해 논의하는 것을 피하라. 이런 것들보다 상담 상황을 더 나아지게 하는 흥미롭고 유쾌한 주제는 많다.

방문했을 때 제3자가 등장하면 어떻게 해야 하는지, 또는 고객의 주의를 집중시키는 데 방해가 되는 간섭을 어떻게 피해야 하는지 영업전문가는 궁금해한다. 이럴 때는 어떻게 해야 하는가?

제3자나 이해관계자 다수가 참여하는, 예컨대 복수 구매결정이 필요한 기자재를 상담할 때는 참석자 모두에게 이야기를 해야 한다는 사실을 명심하라. 대개는 그 집단에서 주도적인 입장을 지닌 한 개인을 발견할 것이다. 그런 사람이 누군지 알게 되면 그 사람에게 가장 강한 관심을 집중시켜야 한다. 경쟁자가 함께 있을 때는 가능하다면 판매제안을 하지 말고, 이런 상황을 피할 수 있도록 모든 노력을 다하라. 시시때때로 대화 중 참견하는 부하직원이나 자주 울리는 전화벨 소리, 판매제안에 집중하지 못해서 딴청을 피우는 가망고객 때문에 중단되면 다음과 같이 하라. 중단될 때마다 중단되기 직전에 했던 말을 반복하면서 될 수 있는 대로 빨리 가망고객의 주의를 다시 집중시켜라. 가망고객에게 주의를 집중해서 상품의 가치를 이해했으면 들인 비용만큼 보상받을 수 있다는 사실을 부드럽게 설명하라. 최후의 수단으로는 좀 더 유리하게 설득될 수 있는 때에 상담을 진행할 수 있도록 재치 있게 따로 약속을 청하는 방법이 있다.

최종 목표

가망고객의 주의를 집중시켰으면 다음엔 흥미를 높이는 데 온갖 노력을 기울여야 한다. 이것은 가망고객의 마음속 구매 절차 중 두 번째 단계인 흥미 단계다. 제공될 혜택과 이점으로 관심을 넓히도록 개발할 시점이다. 관심과 흥미라는 처음 두 단계와 남아 있는 다른 단계에서도 단계와 단계를 구분하는 경계선이 없다는 사실을 명심하라. 여기에서는 설명을 하기 위해 분리해서 언급하지만, 실제 판매 상황에서 이러한 단계는 한 단계가 다음 단계와 자연스럽게 섞인다. 한 단계에서 다음 단계로 쉽게 옮겨가면 궁극적인 목표인 판매의 최종 마무리를 향해 잔잔하게 움직일 것이다. 실제로 판매할 때 가망고객의 관심을 끄는 것과 흥미를 높이는 것은 서로 밀접하게 맞물려 있기 때문에 나중에 돌이켜 생각해봐도 어디서 '주의'가 끝나고 어디서 '흥미'가 시작되는지 정확히 구분하기가 어렵다.

가망고객이 더 듣고 싶어 하게 만들어라

열정과 진지한 자부심으로 자신이 제공하는 상품과 서비스에 대해 제안한 가치가 가망고객에게 확신이 들도록 해서 더 확실한 인상을 남겨야 한다. 주의가 집중된 상태에서 가망고객은 상품이나 서비스를 더 많이 듣고 싶어 한다. 이럴 때 흥미는 개인적이거나 사업적인, 또는 둘 다에 대한 확실한 걱정거리로 발전한다. 이러한 걱정은 일반적이지 않은 몇 가지 특정한 판매 요점, 즉 가망고객이 가지고 있는 특정한 흥미를 상품과 서비스로 충족시킬 수 있는 방법을 도출하면서 해결된다. 이 단계에서 전체 그림을 보여주지는 않을 것이다. 오히려 가망고객의 흥미를 돋우면 더 듣고 싶어 할 것이다. 이렇게 되면 제안의 본론으로 이동시킬 수 있다.

흥미 단계를 면밀하게 개발했는지, 즉 판매제안이 가망고객의 이익이라는 관점에서 구성되었는지 확인하라. 고객은 상품이나 서비스 자체를 구매하지 않고, 이러한 다양한 상품이나 서비스가 제공하는 혜택과 이점을 구매한다는 사실을 기억하라. 가망고객의 관점에 집중하는 법을 빨리 배워라.

경청 예술

집중경청의 예술은 제1장에서 이미 언급했다. 그러나 고객의 관점에 주파수를 맞춰야 한다는 것을 다시 한 번 강조해도 좋을 것이다. 이런 일은 집중경청을 통해서만 할 수 있다. 가망고객이 자신의 문제를 말할 수 있도록 질문하고, 대답할 때 언제나 자신을 충분히 표현할 수 있는 기회를 제공하라. 대답을 생각하느라 잠시 멈출 때 그 순간을 채우려고 하지 마라. 시간을 충분히 주어라. 전문가는 늘 이렇게 한다! 이 단계 초기에 너무 많이 말하지 않도록 하라. 주의 깊게 경청하면 상담 초기에 몇 가지 특정한 정보를 얻을 수 있다. 특히 주의와 흥미 단계라는 전반부에서 가망고객의 이야기를 통해, 상품이나 서비스와 관련해서 가망고객이 원하는 주된 동기가 무엇인지 드러난다. 효과적인 집중 경청을 통해 판매하려는 것이 무엇인가가 아니라 **고객이 구매하거나 구매하고 싶어 하는 것**이 무엇인지 마음으로 깨닫게 된다. 이러한 정보로 무장하면 판매라는 일이 매우 쉽다는 것을 알게 된다.

이제 상담의 핵심으로 이동할 위치에 서야 한다. 가망고객은 상품이나 서비스에 대한 욕망이 한껏 높아져서 판매과정으로 이동했어야 한다. 상품이나 서비스가 가망고객의 욕구를 최고로 만족시킬 수 있고 그들이 활용할 수 있는 다른 어떤 것보다 효과적으로 문제를 해결할 수 있다는 사실을 확고한 제안을 통해 확신시킬 준비가 다 되었다.

규칙에 의한 판매

잠시 두 눈을 감고 두 발을 나란히 놓고 무릎에 두 손을 대보라. 잠깐 선잠을 자라는 얘기가 아니다. 이러한 연습은 스스로의 경험을 통해 영업사원이 아니라 상담사로 인정받을 필요가 있다는 것과 가망고객은 구매하기 전에 먼저 우리를 믿을 수 있어야 한다는 사실을 깨닫는 데 유용하다.

두 눈을 감고서 최근에 의미 깊은 구매 행위를 한 것에 초점을 맞춰라. 사진기인가? 자가용인가? 배인가? 오디오인가? 사치품이 아닌 필수품인가?

어떻게 구매했는가? 사전에 조사를 했는가? 원하는 것에 대한 선입관은 없었는가? 의사결정을 하는 데 무엇이 도움이 되었는가? 그것을 판매한 영업사원에게 설득력이 있었는가? 원래 생각했던 것과는 다른 것을 구매하지 않았는가? 최근 구매에서 이런 일이 없었다면 이런 경험을 해본 적은 전혀 없었는가? 있었다면 어떤 일이 벌어져서 그랬는가?

자, 이제 두 눈을 떠라. 육체적 눈뿐만 아니라 마음의 눈도 떠야 한다.

원하지 않은 것을 구입한 적이 자주 있는가? 출발점은 원하는 것이 있는데 예산은 한정되었다는 사실이다. 그러나 상점에서 예산을 훨씬 초과해 소비하고는 집으로 돌아온다. 낭비했다는 사실을 깨달을 때는 이미 청구서가 도착했을 것이다.

예를 들어 새 진공청소기가 필요한 중년 여성의 이야기를 들어보자. 그녀는 새것을 사고 싶지 않지만 필요하다는 사실은 잘 안다. 그래서 새 진공청소기에 가능한 한 최소한의 돈을 쓰기로 결심하고 마지못해 가장 싼 것 중에서 제일 나은 것을 사러 갔다. 기지가 있고 활력이 넘치는 영업사원은 그녀를 보자마자 구매하고 싶어 안달이 났다고 잘못 판단했다. 이것을 읽으면서 이런 생각을 할 것이다. "도대체 이 이야기가 내가 파는 상품이나 서비스와 무슨 상관이람?" 아마도 모든 영업과 중요한 관련이 있을 것이다. 우리는 상대방의 욕구를 발견하는 영리한 영업전문가인가? 이것이 우리의 직업이고 우리의 열정이고 우리의 삶이다. 우리의 직업에 대해 가망고객도 우리와 똑같이 흥분해야 한다고 잘못 생각하는 것은 아닌가? 가망고객은 결코 그렇지 않다. 그럼 어떻게 바꿀 수 있을까?

진공청소기 이야기로 되돌아가자. "진공청소기를 원하십니까?" 영업사원이 말했다. "아니요"라고 그녀는 대답했다. "단지 **필요할** 뿐이에요." 영업사원은 이렇게 반격했다. "고객께서 후버 슈퍼 라이트 절약형을 눈여겨보고 계시네요. 이것은 특히 어르신들이 사용하기 좋은 것으로 싸면서도 가벼워 밀고 다니기 쉽습니다."

그녀는 그것을 쳐다본 다음 몸을 돌리면서 스스로 자문해보았다. "난 아직 군살도 없고 한창때인데 노인네나 사용하는 후버 슈퍼 라이트는 아직 아니잖아." 영업사원은 가망고객이 부정적인 답변을 하든 긍정적인 답변을 하든 영업사원에게 유리한 대답만 나오는 질문인 '낚는(got-you)' 질문을 했다. "자녀나 애완동물이 있습니까?"

얼마나 많은 사람이 자녀와 애완동물 또는 자녀나 애완동물을 갖고 있는지 생각해보라. 그런 다음 둘 사이의 차이를 구분하지 못하는 사람 수를 더해보라. 어떤 영업전문가라도 올바른 답변을 들을 수 있고, '빠져나갈(get-out)' 구멍을 막은 채 판매를 추진할 수 있는 가능성이 99.9%다.

영업사원이 이 질문을 했기 때문에 그녀의 마음은 진공청소기에서 두 마리 고양이에게 옮겨갔다. 고양이야말로 그녀의 자랑이자 기쁨이고 '너무나 특별하게' 자신을 느낄 수 있도록 만드는 존재라고 그녀는 생각했다. "그럼요, 있지요. 한 마리는 털이 긴 페르시안 고양이에요"라고 그녀는 영업사원에게 말했다. 이것이 바로 영업사원이 필요로 한 전부였다. 그녀는 모든 진실을 드러내고 말았다. 그녀의 집안 구석구석에는 고양이털이 널려 있고 **아주아주** 최고의 진공청소기로만 털을 모두 빨아들일 수 있기 때문에 최고의 진공청소기가 필요할 수밖에 없었다.

결국 그녀는 예산을 훨씬 초과해서 가장 비싼 최고의 모델을 구입했다. 그러나 그녀는 영업사원이 온갖 판매 신호를 보냈지만 모두 무시했다는 자부심을 느끼고 있다. 사실 영업사원이 새롭게 판매한 진공청소기를 들고 주차장까지 따라올 때 그녀는 영업사원의 판매 능력을 칭찬했다. 마치 모욕을 당한 것처럼 "절대 아닙니다"라고 그는 말했다. "저는 어떤 것도 **판매**하지 않습니다. 분기별로 지점장과 긴장된 정기 회의를 합니다. 새로운 상품에 대해 모든 것을 배워야 하며, 고객이 가게에 오시면 저는 고객의 진정한 욕구에 맞는 것이 무엇일까 알아보려고 질문을 합니다. 상품에 대한 모든 것을 알아야만 고객의 욕구를 만족시킬 수 있다는 사실에 커다란 자부심을 갖고 있습니다. 올바른 고객에게 올바른 일을 하기 위해 필요한 올바른 방법을 찾을 수 있다는 것이 자부심의 원천입니다."

우리가 자신의 강점이라고 생각하는 것이 바로 이것인가? 상품으로 제공할 수 있는 것을 모두 배운 다음 가망고객의 욕구를 적절한 상품으로 연결시키는 기술을 사용하고 있는가?

어떤 고객은 잘못 구매해서 '구매자의 후회(buyer's remorse)'로 고통받는다. 고객이 구매한 것이 고객 자신이 생각한 것이 아니면 반품받을 준비를 해야 한다. 불량 판매나 충동구매 또는 판매 전에 설명한 것과 다른 상품이기 때문에 영업전문가는 후회의 고통을 당하고 있는가?

가망고객이 구매하고 싶어 하게 만드는 것은 무엇일까? 더 중요한 것은 가망고객이 정말 필요하다고 느끼면서도 구매하지 **않게** 만드는 것은 무엇일까? 어떤 사람도 강요당해 구매한다고 생각하는 것을 싫어한다. 사람은 누구나 스스로 선택하여 무언가를 산다고 생각하고 싶어 한다. 사람들은 누구나 영리하기 때문에 구매를 강요할 수 없다. 고객은 자신이 무엇을 원하고 있으며, 자신의 형편에 맞춰 살 수 있는 것이 무엇인지 알 수 있을 정도로 현명하며 돈을 절약한다. 어떤 영리한 영업전문가도 이와 다른 방식으로 설득할 수 없을 것이다.

이런 식으로 자신의 구매를 생각한다면 고객이 이와 다르게 생각할 이유가 있을까? 수백 가지 판매 아이디어를 듣고 읽는다 하더라도 문맥에 맞게 사용되지 않거나 또는 과정의 한 부분으로 활용되지 않으면 소용이 없을 것이다.

그래서 성공적인 판매과정의 첫 번째 규칙은 다음과 같다. **절대 무언기를 판매하는 사람으로 인식되지 않도록 하라.** 사람들은 구매하고 싶어 하지 구매를 강요당하고 싶어 하지 않는다. 다시 한 번 곰곰이 생각해보라. 이게 나 자신에게도 진실인가? 이게 고객에게도 진실인가? 그렇다면 영업전문가로서 이 규칙을 어떻게 적용할 것인가?

직업이 뭐냐고 질문을 받으면 대개 '판매(sales)'라는 단어를 피하면서 자신이 하는 일에 대해 약간 수수께끼 같은 단서만 주는가? 예를 들어 금융 산업에 종사하는 사람은 이렇게 말할지도 모른다. "저는 꿈을 창조하고 악몽을 피하도록 돕는 일을 합니다." 자신에게 어떤 종류의 직함을 붙이고 있는가? 어떻게 인식되기를 바라는가? 무언가를 판매하는 사람으로 인식하지 말도록 해야 한다는 첫 번째 규칙을 적용할 때 두 번째 규칙도 함께 적용해야 한다. **가망고객이 우리에게서 구매하기 전에 먼저 우리를 신뢰할 수 있어야 한다.** 가망고객은 우리가 그들을 위해 최선을 다할 것이라는 것을 신뢰해야 하며 우리의 지식과 우리의 말을 신뢰해야 한다. 어떻게 신뢰를 얻을 수 있을까? 신뢰를 쌓는 방법에 대한 훈련이 있는가? 법률 용어에서 신뢰라는 단어가 지닌 깊이나 의미를 알고 있으며 얼마나 구속력이 있고 정직해야 하는지 인식하고 있지만, 여기에서 의미하는 것은 보이지 않는 신뢰라는 영양분을 받아 자라고 발전하는 그 무언가다.

부적절하게 출발하면 신뢰를 쌓기가 어렵다. 개척전화나 개척영업 (cold calling)이 전형적인 예다. 대부분의 영업전문가는 이런 식으로 시작해야 하지만 그들의 첫 번째 판매는 아마도 잘 알지도 못한 채 다음과 같은 불명확한 이유로 이루어졌을 것이다.

"제 아버님과 똑같은 차를 소유하고 계십니다. 당신은 분명 성실하신 분이 틀림없습니다. 예, 무슨 말씀을 하시든 신뢰할 수 있습니다. 당신에게서 구매하겠습니다."

"제 아버님이 당신 회사에서 똑같은 상품을 구매하셨습니다. 아버님은 어린 저희를 위해 구매하셨지요. 저도 제 가족에게 똑같이 해주고 싶습니다. 예, 당신을 신뢰할 수 있습니다."

또는 반대로, 다음과 같을 수도 있다.

"전남편은 모든 거래를 당신 회사와 했습니다. 당신과 거래하는 것은 결코 꿈도 꾸고 싶지 않습니다." [이것은 "난 전남편을 신뢰할 수 없고 당신도 신뢰할 수 없다"는 것을 의미한다.]

신뢰는 여러 동기에서 나온다. 가끔은 상담과는 전혀 상관없이, 상담사라는 한 인간과의 특별한 사연에서 신뢰가 쌓이기도 한다. 한 백만 불 원탁회의 영업전문가는 이와 관련한 가장 좋은 이야기를 해주었다.

"약간 나이 드신 쾌활한 여성 고객을 변호사 소개로 알게 되었습니다. 낯선 사람에 대한 의심이 많은 분이라 그분의 고문 변호사가 소개했기 때문에 겨우 저를 만나보기로 동의하셨습니다. 그분과의 만남은 세 가지 방식으로 진행될 것입니다. 변호사가 저를 소개하고 제가 말하는 것에 변호사가 동의를 하면 그분도 동의를 할 것입니다. 우리는 그분의 집에서 만나기로 약속했습니다."

"그분은 혼자 살고 있으며 모르는 사람에 대한 의심이 많았습니다. 저는 가는 도중에 가고 있는 중이라고 전화를 드렸고 도착했을 때 다시 전화를 드렸습니다. 그분은 변호사가 아직 도착하지 않았지만 저를 먼저 만나도 괜찮다는 말씀을 했습니다. 미리 몇 번 그분과 통화를 했기 때문에 그분은 편안한 마음이 들어 저를 단독으로 볼 수 있게 되었습니다. 변호사가 도착했을 때 변호사는 상담에서 거의 불필요한 존재가 되었고 단지 저에 대한 **최초의** 신뢰를 확인하는 정도였습니다."

영업전문가는 계속 말을 했다. "다음번에 이 고객을 뵐 때 뭔가 걱정하고 있다는 것을 알아챘습니다. 그분은 병에 걸렸을 때 사용할 수 있는 안부 전화가 개설되길 학수고대하고 있었습니다. 사회복지센터에서 설치해주겠다고 했으나 아직까지 소식이 없었습니다. 저는 그분의 집에서 바로 사회복지센터에 전화를 걸었고 그날 오후에 안부 전화가 개설되었습니다. 그분을 정말 괴롭히는 것이 무엇인지 제가 알았기 때문에 그 순간부터 고객은 저를 완전히 신뢰하게 되었습니다. 이제 그분은 자신의 욕구와 기호를 돌볼 수 있는 제 능력에 확신을 갖고 계십니다. 이러한 '별도'의 도움 때문에 제 투자 조언은 불필요한 것처럼 되어버렸습니다. 제가 그분을 찾아뵌 주요한 이유임에도 불구하고 그분의 우선순위에 없던 것이었습니다."

이러한 수준의 조언과 보살핌은 커다란 책임감에서 우러나온다. 그럴 정도로 신뢰를 가지고 있는 사람을 안다는 것은 우리로서는 대단히 영예로운 일이다. 또한 아주 낯선 이유로 신뢰가 쌓일 수 있고 매우 사소한 일로도 신뢰가 무너질 수 있다는 위대한 통찰력과 확신이다. 고객의 충성도야말로 미래의 사업을 창조하고 업무에 커다란 만족을 가져다준다.

신뢰를 쌓아가는 데에는 두 가지가 중요하다. 특정 시간 틀에서 우리를 어떻게 인식하는지, 그리고 가망고객의 그날 운수가 좋은지 나쁜지 또는 유쾌한지 불쾌한지에 달려 있다. 모든 비난과 칭찬을 액면 그대로 받아들이지 마라. 대신 세 번째 성공적인 판매 규칙을 배워라. **정곡을 찾아 명중시켜라.** 매우 중요한 순간에 가망고객 또는 고객에게 중요한 것이 무엇인가? 묻지 마라. 경청해서 찾아내라. 중요하지 않은 듯 아무렇게나 던지는 말 중에서 골라내 탐구하라.

여기 한 백만 불 원탁회의 영업전문가의 다른 예가 있다.

"연금을 상의하러 온 고객이 있었습니다. 요새 고객은 다양합니다. 어떤 분은 연금에 가입한 것으로 만족하시고 어떤 분은 세부사항을 알고 싶어 하십니다. 저는 항상 경청하면서 요점을 확인하고 고객이 그 부분에 대해 더 듣고 싶어 하는지 확인합니다. 연금을 상담하러 온 이 고객은 사무실에 들어와서 악수를 나눈 다음 이렇게 말씀하셨습니다. '안녕하세요, 오늘은 윈드서핑 하기에 참 좋은 날 아닌가요?' 제가 지각력이 없었다면 이런 말을 전혀 듣지 못할 수도 있었습니다. 그렇지 않았다면 제 마음속에서는 이런 작은 목소리만 들렸을 것입니다. '고객이 왔네, 제 시간에. 연금 상품을 구입하겠지.' 그런 다음 고객은 자리에 앉았습니다. 양식을 꺼내고 가격을 언급하자 그분은 이렇게 말씀하셨습니다. '은퇴 때 만기가 되면 정말 큰 밴을 구입해서 윈드서핑 하러 가야지.' 다시 한 번 제가 지각력이 없었다면 이 말을 듣지 못했을 것입니다. 얼마씩 저축해야 하고 은퇴하면 얼마나 필요할지에 대한 은퇴설계를 언급할 필요가 있어 현재 직업과 수입을 물어보았습니다. '네, 지금 일은 시간 여유가 많아 윈드서핑을 할 수 있습니다.' 그제야 전 고객을 완벽하게 알 수 있었습니다. 그분은 제가 실제 이렇게 질문해주길 내심 기다렸던 거죠 '선생님은 윈드서핑에 흥미가 있으십니까?' 이렇게 묻자 물꼬가 트였습니다. '네, 저는 웰시 챔피언입니다. 40대 후반부터 시작한 일인데 이제는 주말을 몽땅 윈드서핑 하는 데 보내며 제가 이룬 성과에 큰 자부심을 느낍니다.' 이때 고객은 이렇게 생각할 것입니다. '이 영업전문가는 나 자신은 물론 내가 하는 일이나 내가 이루고자 하는 일에 관심을 가지고 있군. 나 자신과 나의 기호를 이해하는 이런 상담사를 만나서 정말 기뻐.' 제가 판매하는 것이 그분에게 필요하지만 우선순위에 있지는 않았습니다. 그러나 영업전문가로서 그분이 느끼는 자부심을 인정할 필요가 있고, 제 투자 조언만큼 중요한 그분의 참살이(well-being)에도 흥미를 보일 필요가 있습니다. 제 조언은 그분이 진정 관심을 갖는 사항에서 비껴나 있었습니다."

이게 무엇을 의미할까? 가망고객의 언어로 말하는 법을 배워야 한다. 비록 상품이나 서비스가 필요해서 방문하지만 가망고객은 우리가 그들을 제대로 이해하고 있는지 진정으로 알고 싶어 한다. 그들을 인간으로서 느끼고 있다는 것을 보여주면 우리가 갖춘 상품의 지식이나 욕구와 기호를 채워주는 전문성을 믿게 될 것이다.

개척전화의 개념은 이미 앞에서 말한 바 있다. 소개를 받은 경우는 아주 우호적이기 때문에 상담을 준비하는 데에 아마도 별 문제가 없을 것이다. 사실 가망고객은 대개 이렇게 말할 것이다. "아 예, 전화해줘서 반갑습니다. 제가 관심을 갖고 있는 이런 상품에 대해 이야기해줄 사람이 필요합니다. [소개자의 이름]이 저를 만나보라고 얘기했다고 하더군요."

첫 번째 할 일은 소개자가 전달한 신뢰를 증명하는 것이다. 피소개자인 가망고객은 특히 전문가를 소개받을 경우 거의 대부분 소개한 사람에게 뒷이야기를 할 것이다. 회계사나 변호사가 어떤 사람을 소개하면 자신의 평판에 위험이 따르게 된다. 우리의 서비스에 완벽하게 만족하지 않으면 그들은 우리에게 다른 사람을 소개시켜주는 일을 매우 불편하게 생각할 것이다. 반대로 소개를 해주었는데 우리의 서비스에 피소개자가 대단히 행복해하면 소개자는 조언자로서의 훌륭한 판단과 가치에 추가 점수를 받게 된다.

여기 이런 요점이 숨어 있는 다른 백만 불 원탁회의 회원의 사례가 있다.

"지역의 회계사에게서 고객 한 분을 소개받았습니다. 가망고객은 전에 다른 상담사를 여럿 만났는데 그 사람들의 조언에 아주 만족하지 않았습니다." (이런 말을 들을 때 종종 과거의 상담사가 자기 일을 제대로 알지 못했다고 추측하기 쉽다. 반대로 고객을 아는 데 실패한 것은 아닐까? 그래서 나쁜 상담사로 인식되어 상품을 판매하지 못한 것이 아닐까?)

"저는 가망고객과 상담을 했고, 그분은 현재 포트폴리오의 세부사항과 변화된 환경에 맞게 수정할 계획을 말씀하셨습니다. 그분은 기술적인 질문을 많이 해서, 전 이런 생각을 했습니다. '대답을 들으려고 이런 질문을 하는 것이 아니다. 내 지식을 시험하고 싶어 이런 질문을 하는 것이다.' 그래서 정확한 기술적 정보에 기초하여 대답하려고 애쓰거나 또는 '흥미롭군요 그런데 선생님께서는 왜 그것을 물으시죠?'라고 물었습니다. 이런 식으로 대응하자 가망고객은 질문에 스스로 답변을 하면서 자기 자신이 얼마나 지식이 많은지 보여주었고, 다른 식으로 묻자 진정한 질문이 무엇인지 알 수 있는 정보가 제공되었습니다."

"이 가망고객과 상담을 하면서 저는 이 일을 하기 전에 하던 일에 대해 이야기를 시작했습니다. 저는 환경과 미술 전문 교사였으며 그때 은행나무에 관심이 많았다는 사실을 설명했습니다. 아무런 생각 없이 왜 이런 말을 했는지도 모르지만, 이 말을 듣자 가망고객의 태도가 갑자기 완전히 바뀌었습니다. 그분은 밝게 미소 지으면서 '은행나무를 아신다고요?'라고 말했습니다. 그 다음에 우리는 은행나무의 특성과 역사에 대해 열띤 대화를 나누었죠."

"은행나무는 가장 오래된 원시 형태의 나무로 최초의 원형 그대로 지금까지 생존해서 광범위한 의학 연구의 대상이 되고 있었습니다. 제 가망고객은 약사였는데, 은행나무에 대한 상세한 연구 조사를 막 끝냈더군요. 그러니 제가 바로 그분에게 매우 중요한 것에 대한 지식과 이해를 갖추고 완벽하게 공감해줄 수 있는 사람이었던 겁니다. 그러자 제 조언은 즉시 다른 어떤 상담사의 조언보다 앞서게 되었습니다. 그리 중요하지 않은 은행나무 하나로 그분은 저의 가장 훌륭하고 가까운 고객이 되었으며 그분과는 상호 존중이나 공감대 그리고 이해의 정도가 무척 높게 되었습니다."

어떤 것도 이룰 수 있는 좋은 대화와 우선순위가 높은 판매를 시작하는 데 방해가 되는 대화에 경계선이 있는 것은 사실이다. 그러나 가망고객에게 정말 의미 깊은 것을 알아낼 수만 있다면 이러한 상호교환은 관계의 깊이를 더할 수 있을 것이다. 가망고객의 욕구를 조화로운 시각에서 이해하기 때문에 판매를 강요할 필요가 없다.

이러한 사실은 판매의 두 가지 중요한 요소, 즉 정직과 성실로 이어진다. 그러나 진정성이 따라야 하고 약속한 대로 실천해야만 한다. 일이 잘못되어 상품을 전달할 수 없으면 자신이 실수했다는 사실을 명확히 밝혀야 한다.

일을 할 때는 성실한 사람, 즉 지름길을 찾지 않는 사람이 될 필요가 있다. 생각한 바와는 달리 일이 잘못되거나 일이 이루어지지 않으면 마음의 준비를 한 다음 상황을 직시해야 한다. 실수를 인정하면 무한한 신뢰로 이어지며 결국 더 큰 것을 수확할 수 있다. 아마도 무언가 일어날 거라는 두려움 때문에 잘못된 행동을 하면 영원히 평판을 잃을 수 있다. 신뢰가 매우 불명확한 이유로 쌓이듯 신뢰나 정직을 잃는 것도 똑같이 불명확한 원인에서 비롯된다.

지원 팀 구축

지원 인력을 두고 있다면 그들 또한 정직과 신뢰가 바탕이 되어야 한다. 믿을 수 있는 지원 팀이라면 우리의 가치를 그대로 유지하면서 관련된 업무를 관리하기가 쉬워질 것이다. 고객과 건전한 공감대를 만들어가는 도중에 지원 팀과 고객 사이에 사소한 일이 생겨서 공감대가 사라지거나 다시 복구해야 하는 상황이 벌어진다면 지원 팀으로서 전혀 가치가 없다. 비록 우리가 직접 잘못하지는 않았지만 고객에게는 불신으로 이어질 수 있다.

하나의 예로 세계적인 수준의 모터를 장착한 재규어 자동차를 가진 사람을 상상해보자. 수리 도중에 실수로 연료탱크에 물이 들어갔다. 자동차의 성능은 현격히 떨어지고 실망한 소유자는 자동차의 디자인과 엔진을 비난한다. 결국 자동차를 중고로 매각한 다음에 다시는 결코 재규어를 구입하지 않겠다고 말할 것이다. 비록 자동차와 전혀 상관없이 문제가 발생했지만 소유자는 자동차에 대한 신뢰를 잃어버렸다.

다른 예는 많은 사람이 경험해본 일이다. 동네 식당에 갔는데 약간 불친절한 종업원에게 안내를 받는다. 종업원의 명찰에 '봉사하는 행복'이라고 적힌 것을 본다. 그러나 명찰에 소화불량이라고 적혀 있는 것이 나을 것이라고 깨닫게 된다. "실례지만 혹시⋯⋯"라고 말하는 도중에 퉁명스러운 종업원의 말이 끼어든다. "뭘 원하시는데?"

이상하지 않은가? 아무리 식당의 음식이 좋아도 다시는 거기에 가지 않을 것이다. 종업원은 나쁜 기억과 형편없는 인상을 남겼다. 이러한 일이 고객과 전화할 때 벌어지지는 않는가? 지원 팀 직원이 고객에게 어떻게 대응하고 어떤 인상을 주는지 알고 있는가? 지원 팀과 접촉할 때 고객은 어떤 응대를 받고 이러한 응대를 어떻게 인식하고 있는지 알아내야 할 것이다.

판매했으면 절대 다시 사들이지 마라

정말 중요한 판매제안을 위해 얼마나 많은 준비를 해보았는가? 제안이 정말 중요하기 때문에 상품에 대해 철저히 조사하고 예상 질문에 대비하고 디즈니 사라 해도 감동할 만한 시각 자료와 도표 자료를 첨부하고 아침에 일어나 제일 먼저 거울 앞에서 예행연습을 했을 것이다.

일찍 도착해 기대에 부풀어 기다리면서 마음속으로 제안을 연습한 다음 가망고객을 만나게 된다. 우선 환담을 나눈 후 숨을 깊이 들이마시고 본격적으로 제안을 시작한다. 이제 가망고객에 대해서가 아니라 제안을 하는 나에 대해 더 주의를 해야 하는 무대에 서게 된다! 어떤 말을 할지 준비했고 아무도 말리지 않을 것이다.

서두 첫마디에 따라 가망고객은, 우리도 인식했지만, 그냥 무시하는 구매 신호를 보내게 된다. 왜? **준비했기** 때문에, 그리고 아무도 말리지 않기 때문에! 아무리 제안을 많이 준비했어도 그만큼 상황에 적응할 준비를 해야 한다는 사실을 명심하기만 하라. 초기에 판매했으면 절대 다시 사들이지 마라!

더 생산적인 판매를 위해 성격의 역동성을 활용하는 법

가망고객을 만나 판매를 하면서 성격이 충돌한 적이 없는가? 모든 영업전문가는 가망고객과 의기투합할 수 없었던 경험을 한두 번 해본 적이 있을 것이다.

아마 그 반대의 경험도 해본 적이 있을 것이다. 가망고객을 만난 지 10분 내지 15분 만에 마치 10년이나 15년 동안 사귀었다는 느낌이 들 때다. 이렇게 공감대가 즉시 이루어진 적은 없었는가?

가망고객과 곧바로 공감대가 이루어지는 일은 영예로운 판매의 황금률을 따를 때 가능해진다. 판매의 황금률은 **가망고객이 이루고 싶어 하는 것을 이루게 하는 방법을 배우는 것**이다. 황금률을 얼마나 잘 실행하느냐에 따라 더 많은 공감대를 창출하고 갈등을 더 많이 줄일 수 있다. 적절하게 적용하면 공감대를 더 많이 얻고 갈등은 더 적어질 것이다. 잘못 접근해서 부적절하게 적용하면 더 많은 갈등이 생기고 공감대는 더 적어질 것이다.

성경에 나오는 황금률은 이렇다. "남이 너에게 해주길 바라는 대로 남에게 해주어라." 만약 지점장이라면 자신이 관리받고 싶어 하는 방식으로 부하직원을 관리하라는 의미다. 영업전문가라면 구매자로서 대우받기를 원하는 방식으로 고객에게 판매하라는 뜻이다. 사실 다른 규칙의 정신과 목적을 실천할 필요가 있다. 이것을 '백금률(Platinum Rule)'이라고 부르자. "남이 너에게 대접해주길 바라는 대로 남에게 대접하라."

가망고객을 평가하고 의기투합하는 방식에는 여러 가지가 있다. 이러한 것은 그들의 생각이나 태도, 의견 그리고 가장 중요한 구매 행동에 긍정적인 영향을 미치는 초기 단계다. **개방성**(openness)과 **직접성**(directness)이라는 두 개의 측면으로 사람의 행위를 분류하여 개인 성격을 규정할 수 있다는 개념을 접해보았는가?

모든 사람은 타인과 소통할 때 일정한 개방성과 직접성을 사용한다. 개방성과 직접성의 정도는 사람의 성격유형을 형성한다. 자신의 성격유형을 확인하고 가망고객의 그것도 이해하면 그들의 동의를 얻거나 우리 자신이나 상품 그리고 서비스를 좀 더 편안하게 느끼도록 할 수 있는 것이 무엇인지 알게 될 것이다.

개방성은 자신의 느낌이나 생각을 외부에 드러내거나 함께 나누려는 준비와 의지로 정의된다. 직접성은 자신의 속도를 조정하는 방법이나 위험, 변화, 의사결정을 대하는 시각이다. 폐쇄적인 행동과 개방적인 행동을 살펴보면서 자기와 가장 잘 맞는 게 어떤 것인지 결정함으로써 얼마나 개방적인지 알아보자. 함께 일하거나 함께 살고 있는 사람 그리고 거래처 사람을 생각해보자. 그들의 개방성은 어느 정도 수준인가?

폐쇄적인 사람은 느낌이나 생각을 쉽게 다른 사람에게 보이거나 나누질 못한다. 사실 이런 사람은 '포커페이스'를 가지고 있어 생각을 읽기 힘들고 신체언어도 좀처럼 보이질 않는다. 이들은 대부분 자신의 카드를 가슴에 묻어두고 신체적으로나 정신적으로 가까워지는 것을 좋아하지 않는다. 이들은 '접촉형 사람'이 아니다. 사실 처음으로 다른 사람을 만날 때 이들은 최대한 멀리 떨어져 있으려고 한다. 판매 상황에서 이들은 말할 때 자신의 생각을 잘 정리한 후에 전달하려는 경향이 높은 가망고객이다. 이야기 도중 주제에서 벗어나면 이들은 다음과 같이 말한다. "그런데 어떤 의도로 이 이야기를 하고 있나요? 잘 알아듣지 못하겠습니다. 결론이 무엇이죠?" 의사결정을 할 때 이들은 논리와 사실 그리고 세부사항과 증거에 의존한다. 이들에게 시간은 돈이다. 우리의 가망고객 중 이런 사람은 얼마나 되는가?

개방적인 사람은 매우 활기가 넘친다. 난처한 이야기를 하면 이들은 고민하는 모습을 보인다. 흥미 있는 이야기를 하면 흥분한다. 이들의 생각과 느낌은 책처럼 읽힌다. 그리고 자신의 감정을 기탄없이 말한다. 개방적인 사람은 신체적으로나 정신적으로 가까운 것을 좋아한다. 이들은 타인과 포용하고 뽀뽀하면서 친하게 지내고 상황을 잘 활용한다. 이들은 자연스러운 사람이다.

판매 상황에서 이들은 주제를 벗어난 이야기를 하는 경향이 높다. "다음과 같은 것을 상기시키는데……" 또는 "좋은 것으로 생각할지 모르겠지만 아직 다음과 같은 것을 몰라서 그런 거지"라고 하거나 상대방이 한 말을 금방 잊는다. 아주 개방적인 사람과 많은 시간을 보내게 되면 원래 주제로 돌아가기 위해 이렇게 말하는 경향이 높다. "우리가 나눈 대화는 대단하지 않습니까? 흥미로웠지만 제가 말씀

드리고 싶은 것이 있습니다!" 구매결정을 내리게 하려면 이러한 유형의 가망고객에게는 감성이나 본능 그리고 직관에 호소해야 한다. 시간에 대한 태도는 이렇다. "일찍 도착할지도 모르고, 늦을지도 모르고, 오지 않을지도 모른다."

자신을 개방성 척도로 살펴보면 어느 정도인가? 1점은 가장 폐쇄적이고 4점은 가장 개방적이라고 할 때 1점에서 4점 사이 중 하나를 선택하라. 숫자를 기억하라. 나중에 다시 사용할 것이다.

우리가 얼마나 직접적인지 한번 확인해보자. 간접적인 사람은 더 방어적인 경향을 보인다. 이들은 좀 더 내향적이고 위험을 싫어한다. 이들은 잘못되기를 원하지 않기 때문에 위험이나 결정 그리고 변화에 대한 접근이 느리고 조심스럽다. 이들은 좀 더 심사숙고하고, 더 많이 듣고 더 많은 질문을 한다. 판매 상황에서 이러한 가망고객은 실수를 하고 싶지 않기 때문에, 입력 지향적이며 상품과 서비스에 대한 정보를 더 많이 수집하려고 한다. 핵심은 이들이 천천히 행동하는 사람이라는 것이다. 반대로 직접적인 사람은 더 빠른 속도로 행동한다. 위험과 결정 또는 변화에 직면하면 이들은 재빨리 그리고 확실하게 접근한다. 양보다 질에 대해서 그리고 성공보다 실패에 대해서 신경을 덜 쓴다. 성공하는 데 최선의 방법이 무엇인가? 최대한 많이 시도하는 것이다.

간접적인 사람은 양보다 질을 추구한다. 그리고 규칙을 지킨다. 해서는 안 될 일이 있다면 하지 않을 것이다. 규칙으로 '해야 할 일'이면 할 것이다. 규칙으로 명확히 규정되지 않았고 정책이나 절차상 명확히 설명되지 않은 회색 지대가 있으면 허락을 받지 않는 한 하지 않을 것이다. 직접적인 사람은 회색 지대를 아주 다르게 접근한다. 어떤 일을 할 수 없다는 규칙이 있어도 어떻게 해서라도 추진할 것이다. 규칙이란 깨지기 위해 있다는 것이 이들의 태도다. 이들에게 규칙은 단순한 지침일 뿐이다. 규칙으로 명확히 해설되지 않은 회색 지대를 발견하면 이들은 "만세!"라고 외칠 것이다. 이들은 이를 '기회의 창'이라고 부른다. 회색 지대에 대한 이들의 태도는 다음과 같다. "허락을 구하기보다 용서를 비는 일이 더 쉽다."

이제 자신의 성격유형을 결정할 시간이다. 먼저 자신의 직접성 정도를 결정하라. A는 가장 간접적이고 D는 가장 직접적이라고 할 때 A에서 D 사이에 하나를 선택하라. 어떤 결과가 나올까? 자신의 개방성을 측정한 점수를 떠올린 후 표를 통해 자신의 성격유형을 살펴보자.

개방성 정도	직접성 정도	성격유형
1 또는 2	A 또는 B	사색가(Thinker)
1 또는 2	C 또는 D	지시자(Director)
3 또는 4	A 또는 B	연결자(Relater)
3 또는 4	C 또는 D	사교가(Socializer)

이 모델은 사람을 네 가지 핵심 행동유형으로 구분한다. 비록 대부분의 사람이 각 유형의 몇 가지 측면을 갖고 있지만 각 개인을 구분할 수 있는 주요한 유형이 있기 마련이다.

이 네 가지 성격유형 개념의 핵심은 자신의 유형을 이해할 뿐만 아니라 가망고객이나 고객의 유형을 이해하는 데 있다. 상대의 유형을 이해하는 가운데 상대방의 언어로 생각하고 우리를 좀 더 편안하게 대할 수 있는 출발점이 된다. 네 가지 기본 유형과 관계를 맺는 데 좀 더 유연한 몇 가지 행동을 할 수 있다.

사색가의 특질

사색가(Thinker)는 세부사항을 지향하며 분석적이고 일관성 있고 체계적으로 문제를 해결하는 사람이다. 표현보다는 내용에 더 집중한다. 사색가는 성과와 과정 그리고 결과가 완벽해질 수 있도록 특정한 특히 통제된 상황에서 상품과 서비스에 관여하기를 좋아한다.

사색가는 타인의 정서적 특질이나 불합리성에 불편해하며 자신의 행위나 감정을 통제하면서 이러한 거북함을 피하려고 노력한다. 사색가는 자신이 점검하고 재점검할 수 있도록 일이 꾸준한 속도로 진행되는 것을 좋아한다. 이들은 상황의 심각성이나 좀 더 복잡한 측면을 보는 경향이 강하지만 선천적인 정신기제는 종종 가볍고 부담 없는 상황에 고마워하기도 한다.

사색가는 자기 자신과 타인에게 많은 것을 요구하며 과도하게 비판하는 성향이 강하다. 이들은 긍정적이든 부정적이든 알아야 할 필요가 있는 정보는 잘 나눈다. 사색가는 사실과 세부 내용을 확실히 알고 있으면 자신의 입장을 거의 굽히지 않는다. 이들의 장점에는 정확성, 신뢰성, 독립성, 명확성, 검증 기술, 최종 마무리, 그리고 조직화가 있다.

사색가는 뜻밖의 일이나 사소한 일에 초조해지기 쉽다. 또 회의적이기 쉽고 문서화된 것을 보길 좋아한다. 사색가는 올바르게 해야 하기 때문에 스스로 과정을 점검하길 좋아한다. 완벽성에 대한 이러한 편향이 극단적으로 되면 '과잉 분석에 의한 마비'가 초래될 수 있다. 원하는 결과에 중요한 영향을 미칠 특정 위험과 오차 허용도 및 기타 변수를 점검한 후에 행동을 취한다.

사색가는 냉정하고 까다롭고 비판적으로 보일 수 있다. 비록 사색가가 훌륭한 경청자이며 많은 질문을 하는 사람이지만 너무 세부사항에 과도하게 초점을 맞추기 때문에 큰 그림을 놓치는 경우가 많다. 사색가에게는 분석적 기술과 완벽성이 높이 요구되는 직업이 이상적이다. 사색가는 엔지니어, 통계학자, 컴퓨터 프로그래머, 외과 전문의에 많다.

사색가와 일하기

사색가는 가장 복잡한 사고 유형을 갖고 있기 때문에 입증된 정보나 과거 기록을 통해 의사결정을 내린다. 다른 사람의 의견이나 추천이 아니라 사실에 기초하여 합리적으로 선택하고 싶어 한다. 판매를 할 때 사색가가 "생각할 필요가 있네요"라고 말하면 이 말은 대개 사실이다. 이들이 요청하는 자료를 제공하고 자신에게 올바른 판단을 하도록 시간을 주면 의사결정을 내리는 데 도움을 줄 수 있다. 최종 시한을 강조하는 데 초점을 맞추면 사색가는 이러한 시간 틀을 자신이 고려해야 할 하나의 과정으로 설정할 수 있다.

사색가를 지도할 때는 각 단계의 목적을 강조하면서 효율적이고 논리적인 방법으로 과정을 예시하라. 상대적으로 약간 느리게 진행하며 과정의 핵심 부분에서는 잠시 중단하고 이해했는지 확인하라. 그리고 추가 사항이 필요한지 물어보라. 이러한 접근법으로 사색가의 과업을 성공으로 이끌고 사색가의 긴장을 최소화할 수 있다.

사색가에게 동기부여를 하고 싶으면 이들이 좋아하는 정확성과 논리에 호소하라. 이 유형은 화려하고 기묘한 화술에 잘 반응하지 않기 때문에 명확하고 깔끔하면서 기록 가능한 접근법을 사용하라. 더 좋은 방법은 예시와 자료를 제공하는 것이다. 과장이나 모호함을 피하고, 현재 선택할 수 있는 선택지 중에서 우리의 상품과 서비스가 어떻게 최고인지를 보여주어라.

사색가를 교정하는 최선의 방법은 일이 수행되는 과정을 보여주는 것이다. 전형적으로 형식을 습득하면 이들은 자신의 개인적 욕구에 맞게 수정한다. 규정된 방법대로 일을 시작하는 경향이 있지만 거의 초기부터 자신에 맞도록 체화하기 때문에 자신이 판단할 때 더 나은 방법으로 일을 하는 것이 된다. 그래서 자신이 생각할 때 다르게 일을 하라고 말할 것 같은 사람을 피할 수도 있다. 이것이 사색가가 자신의 일에 대한 통제력을 유지하는 한 가지 방법이다. 이들은 또 자신을 교정하려고 노력할 것 같은 권위자를 피하는 경향이 있다. 극단적으로 사색가의 이런 행동이 다른 유형의 사람에게는 남을 속이는 것으로 보일 수 있다.

필요한 정확한 행동을 구체화하고 어떻게 행동이 변화되어야 좋은 지 윤곽을 잡아주어라. 상호 동의한 점검 항목과 기간을 설정하라. 사색가가 체면을 살릴 수 있도록 하라. 이들이 자신의 잘못에 대해 얼마나 두려워하는지 기억하라. 사색가와 소통할 때는 표현이 잘 정리되고 명확해야 한다. 이들은 논리적인 결론을 얻으려고 상황이나 주제에 관해 수많은 질문을 하기도 한다. 이들이 압박을 받는 주요 걱정거리를 명확히 해주는 것이 좋을 것이다.

사색가의 성과를 인정하는 일이 늘 쉽지만은 않다. 이들이 스스로 설정한 높은 개인 기준을 얼마나 가치 있게 인정하는지에 초점을 맞춰라. 이 점을 증명한 구체적이고 적절한 사례를 인용하라. 그런 다음 이들의 반응을 살펴보라. 이들이 불편한 기색을 보이면 곤혹스럽게 할 의도는 없었고 단지 이들의 생각에 높은 가치를 둔다는 점을 알리기 위한 것이라고 말하라. 이들의 반응이 좀 더 긍정적이면 비슷한 상황에서 경험한 만족감이나 기쁨을 이야기해달라고 하라.

사색가에게 일을 위임하기 전에 특정 상황에서 이들이 요구하는 일의 구조나 지침에 대한 중요한 질문에 대답할 시간을 가져라. 세부 사항을 많이 알수록 이들은 과업을 적절하게 완성할 가능성이 높아진다. 최종 기한을 설정하는 것도 잊지 마라.

당신은 사색가인가? 당신이 사색가라면 다른 세 가지 성격유형과 관계를 쉽게 맺을 수 있는 몇 가지 요령이 있다. 다른 사람의 일에 대해 언급하든 안 하든 비판의 강도를 조절하라. 점검을 적게 하거나 또는 모든 것을 점검하지 말고 핵심적인 것만 점검하라. 이렇게 하면 과정을 제대로 진행할 수 있다. 자신의 감정을 통제하는 일에 관대해져라. 좀 더 비공식적인 모임에 참여하도록 노력하라. 자기 자신이나 타인에게 완벽함을 기대하지 않으면서 높은 기준을 갖고 있다는 사실을 받아들여라. 자신과 의견이 다른 동료나 상사를 피하거나 무시한 채 자신이 원하는 대로 일을 하지 말고 가끔가다 직면하라. 너무 많이 준비하는 경향을 누그러뜨려라. 영업할 때 약간의 자발적인 행동을 하면 더 좋을 수 있다.

지시자의 특질

지시자(Director)는 다른 사람을 이끌거나 통제하려는 내적인 충동에 의해 움직인다. 자신의 목표를 달성하려고 사람과 상황을 주도하고 싶어 한다. 이들의 핵심 욕구는 성취이기 때문에 현실적인 최종 결과를 추구한다. 이들의 좌우명은 이렇다. "앞장설 테니 따라오든지 아니면 방해하지 마라." 지시자는 승리하고 싶어 하기 때문에 다른 사람이나 규칙에 종종 도전한다. 도전을 받아들이고 권한을 갖고 문제를 해결하려고 무작정 뛰어든다. 이들은 행정 능력과 관리기술이 뛰어나며 혼자서도 일을 재빨리 그리고 인상적으로 해낸다.

지시자는 만사를 제쳐두고 한 가지 과업에 집중하는 능력이 있다. 노크 소리나 경보기 또는 그 밖의 외부와 차단한 채 주어진 과제에 자신의 모든 힘을 쏟아 부을 수 있다. 자신의 목표와 주어진 과제에 완벽하게 초점을 맞추다 보니 다른 사람에게 무관심하거나 냉정하게 보이기도 한다. 지시자는 외골수 기질이 있어 '장미꽃 향기를 맡을' 시간적 여유가 없다. 이들은 갑자기 기억이 나면 와서 이렇게 말할 것이다. "난 오늘 열두 송이의 장미향을 맡았는데 당신은 몇 송이나 맡았지?"

이들의 긍정적 특질과 밀접하게 관련된 부정적 특질로는 완고함, 조급성, 집요함을 들 수 있다. 지시자는 다른 사람을 통제하려는 경향이 강하고 동료나 부하의 감정과 태도 그리고 부적절함을 잘 참지 못한다.

지시자는 빠르게 행동하기를 좋아하며 늦어지는 것을 참지 못한다. 지시자는 전화를 걸어 "안녕하세요"라는 말도 없이 바로 대화의 본론으로 들어가는 일이 다반사다. 지시자 유형은 최고 경영자에서 많이 볼 수 있으며 이들에게 이상적인 직업은 정력적인 기자, 주식중개인, 독립 컨설턴트, 군대의 훈련교관이다! 압박이 심해도 다른 사람을 야단치거나 다른 사람에게 고함을 지르거나 대항하면서 자신의 화를 삭인다. 이들이 자신의 내부 긴장을 해소하는 방법은 종종 다른 사람에게 압박이 되거나 긴장을 주는 일이 된다.

지시자와 일하기

지시자와 일할 때는 목표를 서로 합의하고 활동 영역을 규정하는 데 동의할 수 있지만 나머지 작업 과정은 알아서 하게 두는 것이 좋다. 지시자는 자신이 원하는 것을 재빨리 챙길 수 있는 기본적 단계를 배우는 것을 좋아한다는 사실을 기억하라. 시간 절약을 중시하는 지시자는 업무의 지름길을 찾으려 하기 때문에 이들이 원하는 목표를 달성할 수 있는 가장 단순하고 빠른 방법을 제시해줘라. 지시자에게 동기부여하려면 이들에게 선택을 할 수 있도록 제안할 준비를 하고 성공의 확률을 명확히 언급해야 한다. 지시자를 칭찬하려면 이들의 성과와 잠재적 지도력을 부각시켜라. 개인적인 견해는 빼고 이들의 과거 경력에 중점을 두어라.

이들과 소통할 때 이들의 제안, 이들이 염두에 두고 있는 행동 경로, 그리고 고려하고 있는 전반적 결과를 들을 준비를 해야 한다. 처음 합의한 영역을 강조하는 긍정적 어조로 시작하면 도움이 될 것이다.

지시자에게 조언을 하고 싶고 그 조언에 따르게 하려면 사실에 입각해야 한다. 바람직한 결과를 이야기하면서 이들이 말하도록 하라. 그런 다음 이들이 문제로 생각하는 것을 논의하라. 감성보다 과업에 중점을 두어라. **이들이** 어떻게 문제를 풀어갈 것인지 질문해라. 지시자를 교정하거나 행동 경로를 바꾸려면 원하는 바람직한 결과를 설명하고 실제 결과와 바람직한 결과 사이의 차이를 보여주어라. 개선이 필요하면 제안을 하고 이 내용을 다음에 의논할 약속을 정하라.

지시자에게 과업을 넘길 때 핵심 사항만 알려주고 '스스로 알아서 하도록' 내버려두어라. 이들이 더 효율적으로 일할 수 있도록 과업의 한계나 지침, 최종 기한을 알려주어라. 당신이 지시자의 성격이라면 행동이 너무나 강력하고 직접적이기 때문에 의도하든 안 하든 다른 사람을 배제할 위험이 높다. 더욱 성공적으로 일을 하기 위해서는 다음의 몇 가지 기법이 도움이 될 것이다.

- 사람들에게 과도한, 부적절한 간섭을 하지 말고 일을 할 수 있도록 하라. 과제를 주고 최종 기한을 정하면 혼자 할 수 있도록 내버려두어라!

- 소속된 집단에서 자신이 늘 책임져야 한다는 기대를 버려라. 의식적으로 스스로 2인자라고 생각할 필요가 있는데 이는 부하직원의 육성과 아이디어를 교환하는 데에 가치 있는 일이 될 것이다.

- 다른 사람에게 **명령**을 내리는 경향을 바꿔라. 가능하다면 요청이나 제안으로 바꾸도록 항상 노력하라.

- 다른 사람이 지원할 사항을 목록으로 만들어 이들을 참여하게 하라. 합동 과제는 정말로 합동 과제가 되게 하라. 비록 사전에 자리에 앉아 이 과제에서 자신이 맡은 구체적인 의무를 열거하는 것에 그치더라도 그렇게 하라. 칭찬받을 만한 일을 했으면 칭찬하라.

- 일이 잘되면 칭찬하고 실수했다면 일을 하다 보면 그럴 수 있다는 것을 말해주어라.

- 업무를 위임할 때 책임뿐만 아니라 일정한 **권한**도 부여하라.

연결자의 특질

연결자(Relater)는 따뜻하고 협조적이고 믿음직한 사람이다. 네 가지 유형 중 가장 사람 중심적이다. 연결자는 경청하는 데 탁월하다. 사람이 기꺼이 협조하도록 강력한 상호 연결망을 개발한다. 연결자는 밀어붙이거나 공격적인 행동에 대해서는 초조해한다. 이들은 협동적이고 성실한 일꾼이며 탁월한 팀 플레이어다. '위험'은 연결자에게 혐오스러운 단어다. 변화의 위험보다는 유쾌하지 않은 환경이라도 그대로 머물고자 한다. 일상적인 일이 방해받으면 걱정거리가 된다. 변화에 직면할 때는 주도면밀하게 생각하고 준비할 필요가 있다.

연결자는 다른 세 가지 유형에 비해 자신의 삶에 평온과 안정을 가장 많이 갈구한다. 평정, 안정, 조화에 대한 선천적인 욕구가 있다. 느긋한 성격으로 다른 사람을 편안하고 따뜻하게 대한다. 이들은 예의바르고 친절하며 책임을 기꺼이 나누려 한다. 이들은 고집스럽고 일반적으로 자신의 계획대로 수행하려고 하기 때문에 훌륭한 계획가이기도 하다.

연결자는 마음속으로 내키지 않아도 다른 사람과 잘 지낸다. 이러한 경향으로 좀 더 공격적인 유형의 사람이 연결자를 이용하려는 환경이 만들어지기도 한다. 자기주장이 부족해서 자신이 생각하는 것을 다른 사람에게 알리지 않기 때문에 가끔 마음에 상처를 받기도 한다. 이들은 너무 민감하고 쉽게 들볶인다.

이들은 안전을 중시하기 때문에 의사결정이 아주 느리다. 위험이나 미지의 상황을 피하려는 욕구나, 의사결정 과정에 다른 사람을 포함시키려는 갈망은 이들의 의사결정을 지연시킨다.

연결자는 상담사, 교사, 사회복지사, 성직자, 심리학자, 간호사, 인력개발과 같이 남을 돕는 직업에서 많이 발견된다. 연결자는 인내심이 많고 협조적인 부모가 된다.

연결자와 일하기

연결자는 일을 할 때 안정성과 인내심을 높이는 데 기여한다. 이들은 사무실에서 조화롭게 일하려고 노력하기 때문에 대개 작업 환경에 쉽게 적응하기는 하지만, 과거의 같은 방법을 반복하는 경향이 높다. 불필요한 단계를 제거한 방법을 활용하면 이들의 성과를 개선할 수 있을 것이다.

이러한 유형의 직원을 관리한다면, 즉 연결자에게 업무 훈련을 할 때는 함께 참여해서 직접 처음부터 끝까지 일대일로 하는 실습 교육이 바람직하다는 사실을 명심하라. 단계별로 하나씩 배우면서 이들은 점차 자신의 역할에 익숙해진다. 훈련 과정이나 다른 새로운 상황에서 연결자는 보통보다 더 긴 시간 동안 다른 사람을 지켜보는 경향이 있다. 자신이 완수할 수 있다고 확신하기 전까지 일을 시작하지 않을 것이다.

연결자와 교류할 때는 계획을 미리 준비해라. 단계별 처리 목록이나 재량이 있는 세부 일정을 갖고 있어라. 연결자의 행동이 '제2의 천성'이 되거나 좀 더 일상적으로 수행할 수 있기 전까지 연결자는 과정을 완수할 수 있다는 확신을 느낄 필요가 있다. 동시에 자신에게 기대되는 것을 배우는 동안 즐겁고 실수가 용인되는 접근법을 좋아한다.

연결자에게 조언할 때 상황에 대한 감성적 측면을 이해할 수 있도록; 이들이 자신의 생각과 느낌을 스스로 해결할 수 있는 충분한 시간을 허용하라. 연결자는 대개 자신의 감정을 직접적으로 표현하는 일이 드물기 때문에 질문을 하면서 이들의 반응을 지켜보고 말하게 해야 한다. 이러한 성격유형은 급격한 변화가 오면 그것이 좋든 나쁘든 상관없이 저항하는 경향이 있다. 중요한 것은 안정을 추구하는 이들의 마음에 미지의 상황이 혼란을 주게 되었다는 것이다. 특정한 변화가 이들에게 어떤 이익을 주는지 보여주면 이들의 두려움을 줄이는 데 도움이 될 수 있다.

연결자를 교정해야만 할 때는 특정 행동만 바꾸길 원한다는 것을 확신시켜라. 연결자는 일을 개인적인 것으로 받아들이기 때문에 그 사람을 비난하거나 평가하는 것이 아니라 행동이 적절했는지에만 초점을 맞춰 대화를 유지해야 한다. 과정에 문제가 있으면 개선할 수 있는 방법을 찾을 수 있도록 도움을 주어라. 비록 변화의 필요성을 강조하더라도, 위협적이지 않게 이제까지 적절하게 행동해왔다는 사실을 알려주어라.

연결자를 칭찬할 때는 협동심과 신뢰성을 언급하라. 그러나 과장하면 이들이 의심할 수 있다는 점에 주의하라. 다소 추상적이거나 개인적 기질에 대한 칭찬보다는 구체적으로 수행한 일을 칭찬하라. 연결자와 소통할 때는 체계적이고 조직적인 상태로 일하면서 느리지만 꾸준히 앞으로 나아가도록 해야 한다. 서로 말한 내용을 이해하고 수용했는지 확인하라.

문제가 발생하거나 의사결정을 내려야 할 때 한 가지 주제나 한 가지 상황에 집중하여 한 번에 한 가지씩 해결하도록 하라. 다른 주제로 넘어갈 때는 연결자의 준비 상태와 하고자 하는 의지 그리고 할 수 있는지를 확인하라.

자신이 연결자라면 다른 사람이 고집을 피우거나 호전적이면 자신을 변호하라. 필요로 하는 변화에 더 우호적으로 대응하라. 때때로 자신의 일정에 변화를 주고 새로운 일을 시도하라. 낯선 사람과 활동하는 데 자주 참가하여 교제 범위를 넓혀라. 다른 사람에게 약간 무신경하게 반응하고 가끔은 맞서기도 하라. 자신에게 마음의 평화와 안정에 혼란이 올 때 이것을 의식적으로 받아들이도록 하라.

사교가의 특질

사교가(Socializer)는 우호적이고 열정적이고 활동이 활발한 환경에 있기를 좋아한다. 이들은 존경, 인정, 칭찬, 갈채를 원한다. 이들은 인생을 즐기면서 유쾌하게 살고 싶어 한다. 사교가는 일보다는 관계를 더 우선순위에 두는 경향이 있다. 이들은 긍정적이고 우호적인 방법으로 다른 사람에게 영향을 미치며 긍정적 결과에 초점을 맞춘다. 종종 이들은 시합할 때 이기거나 지는 것보다 다른 사람에게 자신이 어떻게 비치는지에 더 관심을 갖는다. 사교가가 가장 두려워하는 일은 공개적으로 굴욕을 당하거나, 사람에게 배척당하거나, 매력적이지 못하거나, 성공을 못했거나, 인정받지 못한 듯이 보이는 것이다. 사교가의 최대 장점은 열정, 설득력, 친밀성이다. 자신의 꿈에 다른 사람을 끌어들이는 능력을 소유한 아이디어가 풍부한 사람이다. 막강한 설득력으로 이들은 다른 사람에게 영향을 미쳐 자신이 원하는 결과를 성취할 수 있는 협력적인 환경을 조성한다. 이들은 위험 감수자이며 행동과 의사결정을 직관에 따라 한다.

이들의 약점은 조급하다는 것과 혼자 있는 것을 혐오하고 집중력이 약해서 따분함을 쉽게 느낀다는 점이다. 활용할 자료가 거의 없어도 사교가는 일반성을 쉽게 도출하는 경향이 있다. 이들은 모든 것을 점검하지 않으며 그것은 다른 사람이 할 일이라고 생각한다. 극단적인 경우 사교가의 행동은 피상적이고 성의 없으며 변덕스럽고 과도하게 감정적으로 보일 수 있다. 인정을 받는 것에 대한 욕구로 자아도취에 빠질 여지가 많다. 이들은 시간관념이 희박해서 종종 최종마감을 못 지키거나 지연시켜 다른 유형의 사람을 혼란스럽게 만드는 경우가 있다. 재미와 축제의 삶을 즐기는 사교가는 규율이 없고 잘 잊고 너무 말이 많으며 체면과 인정받는 것을 간절히 원할 수 있다.

사교가는 종종 영업담당자, 홍보전문가, 대담 프로그램의 주인공, 변호사, 유람선의 고객책임자, 호텔 직원, 기타 다양하면서 화려하고 대중의 주목을 많이 받는 일에 잘 맞는다.

사교가와 일하기

사교가가 자신의 능력을 100% 발휘하려면 다른 사람의 도움이 필요하다. 사교가는 자신의 활기찬 기운과 열정으로 수많은 활동에 참여해서 자신을 과시하고자 하는 목표를 수행하려고 할 것이다. 이들은 질풍과 같은 활동을 보일지 모르지만 실제 원하는 성과를 가장 효율적인 방법으로 성취하지는 못한다. 전체 사무실의 기능이 좀 더 부드럽게 발휘되도록 하기 위해서 관리자나 동료는 일을 조직화하여 우선순위를 설정하고 재치 있는 암시와 직접적인 도움을 통해 사교가가 활기찬 기운과 열정을 잘 표출하도록 도울 수 있다.

사교가는 커다란 그림을 설정하는 것을 좋아한다. 대개 이들은 많은 사실과 세부사항이 주어지면 동기부여가 되지 않는다. 이들은 하려는 계획의 요약서에 더 익숙하다. 이러한 행동유형의 사람은 감정이 지배한다. 이들이 논리나 사실을 사용하지 않는다는 의미가 아니라 느낌과 감성이 우선된다는 것이며 갈등을 싫어한다. 사교가에게 동의할 수 없으면 논쟁하려고 하지 말고 대신 대안을 찾도록 하라. 사교가에게 먼저 동의를 구한 다음에, '무엇을 언제 누가 어디서 어떻게'와 같은 구체적인 세부사항을 해결하라. 이들은 천성적으로 세부사항을 잊어버리기 쉽기 때문에 합의한 계획을 문서화하라. 사교가에게 동기를 부여하고 싶으면 이들이 완벽하게 일을 완수할 수 있도록 격려할 만한 특별한 포상이나 칭찬 등의 추가적인 일이 약간 필요하다는 것을 명심하라. 사람들이 얼마나 멋지게 여길 것인지 이들에게 말해주라.

사교가를 칭찬할 때 직접적이고 개인적이며 긍정적인 표현을 사용해라. 이들의 매력, 친밀성, 창조적 아이디어, 설득력이나 풍채를 언급하되 가장 좋은 것은 이 모든 사항을 다 말하는 것이다. 관리자가 사교가를 변화시키려면 긍정적 방식을 취해야 한다. 사교가가 압박을 받으면 차라리 다른 방법을 찾아보려고 하며 좀 더 긍정적이고 낙관적인 경험을 추구한다. 이들은 가능하면 문제를 피하려 한다. 압박이 지속되면 문제에서 도망치려는 경향이 높아진다. 이들에게 어떤 과제가 생기게 될지 개별적이고 구체적으로 알게 해라. 문제를 제거할 수 있는 행위를 규정하고 향후 오해의 소지를 없애기 위해 **문서상**으로 상호 합의한 행동 계획을 확정하라. 가벼운 대화를 유지하길 좋아하므로 이들이 부정적으로 느끼거나 싫어할 접근법을 피하라.

판매 현장에서 사교가와 소통할 때는 이들의 개인적 느낌과 경험을 들을 준비가 되어야 한다. 이들은 자신의 감성을 표현하고 타인에게 나누고 싶어 하는 욕구가 있다. 이들 유형은 타인과 공개적이고 반응을 주고받는 상호작용을 필요로 한다. 사교가는 의사결정을 내리거나 문제를 풀 때 다소 복잡하거나 부정적으로 들리거나 번잡한 상황에 대한 논의를 피하고 싶어 한다. 이러한 환경에서는 이들은 어떤 사람하고도 긍정적이거나 유쾌한 느낌을 공유하는 데 어려움을 가지고 있다. 집단 의사결정을 내릴 때 이들은 자신이 멋있게 보이거나 괜찮게 느낄 수 있고 실천하는 데 세부사항이나 장기간 헌신과 같이 어려움이 필요하지 않은 제안을 수용할 것이다.

사교가에게 일을 위임할 상황이 되면 확실한 동의를 받아낼 필요가 있다. 장기간 진행 상황에 대한 보고가 없는 사태를 피하려면 점검 항목과 정기적 점검 주기를 설정하라. 그렇지 않으면 사교가는 선천적으로 일하는 방식, 즉 특정한 일을 자신이 좋다고 느끼는 수준으로 자발적으로 끝내거나 특히 사후관리와 점검이 필요한 덜 자극적인 과업은 늦추는 식으로 해버린다. 사교가는 수많은 아이디어를 많이 제시하지만 아이디어를 실천하기 위한 의도나 방법대로 일을 완수하지는 않는다. 이러한 아이디어가 실행에 옮겨지려면 이들을 그렇게 하도록 조정해야 한다.

당신이 사교가라면 핵심 세부사항을 경청하고 자신의 사후관리를 개선하려고 노력해야 한다. 당신의 사교성이 삶의 다른 측면과 조화되도록 점검하라. 할 일을 줄이고 목록에 있는 대로 일하면 언제 무슨 일을 해야 하는지 알 수 있다. 자신의 활동에 우선순위를 정하고 중요도가 높은 일부터 초점을 맞춰라. 일하는 방식을 좀 더 조직화하고 질서정연하게 되도록 노력하라. 하루 일과 중 흥미가 없는 일을 먼저, 일찍 해라. 자신의 활동에 대한 시간 관리에 좀 더 주의를 기울여라. 이미 주어진 과업이나 목표를 제대로 수행하고 있는지 점검하라.

성격유형에 대한 설명을 네 가지 기본 유형의 차이가 완벽하게 드러난 일화로 마무리하고자 한다. 루이 14세가 통치하던 시절 프랑스에서 네 명의 귀족이 아주 심각한 죄를 범해 기소당했다. 이들은 재판장에서 자신의 무죄를 열렬히 주장했지만 유죄가 인정되어 참수형을 선고받았다. 역사적인 사형을 집행하기 위해 네 명을 동시에 참수할 수 있는 특별한 단두대가 설치되었다. 각각 사색가, 지시자, 연결자, 사교가의 성격유형인 네 명의 귀족은 단두대에 목을 내놓고 있었으며, 루이 14세의 명령으로 사형집행인이 도끼를 휘둘러 줄을 끊자, 칼날은 곧바로 이 귀족들의 목에 떨어졌다. 칼날이 떨어져 목에 닿았을 때 칼날은 더 이상 움직이지 않았다. 이때 루이 14세는 귀족들이 주장한 대로 진짜 무죄라는 것을 하늘에서 계시한 것이라 생각했다. 그래서 이들을 풀어주었다.

귀족들은 각각 풀려나면서 자신의 개인적 유형에 맞게 서로 다른 방식으로 감사를 표시했다. 첫 번째 풀려난 사람은 지시자였다. 단두대에서 일어서면서 사람들을 바라보고 말했다. "내가 무죄라고 여러분에게 말하지 않았는가! 이제부터 내 말을 새겨들어야 할 것이오! 폐하께도 드릴 말씀이 있습니다! 폐하를 고소하겠습니다!" 두 번째 풀려난 사람은 연결자였다. 그는 바로 사형집행인에게 다가가 말했다. "당신 잘못이 아니라는 것을 압니다. 이 일에 대해 당신에게 원한이 없다는 것을 알려주고 싶습니다. 이번 일요일에 저녁을 함께하면 어떻겠습니까?" 세 번째 풀려난 사람은 사교가였다. 그는 벌떡 일어나 모든 사람을 바라보면서 말했다. "자, 잔치를 벌입시다!" 마지막으로 풀려난 사람은 사색가였다. 일어서서 고장 난 단두대 칼날을 바라보면서 말했다. "문제가 뭔지 알겠는걸."

좀 더 재치 있게 판매하는 28가지 방법

판매 현장에서 상품이나 서비스를 구매하는 소비자와 구매하지 않는 소비자를 조사한 연구에서는 영업전문가가 **판매과정 중** 가망고객에게 구매하도록 영향을 미칠 수 있는 수많은 방법이 있다고 한다.

조사에 근거한 다음 28가지의 요소는 여러 가지 기본 영역에서 판매 성과를 개선하는 데 도움이 될 것이다. 좀 더 재치 있게 판매하면 생산성을 확실하게 개선할 수 있다.

1. **기존고객에게 재판매하라.** 최고의 가망고객 명단은 현재의 고객 명단이다. 구매에 만족한 구매자 10명 중 7명은 동일한 영업사원에게 다시 구매를 한다는 조사 자료가 있다.

2. **지인을 넓혀라.** 가장 접근하기 좋은 가망고객(그리고 가장 구매 가능성이 높은 가망고객)은 우리와 우리의 서비스를 아는 사람이다.

3. **좋은 첫인상을 남겨라.** 조사 자료에 의하면 가망고객의 96%는 영업전문가의 외모를 많이 의식하며 50% 이상은 "외모를 통해 영업전문가에 대한 명확한 입장을 정한다"고 한다.

4. **약속을 잡아라.** 사전 약속 없이 방문하는 것은 다른 어떤 유형의 접근법에 비해서도 가장 판매가 떨어지는 방법이다.

5. **자신의 정체성과 목적을 명확히 하라.** 정직하고 우호적으로 자신을 소개하고 소속 회사를 설명하고 자신이 하는 일을 세부적으로 언급하고 만남의 목적을 설명할 때 영업전문가는 판매를 늘릴 수 있다.

6. **직접 사람을 만나라.** 가망고객과 대면하여 대화를 나누는 것이 우편이나 전화로 접근하는 것보다 더 효과적인 약속 방법이다.

7. **가망고객의 욕구에 맞는 아이디어를 생각해두어라.** 영업전문가는 아이디어를 판매하지 단순히 상품을 판매하는 것이 아니다. 가망고객의 유형에 따라 아이디어를 구매하는 방식이 다르기 때문에 핵심은 자신의 시장을 아는 것이다.

8. **가망고객과 공감대를 형성하라.** 경청하라. 정중하게 대하라. 고객의 의견에 대항하지 말고 동의할 수 있는 부분을 찾아라. 가망고객이 아무리 이상하거나 평범하더라도 항상 관심을 표명하라.

9. **면담은 자신의 사무실에서 하라.** 사무실에서 면담을 하는 것이 더 효율적일뿐만 아니라 사무실에서 면담이 이루어질 때 가망고객은 약간 더 구매하려고 한다.

10. **가정용 상품이면 배우자나 동거자를 함께 면담에 참여시켜라.** 2인 가구는 대부분 주요한 의사결정은 함께 내린다. 실제 이러한 가구의 구매 비율은 한 사람만 면담했을 때보다 두 사람 모두와 면담했을 때가 높다.

11. **가망고객과 판매상담 중에 다른 사람의 참가 요청에 두려워하지 마라.** 친척, 변호사, 회계사, 또는 친구 등 제3자가 있으면 실제 구매 비율은 개선된다.

12. **경쟁을 피하지 마라.** 구매할 때 소비자 네 명 중 한 명은 비슷한 상품을 파는 한 사람 이상의 영업전문가와 상담을 한다. 비교를 하는 소비자는 구매할 가능성이 높다.

13. **욕구에 기초해 판매하라.** 욕구를 인식한 가망고객은 그렇지 않은 가망고객보다 구매할 가능성이 더 높다.

14. **품질을 강조하라.** 돈이 절약되는 것보다 품질이 강조될 때 가망고객은 구매할 가능성이 더 높다.

15. **객관적이 되어라.** 자신의 개인적 이익을 위해 객관성을 훼손하지 마라. 가망고객은 자신의 이익보다 영업사원의 이익을 우선시하는 것을 알면 구매하지 않을 것이다.

16. **서로 다른 선택을 제시하라.** 하나 이상의 해결책을 제시하면 가망고객이 통제하고 싶어 하는 욕구를 발휘할 기회를 갖게 된다.

17. **구체적인 상품을 추천하라.** 가망고객은 자세한 정보에 근거해서 선택할 수 있는 자유를 원하는 한편, 영업사원이 가망고객에게 최선의 선택이라고 진지하게 믿는 것이 무엇인지 알고 싶어 한다. 조사 자료에 의하면 소비자가 구매한 상품은 영업전문가가 추천한 것이 90%에 이른다고 한다.

18. **추천된 상품이나 서비스가 적절하다는 느낌을 갖도록 하라.** 가망고객은 추천된 상품에 좋은 느낌을 갖지 못하면 구매하지 않을 것이다.

19. **적절하고 올바른 정보를 제공하라.** 영업전문가는 기술적인 정보를 명확하고 이해하기 쉬운 방법으로 전달하는 법이나 얼마나 많은 양의 정보를 제공할 것인지, 그리고 질문에 대답하는 법이나 최소한 해답을 찾을 수 있는 곳을 반드시 알아야 한다.

20. **중요하지 않은 사항도 알려주라.** 사소한 일이 구매결정을 좌우하기도 한다. 적절한 시점에서 보증 정보, 최신 상품 등과 같은 상품의 세부사양을 알려주어라.

21. **비용을 논의할 때는 완벽하게 그리고 도움이 되도록 하라.** 대부분의 가망고객은 비용에 대한 질문을 하며 그럴 때 이들의 걱정거리를 완벽하게 만족시킬 수 있는 방법을 통해 매우 우호적인 인상을 주어야 한다.

22. **전문용어를 피하라.** 판매 상황에서 전문용어는 고객에게 좋은 인상을 주는 것이 아니라 혼란스럽게만 한다.

23. **가망고객을 교육하라.** 소비자가 상품을 이해하면 구매할 가능성이 높다. 가망고객에게 '예'라는 답을 듣기 전에 '알겠다'라는 말을 들어야만 한다.

24. **인내하라. 압력을 가하면 판매할 수 없다.** 대부분의 상품은 두 번 이상의 상담으로 판매되며, 조사 자료에 의하면 추가 상담이 이어질수록 구매 가능성은 높아진다고 한다.

25. **가망고객이 돈의 값어치 이상 얻었다는 느낌을 갖도록 하라.** 가망고객

에게 돈을 잘 사용했다고 확신을 주고 주기적으로 구매를 잘했다는 느낌이 들도록 하라. 자신의 구매결정이 지혜로웠다는 사실을 가망고객이 잊지 않도록 하라.

26. **서비스를 제공하라.** 만족스러운 서비스를 받은 고객은 전혀 서비스를 받지 못하거나 미흡한 서비스를 받은 사람에 비해 재구매할 가능성이 높다.

27. **다시 찾는 영업전문가가 되라.** 가장 중요한 조사 자료의 결과는 다음과 같다. 가망고객이 영업전문가를 자신의 전담 영업사원으로 생각하면 판매와 재판매의 기회가 급격하게 높아진다.

28. **질 높은 영업전문가가 되라.** 가망고객은 영업전문가의 질을 회사나 상품의 질이나 상품의 가격에 비해 훨씬 중요하게 여긴다.

제 3 장

침체 극복

영업전문가의 지옥은 침체기, 즉 모든 노력을 다 기울였지만 판매가 전혀 향상되지 않는 시기다. 침체로 영업을 중지할 수도 있지만 두 손을 들 필요까지는 없다. 실제로 최고의 영업전문가는 침체를 극복하는 데 능숙하다. 여기 이들의 최고 아이디어가 있다.

고참 영업전문가의 열 가지 함정

영업을 꽤 오랫동안 해왔으면 어떤 문제로 인해 더 이상 발전하지 못할 수가 있다. 경험 많은 영업전문가가 직면한 열 가지 위험한 함정이 있다. 이러한 함정을 소개하기 전에 영업직이 왜 독특한지 먼저 이야기해보자.

여기에 생각할 거리가 있다. 처음에 영업전문가가 되고자 했던 이유는 무엇인가? 영업하는 사람은 독립성, 자신의 재능과 노력에 걸맞은 보수 그리고 다양한 사람을 만날 수 있는 기회를 원했다고 거의 비슷한 대답을 한다. 간단히 말해 '자신이 소유한 배의 선장'이 되어 자신의 운명을 마음대로 하고 싶은 기회를 원했다. 현재는 현장에서 활동하는 수준에 걸맞은 소득을 창출하고 고객의 삶을 더 낫게 만들 수 있는 능력을 갖추기를 원한다. 한 마디로 말하면 영업을 통해 개인적 자유를 성취하려는 갈망으로 집약된다.

영업직에서 주어지는 혜택을 어떻게 향유할 수 있을까? 해답은 견실한 고객 기반을 개발하는 데 달렸다. 고객 기반이란 무엇인가? 고객이란 '상담 판매 철학(consultative selling philosophy)에 기초하여 지속적으로 관계를 맺고 있는 사람'으로 정의된다. 고객은 상품이나 서비스를 구매하기 위해 영업인을 주로 접촉하며, 영업인이 장기간 전문적인 관계로 발전시키면 오랫동안 구매를 반복할 수도 있는 사람이다. 본질적으로 고객 기반은 반복 구매의 저수지이며 반복 구매가 이루어질 때마다 더 쉽고 더 빠르고 더 이익이 되고 일반적으로 더 재미가 있게 된다. 고객 기반이 없으면 새로운 판매를 할 때마다 끊임없는 전투를 벌이는 데 모든 노력을 기울여야 한다. 고객 기반이 커지면 모든 영업전문가가 영업 현장에 들어올 때 추구하던 재무적 성공, 안전, 근심의 축소와 개인적 자유를 얻게 된다.

가장 중요한 사실은 여기에서 언급할 열 가지 함정 하나하나가 고객 기반을 구축하는 데 실제적으로 장애가 된다는 사실이다. 함정을 들여다보면서 자신이 수행하던 판매 실무의 중대한 결함을 발견하고, 영업을 통해 본인이 절실히 성취하려는 것에 도달할 수 있는 몇 가지 진정한 기회를 확인할 수 있을 것이다.

1. 큰 건만 추구하면서 고객 기반이나 고객 확대를 포기

마치 돈을 벌고 싶어 하는 사람의 천성과 같이 우리는 당연히 거액의 판매를 원한다. 거액의 판매는 사업을 도약시킬 수 있는 진정한 기회를 제공하기 때문에 특히 유혹적이다. 그러나 진정한 자유는 견실한 고객 기반, 즉 반복 구매의 거대한 저수지에서 나온다. 체계적으로 고객 기반을 확충하기보다 큰 건 하나에만 오로지 매달리면 사업이 커다란 위험에 빠진다.

영업전문가는 거액 판매 심리를 핑계로 자기 합리화를 하는 경향이 있다. 고참 영업사원이 다음과 같이 말하는 것을 얼마나 많이 들어본 적이 있는가? "난 이 일을 오랫동안 해왔지. 신참 때보다 지적인 면이나 재무적인 면에서 훨씬 수준이 높아졌어." 물론 이 말은 사실이다. 그러나 다음과 같이 덧붙여 말하는 경향이 있다. "이제 정말로 더 이상 사소한 거래에 매달리고 싶지 않아. 큰 건만 다뤄도 될 만한 경륜이 쌓였는데."

문제는, 더 쉽고 수지맞는 반복 판매를 하는 능력이 자유를 얻게 해줄 수 있다는 점이다. 큰 건에만 관심을 기울이면 대부분 한 건으로 종료될 것이다. 판매는 할 수 있지만 고객 기반을 근거로 한 반복 판매의 저수지를 늘릴 수 없을 것이다. 이러한 행동은 반복 판매를 할 고객이 더 이상 없기 때문에 결국 위험에 빠지게 된다. 고객 기반에 근거한 반복 판매로 재무적 안정성을 확보하기보다 근본적으로 끊임없이 새로운 판매를 시도해야만 한다.

또 다른 문제점은 철학적으로 고객 구축을 포기하는 경향이 되기 쉽다는 점이다. 대부분의 새로운 고객은 나이가 젊다. 이러한 고객은 대부분 **때가 묻지 않은** 사람이다. 이들은 우리가 판매하는 상품과 서비스를 이해했다고 믿고 또 젊기 때문에 자연스럽게 매우 낙관적이다. 이들은 자신이 원하는 것이 무엇이고 자신이 무얼 말하고 있는지 알고 있다고 진짜로 믿으며, 때때로 이들이 옳기도 하다! 아마도 살아오면서 아직까지 큰 고생을 하지 않았기 때문에 고참 영업전문가의 지혜를 충분히 이해하지 못한다. 고참은 이렇게 말할 것이다. "이런 애송이들을 고객으로 모시고 일해야 하는지 잘 모르겠어. 풋내기 고객과 일하면 재미도 거의 없고, 내 경험을 존중하지도 않고 자기네들이 모든 것을 다 안다고 설치기만 하는데." 이런 이유로 고객을 구축하는 것을 피하고 다시 큰 건에만 눈을 돌리게 된다.

해결책은 두 가지다. 첫째는 질 높은 고객과 지속적인 관계를 맺을 수 있도록, 소개를 통한 가망고객 확보와 개인적 관찰 그리고 마케팅 기술을 민감하게 유지할 필요가 있다. 둘째는 이러한 고객과 상담한 후 또는 실제 판매를 한 후 이들을 1년에 최소한 2번 접촉할 수 있도록 관리하는 잘 조직적인 고객 접촉 프로그램을 운영해야만 한다.

2. 완벽한 사실정보 파악을 중단

오랜 기간 특정한 일을 수행하다 보면 그 일에 아주 능숙해져서 전문가는 다음과 같이 말하는 함정에 빠지기도 한다. "당신도 알겠지만, 가망고객이 말하는 표현 몇 개만 들어봐도, 아니면 아주 조금만 들어봐도 일이 되어가는 과정을 확실히 알 수 있지. 이들이 무슨 말을 할지, 무슨 문제가 있고 해결책은 무엇인지 이제는 다 알아."

이러한 접근은 불완전한 진단이 될 수 있다. 모든 정보를 취합하지도 않고, 완벽한 상황을 알 수 있도록 고객의 말을 듣기보다 자신이 좋아하는 아이디어로만 판매하려고 하는 것이다.

또한 고객과 유대를 맺을 기회를 차단하게 될 것이다. 고객의 특별한 느낌을 경청하면서 집중하면 이들은 각별한 유대감을 느끼기 시작한다. 이 과정을 생략하면 추가 판매가 가능한 특정한 욕구를 놓칠 뿐만 아니라 유대감을 높일 수 있는 과정을 중단시켜 관계를 약화시키게 된다. 이렇게 하면 두 가지 위험이 정말 따른다. ①가망고객의 모든 욕구를 발견하는 것(잠재적 판매 기회)을 놓치고, ②신뢰가 쌓인 장기간 사업 관계로 이어질 유대감을 창출하는 데 실패한다.

해결책은 상당히 단순명쾌하다. 과거에 꽤 도움이 되었던 오래된 훌륭한 기법에 다시 윤활유를 칠하라. 좀 더 조직적으로, 훌륭한 가정의(family physician)가 병력을 물을 때 보이는 것과 같은 관심을 가지고 철저하게 사실을 파악하도록 준비하라. 중요한 영역이 모두 파악될 수 있도록 사실 확인(fact-finding)을 하기 위해 고객 중심의 표준 양식을 활용하라. 정보를 획득하는 방법이 완전한 사실을 취합할 수 있도록 전문적으로 되어야 한다. 지속적인 접촉과 미래 판매의 근거가 되도록 가망고객에게 요약 보고(욕구 분석)를 최종적으로 제출하라.

3. 바쁜 것을 생산적인 것으로 착각

판매를 하는 사람은 모두 가망고객 발굴이라는 끊임없는 요구로 늘 고심하고 있다. 영업인은 고객 구축 활동을 하면서도 항상 새로운 고객을 찾아야 한다. 대부분의 영업인은 이러한 끊임없는 과업에서 도망치고 싶어 한다. '가망고객 발굴'을 지속적으로 추구하는 일은 버거운 일이다. 일부 고참 영업사원은 이러한 압박에 지쳐 무의식적으로 과정을 피하기 시작하거나 또는 실제적으로 가망고객 발굴을 하고 있다고 말하면서 태업하는 것을 정당화하기까지 한다. 이러한 사태가 벌어지면 이들은 자신의 시간을 사교적이거나 직업적인 교류 또는 지역 봉사 활동으로 채우기 시작한다. 그리고 스스로 다음과 같이 생각하면서 자신을 바보로 만든다. "음, 난 매우 바쁘게 일하고 있고 언젠가 사업에 큰 도움이 될 수많은 활동에 참여하고 있지."

이런 일이 발생하면 타인에게서 인정받고자 하는 자신의 욕구를 충족시킨다는 점에서 실제로 기분이 좋을 수도 있다. 영업전문가는 종종 가망고객을 발굴할 걱정을 회피하는 것을 다음과 같이 말하면서 합리화하기도 한다. "난 성공한 사람이야. 난 열심히 일했고 이 일이나 지역 그리고 교회 등에 너무나 많은 신세를 졌지. 이제 업계와 지역에 뭔가 도움이 되고 싶어."

주의해야 할 대목이 바로 여기다. 물론 현재 몸담고 있는 업계나 지역에 당연히 보답을 해야 한다. 그러나 진정한 동기를 솔직하게 평가할 필요가 있다. 광범위한 봉사 활동에 참여하려는 동기는 봉사하고자 하는 욕구보다 자신이 현재 하는 힘든 일을 회피하려는 것일 가능성이 더 많다.

이러한 모든 함정에 빠지지 않는 최상의 치료 방법 중 하나가 고객 기반 구축법 모임에 참가하는 것이다. 동료와 함께 매월 회의를 갖는 것은 이 일을 알고 우리를 돌봐줄 수 있는 사람에게서 객관적인 피드백을 얻을 수 있는 훌륭한 방법이다. 많은 경우 고참 영업전문가가 계속적으로 실적을 올릴 수 있도록 도와줄 수 있는 사람은 고객 기반 구축법 모임의 동료이다. 지역과 업계에 봉사해서 창출되는 진정한 성취와, 사업을 성장시키려는 욕구 사이에 조화를 이루는 일은 아주 어려운 과제다. 자신이 하고 있는 일 자체가 이미 다른 사람에게 엄청난 도움을 주고 있다는 사실을 상기하라. 자신이 진정으로 원하는 것에는 생산적이지 않고, 피상적으로 자신의 시간을 충족시키는 다른 행동으로 채우는 것으로 진정한 가망고객을 확보하는 것을 회피할 때 야기될 수 있는 잠재적인 위험에 주의하라.

4. 고객 관계를 지속적으로 유지하는 데 실패

거액의 판매 기회를 추구하는 것이 거의 제2의 천성과 같이 굳어져버리면 이미 개발해놓은 고객 기반에 소홀해진다. 이렇게 생각할 것이다. "기존 고객에게 새로운 판매를 확대할 수 있을지 잘 모르겠어. 게 다가 지금 더 높은 수준에서 다른 시장에 진입하려고 하고 있거든. 일부 기존 고객은 꽤 오랫동안 대화한 적이 없어서 지금 전화하면 좀 어색할 것 같은데. 상황이 악화되면 그때 가서 접촉하면 되겠지."

고객 접촉 시스템을 통해 지속적으로 접촉하지 않으면 고객이 이탈하게 된다는 것이 문제다. 아주 복잡한 판매 상황에서 어떤 이유인지 모르지만 아이디어가 먹히지 않으면 원래의 고객 기반으로 돌아와야 하는데, 그때가 되면 이미 수많은 고객이 빠져나갔다는 사실을 깨닫게 될 것이다. 이것이 진짜 위험한 상황이다. 이 일을 하면서 얻을 수 있는 진정한 개인적 자유는 지속적으로 새로운 고객이 채워지고 정규적인 접촉을 통해 양성되는 크고 질 좋은 고객 기반이 갖춰질 때 나온다.

5. 확실한 판매를 포기

이상하게 들릴 것이다. 영업사원이 왜 확실한 판매를 포기하게 될까? 가망고객이 원하지 않거나 필요하지 않은 상품이나 서비스를 판매하려고 미리 결정했기 때문일 것이다. 상품을 미리 정해두고 접근하는 방법에는 위험이 따른다. 가망고객이 영업사원의 의도를 알게 되면, 영업사원의 개인적 목적에 따라 일하지 자신을 위해 일하지 않는다고 결론짓는다. 결국 두 가지 손해를 입는다. 쉽게 성사시킬 수도 있었던 확실한 판매를 잃을 뿐만 아니라, 최초 판매 접근 때부터 지금까지 심어놓은 장기간의 신뢰를 잃게 된다. 당연히 영업전문가는 최신의 최고 상품을 판매하려고 한다. 그러나 가망고객이 늘 이런 것을 원하지는 않는다. 고객의 저항을 최소화하는 방법을 선택한 다음 그렇게 하는 것이 최선이다. 결국에는 이 방법이 상생(win-win)을 창출한다.

6. 지원 인력에게 위임 실패

어떤 일을 하느냐에 따라 다르겠지만 대개 고객 기반을 구축하면서 고객에게 제공하는 서비스 업무가 지속적으로 증가한다. 이러한 일을 지원 인력에게 위임하지 않으면 스스로 해야만 한다. 조만간 성공한 영업전문가가 하는 부가가치 높은 일을 하기보다 부가가치가 낮은 일을 하는 데 대부분의 시간을 보내게 될 것이다. 더 치명적인 것은 이러한 일로 지쳐 고객 기반을 구축하고 개발하는 중요한 일을 할 동기나 기력이 고갈된다는 점이다. 지원 인력이 없으면 영업력은 서비스 업무에 치여 서서히 녹슬게 된다.

어떤 사람은 '통제광'이기 때문에 위임하기를 싫어한다. 영업전문가는 모든 것을 완벽하게 통제하고 싶어 하는 경향이 크다. 과거에 다른 사람의 소홀이나 실수로 손해를 본 적이 있어서 두 번 다시 그런 일이 일어나지 않게 하겠다고 맹세했는지도 모른다. 본질적으로 지원 인력을 신뢰하기를 두려워한다. 스스로에게 물어보라. 이러한 두려움을 없애려고 얼마나 많은 대가를 치르게 될까? 이러한 두려움으로 금전, 사업, 양질의 관계, 건강 측면에서 얼마나 많은 비용을 치르게 될까?

무엇을 할 수 있을까? 업무 운영 형태를 바꾸면 지렛대 효과를 얻을 수 있는 진정한 기회가 된다. 먼저 가능한 한도 내에서 최고의 지원 인력을 고용할 수 있도록 운영자금을 정규적으로 축적해놓는 일이 중요하다. 상근 지원 인력을 채용할 여력이 안 되면 다른 영업 동료와 분담하라. 사업을 성장시키는 데 이것이 핵심이라는 사실을 간과하지 마라.

지원 인력을 고용하면 훈련시키는 것을 무시해서 기회를 날리지 마라. 또한 위대한 영업전문가의 조언도 참고하라. "지원 인력의 첫 번째 책임은 상사를 위해 전화하는 것을 실질적으로 모두 담당하는 것이다." 이 조언이 중요한 이유는 많은 영업인이 가망고객에게 실제로 전화하는 것을 걱정하기 때문에 가망고객 소개 명단을 확보하길 꺼려한다는 사실이다. 전화를 걸 필요가 없다면 개인적으로 소개받는 것이 얼마나 쉬운 일인지 상상해보라! 지원 인력은 어떠한 거절도 개인적으로 받아들일 필요가 없다는 사실을 명심하라. 지원 인력의 성공은 특정 기술과 관련되는데, 대부분 소개를 해주는 사람이 지닌 권력과 영향력에 달려 있다.

조사 자료에 따르면 최고의 영업전문가들은 이 일을 다시 하게 된다면 지원 인력의 월급을 주기 위해 돈을 빌리는 한이 있더라도 최대한 빨리 우수한 지원 인력을 채용할 것이라고 늘 말한다고 한다.

7. 하루 일정이나 시간 관리의 구조적 접근 실패

수년간 열심히 일해왔다. 지난 세월, 특히 초기에는 규율을 엄격히 지켜 구조적이고 습관적으로 일정한 업무를 수행했다. 그러나 영업이 사람에게 매력을 끄는 것 중 하나가 독립성이고 고참 영업전문가는 이러한 독립성을 향유할 기회가 많아진다. 그러다 보면 성공에 도움이 된 규율에 벗어나게 된다. 영업에서 향유하는 자유라는 달콤한 독약에 거의 중독된다.

이렇게 생각할지 모른다. "내가 자유를 향유할 수 없단 말인가?" 물론 향유해야만 한다! 열심히 일하는 유일한 목표는 자신의 방식대로 자신의 삶을 사는 것이다. 그러나 목욕물을 버리다가 아기까지 버려서는 안 된다. 균형 있게 일하라. 업무시간으로 지정한 시간에는 구조를 갖추고 규율 있게 일하라. 농사는 과실을 수확하는 기쁨과 미래를 위해 땅을 갈고 씨앗을 뿌리는 지속적인 준비 사이의 균형을 잘 보여준다. 무엇보다도 성공하는 데 도움이 된 시스템을 지속적으로 사용하라. 유명한 선시(禪詩)가 있다. "걸어야 할 때는 걸어라. 앉아야 할 때는 앉아라. 흔들리지 말고 정진하라."

8. 영향 세력 개발의 실패

이 함정은 엄청난 기회로 바꿀 수 있다. 개발할 필요가 있는 고객 구축은 두 가지 유형이 있다. 하나는 실제 고객 기반으로 지속적으로 구매를 할 사람으로 구성된다. 다른 하나는 영향 세력(centers of influence)

의 연결망으로 동료나 고객을 소개해줄 전문가 집단이다. 대부분의 거액 판매는 강력한 소개를 통해 이루어지고 이러한 소개는 대개 영향 세력에서 출발한다는 사실이 확인되었다.

기초적인 고객 접촉 시스템에 추가해서, 이러한 영향 세력과 접촉하고 관계를 개발하는 데 도움이 될 '접촉 기록 항목(contact tickler section)'을 고려할 필요가 있다. 경력 개발의 일환으로 이런 일을 하지 않았다면 더 큰 판매 건수를 발견하는 데 어려움이 있었을 것이다. 사업 기반을 강력하게 하려면 더 큰 판매와 중형 판매 사이에 균형을 잡아야 할 필요가 있다. 기존의 고객 기반을 방치하지 않으면서 건강한 균형을 획득하려면 이러한 전문가를 영향 세력으로 개발해야 한다. 본질적으로 두 번째 고객 기반이 될 수 있다.

9. 지속적 학습의 실패

고참 영업전문가의 경쟁력이 무엇일까? 이들은 지식이 더 많고 가망고객에게서 사실정보를 받을 때도 더 광범위하고 다양한 욕구를 확인할 수 있다. 신참 영업전문가가 발견하지 못한 문제도 확인할 수 있다. 학습이 경쟁우위인데 그 학습을 멈추면 업계의 변화를 따라가지 못해 자신의 경쟁력을 포기하게 된다. 학습을 중단하고 사실정보 파악을 대충하게 되면 두 가지 불운이 따른다. 지식이 줄어들거나 최신 정보의 선두에 서지 못하는 괴로움을 겪게 되고, 사실정보 파악을 짧게 하면 엄청난 판매 기회를 놓칠 위험에 노출된다.

지속적인 학습은 톱날을 날카롭게 가는 일이다. 늘 독서를 하고 학습 소모임에 참가하고 수업을 듣고 세미나에 참가해서 최고 전문가의 위상을 지속적으로 유지하라. 지식은 자신감으로 연결되고 가망고객의 욕구에 맞는 해결책을 창출할 더 나은 기회로 전환된다. 이러한 지속적인 학습 과정을 유지하면서 배운 것을 영향 세력에게 보낼 수 있도록 정보 자료로 바꿀 시간을 가져라. 모든 사람에게 진정한 상생의 기회를 창출할 수 있을 것이다.

10. 고객 기반의 양과 질에 대한 연간 검토의 중단

자신이 하고 있는 일의 최고 자산은 무엇인가? 바로 지속적으로 관계를 맺고 있는 사람의 집단에서 반복 구매가 일어나는 고객 기반이다. 자신의 고객 기반에 정확히 어떤 일을 했는지 매년 분석하는 것이 중요하다. 그렇지 않으면 자신의 진정한 사업 가치에 대한 진실을 접할 기회가 없다.

아직 완전히 채굴하지 않은 금광을 갖고 있다는 사실을 깨달으면 연간 검토는 즐거운 작업이 된다. 자신의 사업 가치를 알 필요가 있다. 자신이 지닌 고객 기반에 흔쾌히 판매할 수 있는 것이 무엇일까? 이러한 것은 고객의 양과 질에 대한 연간 검토를 통해 나올 수 있다.

검토 과정은 다른 식으로도 도움이 된다. 판매한 사람이나 구매한 것, 그리고 저수지가 고갈되기 전에 얼마나 빨리 채워 넣고 있는지에 대한 전체상을 알 수 있다. 이상적인 가망고객을 형상화하고 새로운 고객의 최저 수용 기준을 수립하는 데도 도움이 된다.

고객 기반의 양과 질에 대한 연간 검토를 하면 고객 구축을 위해 좀 더 힘을 기울이고 자신의 활동, 생산, 고객과 같은 정확한 사업 기록을 유지하기 쉽다. 자신이 처한 상황을 알고 적절한 행동을 하라. 기록과 적절한 평가가 없으면 사실을 모르기 때문에 적절한 행동이 무엇인지를 확인할 수 없게 될 것이다.

고참 영업전문가도 이런 열 가지 함정에 빠지기 쉽다. 어떤 사람도 이러한 일을 의식적으로 시작하지 않지만, 그냥 그렇게 함정에 빠질 뿐이다. 다행스러운 일은 본인이 하고자 한다면 이러한 문제를 대개 더 빨리 고칠 수 있다는 사실이다.

자신의 장점을 생각하라. 엄청난 지식과 경험을 갖고 있다. 이 업계에서 생존한 것에서 알 수 있듯이 현명하고 강인하다. 자신과 관련된 상품과 서비스를 판매하는 법을 알고 있다. 매일 같이 전투를 치르다 보니 자신의 경력 개발과 관련된 큰 그림을 놓쳤다는 것이 흠이다. 하루하루의 투쟁에 집중한 나머지 이러한 함정이 슬그머니 다가왔다. 약간 속도를 늦추고 뒤로 물러나서 현재 처한 상황을 주의 깊게 살펴보라.

판매의 심리적 요인

최근 심리학적 지식의 발전으로 영업직에 있는 진지한 사람은 가망고객과 고객의 기본 동기, 즉 행동하도록 유인하는 욕구 이면에 숨어 있는 추동(drives)을 더 잘 이해하게 되었다. 모든 사람이 더 나은 것을 원한다는 사실은 명백하다. 개인은 현재의 만족 수준에서 새롭고 더 나은 수준으로, 즉 의심할 여지없이 인간의 욕구 단계에 기인해서 움직이도록 동기부여를 받는 듯하다. 인간은 정말로 원초적으로 '욕구하는(wanting)' 존재다.

소비자가 특정 항목을 원하거나 다른 것에 비해 더 선호하도록 만드는 것은 영업전문가에게 아주 중요하다. 이 때문에 행동 역학(dynamics of behavior)에 먼저 관심을 가진다. 이런 지식을 통해서만 영업력의 예술과 과학을 성공적으로 실천할 수 있다. 즉 이러한 지식으로 중무장해야만 타인이 상품과 서비스를 구매하도록 설득할 수 있다.

행동 역학을 좀 더 이해하려면 **정신 과정**(mental process)에 대한 몇 가지 통찰력을 갖춰야만 한다. 이러한 통찰력 없이는 소비자 행동에 대한 논의를 진행하기가 아주 힘들다. 정신 과정은 뇌에 의해 통제되며 뇌는 신경적 자극을 외부와 내부 감각기관을 통해 받아들인다. 뇌의 역할은 이러한 다양한 자극을 조화시킨 다음 다양한 반응을 지시하는 것이다.

뇌에는 의식, 감정, 기억, 판단, 상상이 모두 자리 잡고 있다. 신체의 자발적이고 비자발적인 모든 행동은 뇌에 의해 통제된다. 뇌 속에서 사고가 발생하는데 이는 아주 정교하고 복잡한 정신적 성과라 할 수 있는 생각의 힘이다. 뇌는 가장 중요하고 특징적인 지적 활동, 즉 비교, 동일시, 일반화가 일어나는 곳이다. 이것들은 판매 기능의 핵심이기도 하다. 가장 중요한 것은 뇌의 활동과 사고 과정을 통해 판단 행위를 수행하는 개개인의 능력이다.

영업전문가와 밀접하게 연결되어 있고 중요도가 높은 것이 학습인데 이는 정신 과정과 밀접하게 연결된 부분으로 판단 행위의 결과물이다. 학습 과정이 영업전문가에게 특별히 중요한 것은 뇌 활동의 또 다른 측면인 습관과 관계가 있기 때문이다. 관련성은 다음과 같다. 사고 과정을 통해 뇌는 무엇이 만족을 제공하는지 인식할 수 있는 능력과 함께 동기부여를 제공한다. 이용 가능한 대안을 기초로 행동할 능력, 즉 의사결정을 생산한다.

영업전문가는 이러한 학습 과정을 한 단계 더 앞서 나간다. 구매자가 특정 상품이나 서비스의 최초 사용을 통해 만족이 생겼다면, 구매자의 미래 욕구도 동일한 상품과 서비스를 통해 지속적으로 대개 만족시키게 될 것이라는 사실을 인식하고 있다. 실제로 구매자는 같은 상품이나 서비스를 통해서 학습해왔다. 경험 많고 창조적인 영업전문가는 자신의 행동을 이러한 구매자의 학습 과정과 연계시킨다. 그렇게 해서 영업전문가는 구매자에게 적절한 정보를 제공하는데, 이를 지속적으로 강화해서 구매자가 계속해서 구매결정을 할 때 정신 활동을 그리 많이 하지 않고도 쉽게 결정할 수 있게 한다. 이러한 연속 과정 전체를 통해 구매자는 영업전문가의 상품에 우호적인 태도를 가지게 된다. 영업전문가는 구매자가 학습 과정의 특정 지점까지 움직이도록 해서, 영업전문가의 상품이나 서비스를 구매하면 욕구가 거의 자동적으로 만족되도록 한다.

습관적으로 구매하는 지점까지 구매자를 움직이는 데 성공한 헌신적인 영업전문가는 자신과 회사를 위해 커다란 만족과 수익의 원천이 되는 확고한 관계를 구축하게 된다.

한 가지 확실한 것은 사람의 뇌는 사람을 선천적으로 **욕구**하게 할 뿐만 아니라 이 욕구가 거의 만족을 모른다는 사실이다. 살아가면서 늘 무언가를 욕구하기 때문에 영업전문가는 사람들의 욕구와 갈망을 충족시키는 일이 쉽지 않다는 사실을 즉시 깨달아야 한다. 모든 것의 기초가 되는 기본 욕구, 예를 들어 배고픔, 두려움, 편안함과 같은 기본적인 아이디어를 뛰어넘는 것이다. 시간이 흐르면서 기술적·사회적 진보로 세상이 복잡해지면서 개인과 집단의 욕구를 만족시키는 일이 점점 더 어려워지고 있다. 즉 오늘날에 와서는 고객에게 대응하는 일이 상대적으로 더 전문화하고 복잡하게 되었다. 이 주제에 정통한 창조적인 영업전문가만이 소비자를 새로운 수준의 만족으로 이끌 수 있기 때문에 이 중요한 영역을 검토하는 것이 핵심적이다.

이러한 동기부여 지식을 함께 갖추는 것이 영업전문가에게 더욱 중요한 요소가 된다. 이제는 어떤 사람도 상품이나 서비스 그 자체를 구매하지 않는다. 사람은 자신에게 무언가를 **해줄 수 있는** 상품과 서비스를 가지기 위해 돈을 지불할 용의가 있다. 즉 자신이 원하는 것이나 필요로 하는 혜택을 위해 돈을 사용한다. 따라서 거래를 원하는 영업전문가는 반드시 고객에게 주어진 상품과 서비스가 어떤 혜택을 제공하는지 보여주어야 할 것이다. 각각의 상품과 서비스는 개별 고객의 동기를 만족시킬 수 있는 몇 가지 핵심적인 과제를 수행해야 한다. 영업전문가로서 이러한 사실을 이해하면 가망고객에게 보여줄 수 있는 자신의 상품에 대한 올바른 해답을 제공해야 할 것이다.

다음 절에서 주된 구매 동기가 수많은 사소한 동기로 연결된 것을 배울 것이다. 영업전문가는 구매자의 마음속에서 어떤 일이 벌어지는지 이해하는 데 도움이 될 이러한 사항뿐만 아니라 관련된 다른 고려 사항도 잘 알아야 한다. 판매를 마무리하는 데 비밀은 없지만 가망고객의 동기를 인식하고 이해한 영업전문가는 효과적인 제안과 훌륭한 제안을 시작할 수 있을 것이다.

기본적 동기부여

인간의 동기부여에 대한 많은 연구로 동기부여 요소가 다양할 뿐만 아니라 분류 방법도 너무나 광범위하다는 사실이 밝혀졌다. 그렇기 때문에 어떤 하나의 동기가 다른 것에 비해 더 타당하다고 주장할 내재적 근거가 없다. 따라서 기본적인 동기부여를 광범위한 항목으로 분류하려는 노력은 이론적으로 불합리할 수 있다는 사실을 가장 먼저 인정해야 한다. 다양한 분류에 대해 심리학자 에이브러햄 매슬로(Abraham Maslow)가 쓴 글을 보자.

> ...... 이제까지 발표된 추동에 대한 모든 목록으로는 다양한 추동 사이에 상호 배타성이 있는 것처럼 보인다. 그러나 상호 배타성은 존재하지 않는다. 대개는 하나의 추동을 다른 것과 상당히 명확하고 확실하게 구분하는 것이 거의 불가능할 정도로 중첩되어 있다.

창조적인 영업전문가로서 이러한 다양한 단계뿐만 아니라 각 단계에서 표시되는 선호도와 소비 형태의 변화를 꼭 이해해야만 한다. 사람마다 욕구와 기호가 다르기 때문에 미혼남성의 동기부여와 배우자와 자녀를 보살펴야 할 기혼남성의 그것은 상당히 다르다.

다음과 같은 중요한 사실이 자주 무시된다. 기업은 성장하고 성장에 따라 생애주기의 특정 단계에 맞는 욕구가 생기기 때문에 성장주기가 기업에도 적용될 수 있다. 충분한 정보와 지식을 기초로 영업전문가는 이러한 개별적 생애주기와 이것에 영향을 미치는 힘에 엄청난 주의를 기울여야만 한다.

동기부여 주제와 관련된 몇 가지 다른 문제가 있다. 예를 들어 고객이 어떤 것을 말했지만 의미하는 바는 다른 것처럼 표현한 동기와 합리화시키는 동기 사이에는 차이가 있다.

버몬트 주는 겨울에 기온이 아주 낮고 폭설이 자주 내린다. 제설에 염화 화합물을 사용한다. 이 방법은 눈을 빨리 녹이는 데 가장 효과가 크지만 자동차의 강철 부분과 크롬 도금 부분을 부식시킨다. 버몬트 주민들은 차체에 크롬 도금을 하는 것이 어리석다고 일상에서 종종 말한다. 주민은 이렇게 말할 것이다. "자동차 제조사가 조금만 생각이 있다면 크롬 도금을 줄이거나 없앨 수 있을 텐데." 한 제조사가 액면 그대로 이 말을 받아들여 크롬 도금을 제거하는 실수를 저질렀다. 결과는? 불평하던 사람들은 반대로 크롬 도금이 된 경쟁사의 차를 구매했다. 왜? 새 차를 구입해서 집으로 몰고 가 친구나 가족에게 보여주면서 존경과 승인을 받으려고 할 때, 크롬 도금이야말로 확실한 흥분과 찬탄을 불러일으키는 중요한 특징이기 때문이다.

또 다른 문제는 동기부여가 갈등을 일으키고 있는 고객이다. 사람들은 옷을 착용했을 때 상류층처럼 보이고 위신을 과시할 수 있도록 차려입고 싶어 한다. 문제는? 지갑이 얇기 때문에 구매결정을 할 수 있는 선택의 여지가 거의 없다는 점이다.

실무에서 영업전문가는 가망고객이나 고객의 이러한 동기에 주로 관심을 기울여서 상품이나 서비스를 판매할 때 성공적으로 어필하려고 한다. 대부분의 회사는 이러한 노력을 지원하려고 상품을 판매할 때 가장 자주 어필되는 주요 동기부여 목록을 제공하고 이러한 항목을 중심으로 제안을 설정하는 방법을 가르친다.

다음에 있는 정보는 동기부여 주제에 대한 더 깊은 연구와 조사를 위한 틀을 제공하고자 만들었다. 궁극적인 목적은, 관리하고 있는 고객이나 전화 대상 가망고객이 무엇 때문에 움직이는지 더 잘 이해하려는 것이다(<그림 3-1> 참조).

〈그림 3-1〉 동기부여 과정

```
욕구
↓
행동(추동)
↓
목표
↓
욕구 충족
```

　수많은 목록과 분류가 발표되고 광범위하게 논의되었지만 욕구는 두 개의 일반적 범주, 즉 생리적 욕구와 학습된 욕구로 나뉠 수 있다는 데는 반박의 여지가 거의 없다. 생리적 욕구는 배고픔, 목마름, 수면, 성, 안락, 추위, 고통과 관련 있다. 이러한 근저에 있는 욕구는 특정한 목표를 향한 추동이 되어 개인은 이러한 욕구를 충족시키길 바라게 된다. 생리적 욕구를 만족시키는 도구인 특정 행동은 본능적 행동인 반사적 행동이거나 먹고 마시고 잠자는 것과 같은 특정한 행위일 수 있다.

　두 번째 광범위한 욕구의 범주는 **학습된 욕구**로 다른 사람과 관련되어 발생한 긴장 때문에 촉진된 욕구가 포함된다. 생리적 욕구와 비교할 때 학습된 욕구는 행동과학자 사이에 특정 개념과 명명에 합의된 사항이 그리 많지 않다. 널리 수용된 학습된 욕구의 분류체계는 다음과 같은 세 가지 기본 범주로 나뉜다.

1. 관계 욕구 현재 미국과 같이 잘 조직된 사회에서 사람들은 상호 의존성

이 높아진다. 사람들은 서로 많은 교류가 필요하다. 그러나 필요한 교류 이상으로 대부분의 사람은 교우관계에 대한 강력한 욕망을 갖고 있고 애정을 주고받으려는 자연스러운 욕망을 갖고 있다. 다른 사람과의 관계는 기본적 감성 욕구를 만족시키는 데 필수 요소다.

2. **성취 욕구** 많은 사람은 자신의 노력만으로 높은 수준의 성과를 성취하거나 역경을 극복하려고 열심히 일하는 데 동기부여가 된다. 더 나아지고자 하는 이러한 추동의 근저에는 성취에 대한 강한 욕구가 있다.

3. **권력 욕구** 기본 목적은 집단 내에서 인정을 받거나, 지위를 통해 다른 사람의 행동을 조정하거나 지배하는 것이다.

이러한 범주는 여러 가지 방법에서 도움이 된다는 사실이 입증되었다. 개인이 부를 축적하려는 열망이나 개인이 자신의 시간과 소득을 사용하는 방법을 선택하는 것과 같은 주로 광범위한 경제적 의문을 이해하는 데 성공적으로 적용되었다. 시간과 소득의 분배는 직접적으로 마케팅과 연관되어 있기 때문에 이러한 범주는 시장 분석가가 특정 문제의 해결책, 특히 거액의 돈을 지출하는 대안에 대한 결정과 관련된 구조를 제공한다.

완벽하지는 않지만 다음 목록으로 동기부여가 어떻게 확인되고 분류될 수 있는지 알 수 있다.

- 이익과 절약
- 안전과 보호

- 편안함과 편리함

- 자부심과 위신

- 성과 낭만

- 사랑과 애정

- 모험과 흥분

- 성능과 내구성

이익 동기, 즉 비용에 대비하여 이익이 초과되기를 욕구하는 동기는 대부분의 사람에게 가장 강력한 동기다. 불행히도 너무나 많은 사람이 가치가 있는 것을 유일하게 수용할 수 있는 동기 기준으로 고려하고 있어, 이익이 생긴다면 즉시 현금을 지출하고자 한다. 고객이 사업가라면 종종 이것이 그들의 핵심 동기부여 요소지만, 두 번째 동기부여 요소를 알아챌 수 있을 정도로 특별히 경청을 잘하면 자신의 상품에 유리한 상황을 만들 수 있을 것이다. 금전적 이익, 즉 가격이 유일한 기준이라면 경쟁상품을 평가하는 일은 아주 평범한 과정이 되고 경쟁은 학문적 호기심에 지나지 않게 된다는 사실을 명심하라.

절약은 또 다른 강력한 동기부여이며 수입이 고정된 상황에서는 지배적인 요소로 작용하기 쉽다. 자신이 보유한 자원의 관리를 개선하려면 남녀노소 모두에게 절약은 우리 사회에서 가치 있는 목표이고 표준 행동이라는 점을 보여주어야 할 것이다.

안전과 보호는 가정을 유지하려면 최상의 노력과 계획이 필요하기 때문에 관심의 대상이 된다. 이러한 기본 동기부여를 만족시키려고 많은 사람은 자신이 계획한 미래 수단이 완벽하고 혹시라도 발생할 돌발 사태에 주의 깊게 조정될 수 있게 하고자 분투할 것이다.

사례가 도움이 된다. 가망고객이 찾아와 파워 브레이크에 진지한 관심을 보이면 안전과 자동차 운전 장치에 대한 걱정 그리고 급정지 시 파워 브레이크의 효율성에 대해서만 이야기하고, **자신이 좋아하**기 때문에 400마력의 엔진이나 3초 만에 도달하는 최고 속도에 열광하지 마라. 가망고객이 관심을 보이는 것을 말해야 하지 자신이 좋아하는 것을 이야기해서는 안 된다! **중요한 것은 가망고객이 좋아하는 것**이라는 사실을 지금 당장 배워라. 다른 말로 하면 "미끼를 결정하는 것은 물고기의 입맛이지 낚시꾼의 기호가 아니다".

편안함과 편리함, 이 두 가지는 기본적인 인간의 동기부여로 강력한 추동을 낳는다. 사람들은 삶이 좀 더 편안하고 편리하길 바란다. 가정에서 노동력을 절감하는 가정용품이 확산되는 추세가 이것을 입증한다. 거의 모든 사람은 삶의 불편을 최소화하고 무미건조한 일상에 기쁨이 샘솟는 것에 흥미를 보인다.

자부심과 위신은 위대함에 대한 충동이다. 사람들은 항상 성취 욕구와 개인적으로 존경받고 있다는 느낌을 갖고 싶어 한다. 다른 사람의 인정을 추구한다.

예를 들어 젊은 임원에게 보험금이 3만 불인 생명보험을 파는 제안을 막 마쳤다고 가정해보자. 이제 아주 저렴한 보험료, 또는 가족의 미래 복지를 보호하는 자부심을 강화할 수 있는 보험료 중 선택하도록 논의할 상황만 남았다. 어떤 보험료를 선택하게 할 것인가?

낭만 추동, 즉 성과 낭만은 나이에 상관없이 발견되는 것으로 많은 다양한 상품과 서비스를 효과적으로 판매하는 데 활용될 수 있다.

사랑과 애정은 감사를 추구하는 진지하고 강력한 충동을 이끄는 동기부여와 관련 있다. 가망고객은 가족의 삶이 좀 더 만족스럽고 사랑하는 사람의 어려움을 최소화할 수 있는 것을 마련하고자 자신의 여력 이상으로 지출할 것이다.

모험과 흥분은 사람들이 먼 곳으로 여행을 가서 새로운 것을 보도록 재촉하는 기본적 충동이다. 우리는 대부분 뭔가 다르다는 흥분이 우리를 자극하도록 새로운 것에 유혹당한다. 기분 좋은 흥분을 특별히 일으키고 깨우는 것을 아주 좋아한다.

예를 들어 편안한 비행 편과 13m²의 호텔 객실, 1일 2식을 제공하는 상품으로 로마 여행을 판매하는 여행사 직원은 이 역사적 도시를 여행하는 모험과 흥분을 상품화하는 데 실패했다고 여행업계에서 비웃음을 사고 내쫓길 것이다.

성능과 내구성은 사람들이 구매하는 상품에서 바라는 매우 바람직한 품질이다. 최소한 합리적인 기간 동안 상품이 유지되기를 기대한다. 사용 연한 내에는 자가용, 가전제품, 벽난로, 주택 또는 컴퓨터,

상품이 무엇이든 상관없이 제 역할을 제대로 수행하기를 바란다. 소비자가 눈감아줄 몇 가지 고려 사항이 있을 수 있지만 합리적으로 기대했던 성능을 발휘하지 못하거나 내구성이 떨어진 것에는 결코 묵과하지 않을 것이다.

이제까지 설명한 것은 모든 사람이 무언가를 원하고 있고 우리는 어떤 방식으로든 동기를 부여받는다는 사실이다. 영업전문가에게 중요한 질문은 다음과 같다.

> • 이러한 개인을 동기부여 하는(할) 요소가 무엇일까?
>
> • 내가 판매하는 것을 원하게 하려면 이런 동기부여를 어떻게 활용할 수 있을까?

전형적인 동기부여 목록을 공부했지만 태도와 성격 특질이 우리의 행동에 커다란 영향을 미친다는 사실 또한 알아야 한다. 이러한 요소 때문에 이 주제가 복잡하다. 어떤 개인의 행동도 수많은 힘의 결과이며, 그렇기 때문에 모든 구매자나 가망고객이 똑같은 동기부여에 똑같은 방식으로 반응하지 않는 이유다.

개인의 자극은 개인이 체험한 경험을 통해 알 수 있고 해석될 수 있다는 형태심리학(gestalt psychology) 분야를 참고하면 더 깊이 이해할 수 있다. 따라서 구매자는 개인의 동기부여로 구성된 것 이상의 존재로 간주해야 한다. 이들은 신념, 편견, 태도, 교육, 경험, 그리고 물론 환경적 영향과 기대 및 사회적 가치를 지니고 있다.

수년간 동기부여에 대한 몇 가지 추가적인 분류가 마케팅 문헌에서 다루어져 왔다. **동기부여(동기)**라는 단어가 사용될 때마다 구매자 쪽의 자극과 반응의 유일한 요소가 아니라는 사실을 영업전문가인 우리에게 깨닫게 해주었기 때문에 이러한 분류의 지식은 적절하다. 판매상담 때 일어나는 일은 다른 것 중에서도 태도, 타인의 영향력 그리고 성격유형에 의해 영향을 많이 받는다.

판매 어필은 감성적 요소와 이성적 요소 중 어떤 것이 지배적이냐에 따라 분류되었다. 아마 모든 사람은 의사결정을 내릴 때 이성적으로 비추어지길 바란다. 이러한 논쟁의 실제 문제는 가망고객이 구매 의사결정을 순전히 감성적 이유로 내렸더라도 이성적 목표를 갖고 있을 수 있다는 점이다.

주요 동기, 선택 동기, 보조 동기

동기를 분류하는 또 다른 방법은 동기를 주요(primary), 선택(selective), 보조(patronage)로 나누는 것이다. 주요 구매 동기는 가망고객이 욕구나 욕망 때문에 어떤 종류의 상품이나 서비스를 선택하도록 설득하는 것이다. 예를 들어 어떤 사람이 이유가 뭐가 되었든 회사 민원부서에 최신 컴퓨터를 구입하기로 결정했다고 하자. 특별히 의도한 바가 무엇이든지 그 이유를 **주요 동기**라 한다. 의사결정이 이루어지면 구매자는 시장에서 구매할 수 있는 것 중에서 특정 상표를 선택해야 한다. 다른 수많은 제품 중에서 한 제품을 선호해 구매하도록 영향을 미치는 이유가 **선택 동기**다. 이 두 가지 동기의 차이점을 예시하면 다음과 같다. 한 사람이 새로운 자가용을 구매하려고 한다. 이 결정은 다음 사항에 기초할 것이다.

1. 현재 이용하고 있는 자가용보다 더 좋은 운송 수단에 대한 욕망

2. 현재 소유하고 있는 자가용의 스타일에 대한 불만

3. 가족이 더 큰 차를 요구하는 필요성

한 가지 이유든 몇 가지 이유의 조합이 지배적이든 상관없이 이러한 것은 주요 구매 동기의 범주에 속한다. 그러나 최종적으로 선택된 자가용은 외관이나 마력, 크기 또는 수많은 다른 특징에 의해 선택될 것이다. 주요 동기에 의해 일반적인 자동차 구매를 하기로 결정하면 특정 차량을 구매할 다양한 유인은 선택 동기로 분류된다.

보조 동기는 소비용 상품과 상업용·산업용 상품의 구매자가 특정 상점이나 특정 회사에서 구매하도록 자극한다. 이러한 동기에는 다음이 포함된다.

- **가격** 일부 고객은 낮은 가격으로 파는 상점이나 회사를 좋아하고 다른 사람은 비록 가격이 비싸도 더 나은 품질을 선호한다. 이 두 유형의 고객에게는 가격이 보조 동기다.

- **판매자의 평판** 특정 판매자가 수년간 쌓은 신뢰에 대한 평판에 고객은 영향을 받곤 하는데 이것이 이들의 보조 동기다.

- **위치의 편리성** 가까운 상점은 구매가 편리하며, 가까운 곳에 위치한 공급자나 판매자는 믿을 만한 배달 서비스를 제공하기 쉽다. 이 모두 보조 동기의 훌륭한 이유다.

- **선택의 폭** 다양한 선택지는 고객에게 선택의 폭을 넓혀주며 산업재 구매자에게 공급처의 수를 줄일 수 있는 기회가 된다.

- **호혜주의** 우리 것을 구매해주기 때문에 그곳에서 구매하는 관행은 상업계나 산업계에서 종종 보여주는 강력한 보조 동기다.

- **제공 서비스** 판매자가 제공하는 서비스의 효율성, 다양성, 그리고 폭은 종종 구매자에게 명백한 영향을 미치며 아주 강력한 보조 동기를 제공한다.

- **영업인의 영향** 아마도 보조 동기 중 가장 강력한 것이 조직에 속해 있는 영업인일 것이다. 이들이 소매점의 점원이든 또는 가망고객과 고객을 방문하는 회사 영업직원이든 영업전문인은 조직과 고객을 연결하는 핵심 요소다. 고객의 마음속에는 영업전문인이 곧 회사다.

이런 **모든** 보조 동기는 영업에 몇 가지 의미를 갖고 있다.

이제 최종 소비자와 산업재 구매자에 대한 지식, 그리고 구매방법과 구매동기에 대한 지식을 통합할 준비가 되었다. 이미 살펴보았듯이 두 가지 유형의 구매자는 공통적인 특질이 있다. 이들은 어떤 기본 동기를 만족시키려고 구매한다. 앞에서 지적한 것처럼 최종 소비자는 문제를 해결하려는, 그래서 반대편의 산업재 구매와 아주 비슷한 목적을 지닌 이성적인 구매자다. 예를 약간 들면 소비자는 부를 증대시키거나, 이익을 보존하거나, 두려움을 없애거나, 승인을 확보하거나, 건강을 증진시키거나, 경쟁하거나, 지배하는 등 어떤 기본 동기를 만족시키려 노력한다.

산업재와 상업재는 반대로 경제성과 절약, 생산물의 일관성, 융통성과 안정성, 성과와 효율이라는 이유로 구매한다. 산업용 구매자는 확실히 연결된 믿을 만한 공급처와 정기적으로 거래하기를 바란다. 상업용 거래에서 중요한 일은 고객의 욕구를 만족시키는 재료와 서비스를 공급하는 것이다. 공급물품, 장비, 그리고 기계류는 품질, 가격, 시간이라는 물류 욕구를 충족시켜야만 한다. 산업용품의 구매자와 판매자 관계는 개인적인 관계일지 모르지만, 철저한 이성적 행동이 지속적으로 중요하게 고려된다.

또한 각자는 실제로 복수의 사람이라는 사실을 강조하는 것도 똑같이 중요하다. 고객이라는 특정한 사람은 자신이 수행하는 역할에 의존한다. 일상적인 삶에서 구매자는 새 양복에서 텔레비전이나 새 주택까지 어떤 것을 구매할 때의 구매 사명은 대중적 수용성, 자부심, 양식 등이고, 물론 자신의 선택을 지지하는 합리성과 같은 동기가 가장 잘 어필한다. 동일한 구매자가 회사의 구매 전문가라면 다른 동기가 반드시 고려되어야 한다. 이 사람의 동기를 건드릴 수 있는 어필 요소는 유용성, 신뢰성, 성과, 성능과 같은 사항일 것이다.

이제까지 이야기한 내용에 새로운 점은 아무것도 없다. 유명한 조직심리학자가 몇 년 전에 다음과 같이 논평했다.

소비재 시장에서 영업전문가는 개별 면담을 하면서 구매를 권유할 때 다양한 방법을 사용해본 경험으로 구매자가 종종 감성적 동기에 이끌린다는 사실을 압니다. 영업전문가는 구매를 권유하는 대상인 회사 간부가 자사의 공장 모습에 자부심을 느끼는 것을 발견합니다. 이러한 자부심을 만족시키는 것이 구매 동기로 이어져야 합니다. 개별 면담의 다른 경우, 즉 산업재의 영업전문가는 주문을 받는 수단으로 경쟁심을 부추기려 합니다. 영업전문가가 판매하려고 하는 특정 유형의 기계를 설치하거나 또는 자재를 구매한 다른 제조사를 '따라 잡으려는' 욕구를 잠재 고객에게 제안합니다. 그러나 이성적 동기는 산업재 거래에서 의심의 여지없이 중요한 역할을 합니다.

최종 소비자에 대해서는 너무나 많이 기술했기 때문에 산업 구매자나 산업 시장에서의 판매 절차가 우리가 익숙한 소비재 시장과는 어떤 차이가 있는지 찾아내는 일이 현명한 것으로 보인다.

수년 전 다양한 상품과 서비스를 구매하는 3개 대형사와 175명의 산업재 마케팅 간부를 대상으로 주의 깊고 심도 있는 조사가 실시되었다. 이 조사에 따르면 회사는 '구매단계(buy phases)'라고 보고서에 명명된 8단계를 거치며, 이러한 구매단계 중 일부는 동시에 발생할 수 있지만 다음과 같이 순차적으로 발생하는 경향이 높다고 한다.

1. **문제 또는 욕구의 기대 또는 인식** 문제가 있다는 사실과 이 문제는 상품이나 서비스를 구매하면 풀린다는 점을 깨닫는다.

2. **필요 항목의 특징과 수량 결정** 대개 회사 내에서 수행되며 이러한 결정을 내리는 데 외부 기관도 도움이 될 수 있다. 이 단계에서 해결책을 좁히는 과정이 시작된다.

3. **필요 항목의 특징과 수량에 대한 기술** 앞 단계의 연장으로 항목의 세부사항을 기술하는 것을 포함한다.

4. **잠재적 대상의 자격 조사** 자명한 것으로 상품을 공급할 외부 기관을 주의 깊게 평가한다.

5. **제안의 접수와 분석** 규칙화된 절차이거나, 또는 제안과 반대제안이 꼬리를 물어 수개월이 걸리는 복잡한 과정일 수 있다.

6. **제안의 평가와 공급처의 선별** 제안의 분석과 추가적으로 가능한 가격, 기한, 배송, 기타 세부사항을 협상한다.

7. **주문 과정의 선택** 구매 주문의 준비, 추후 활동이라는 외부 측면과 사용 부서에 대한 보고와 재고관리라는 내부 측면을 동시에 진행한다.

8. **성과 피드백과 평가** 공식적 또는 비공식적으로 상품이나 서비스로 문제가 얼마나 잘 해결되었고 공급업체의 성과가 얼마나 도움이 되었는지를 평가한다.

이제까지 심리학과 동기부여에 대한 많은 것을 이야기했다. 소비재를 판매하든 산업재를 판매하든 상관없이 접근법은 개별적이어야 한다는 사실을 배웠다. 만나는 모든 가망고객은 어떤 측면에서든 다르다. 영업전문가로서 목적은 개별 구매자의 기초 동기를 확인하고 여기에 호소하고 만족시켜야 한다는 것이다. 사람들은 상품이나 서비스가 자신 또는 회사에 도움이 되기 때문에 돈을 사용한다는 사실을 늘 명심해야 한다. 이것으로 그들의 욕구와 기호를 충족시킬 수 있을까? 아마도 세상에서 가장 진보한 시스템인 사람의 마음에 대한 간단한 논의를 통해 주의 깊고 세심한 판매 준비, 질서정연한 제안, 듣는 사람에게 진정한 의미가 있는 이해하기 쉬운 비교의 필요성을 강조했다.

동기부여의 중심에는 대안적 행동 경로를 평가하고 목표를 선택하고 정의하는 개인이 있다. 이러한 과정에 영향을 미치는 몇 가지 중재 요소가 있다.

- **인지 유형** 세상을 인식하는 방법은 개인별로 다르다.
- **사전 경험** 목표, 동기부여, 습관을 형성시킨 사건
- **문화 형태** 가치, 열망 그리고 기대를 결정하는 데 도움이 되는 관례
- **열망의 수준** 어떤 방향으로 얼마나 높은 것을 목표로 하는가.
- **기대** 개인이 생각하는 자신이 기울인 노력의 결과물
- **조직 집단** 모든 조직원에게 적용되는 규칙과 한계
- **준거 집단** 개인이 집단에 속하든 속하지 않든 상관없이 가치나 목표를 형성하는 데 도움이 되는 표준

자기 과시의 두려움

질문으로 시작하자. 제랄도 리베라,* 래리 킹,** 오프라 윈프리,*** 로라 슐레싱어**** 박사의 공통점이 무엇인가? 이들은 천성적인 자기 과시자다. 최고의 영업전문가나 기업가는 어디에서나 자신을 과시할 수 있는 기회를 활용하는 본능이 있다.

미국 문화에서 최고의 보상은 자기 과시를 가장 잘하려는 사람에게 주어진다고 최근 연구에서 밝혀졌다. 어떤 사람은 자기 과시를 자연스럽게 한다. 다른 대부분은 최고에 도달하려는 야망과 무례하게 설치거나 공격적으로 보이지 않으려는 자제 사이에서 끊임없는 감정적 갈등에 직면한다. 잘한 일에 대한 인정을 받으려는 것을 막는 생각, 느낌, 행동의 습관적인 자제심은 '자기 과시의 두려움'의 구성요소가 된다.

지점장이 최상의 영업전문가를 모집하려는 능력에 자기 과시의 두려움이 감성적으로 방해를 하면 이를 '모집혐오증(recruiting reluctance)' 이라고 한다. 영업전문가가 가망고객에게 주도권을 행사할 수 있는 수많은 접촉에서 정신을 분쇄하는 감성적 한계가 적용되면, 이는 '접

---

* Geraldo Rivera, 1943년생, 미국 텔레비전 저널리스트 겸 변호사로 대담 프로그램 진행. 현재 '폭스뉴스'의 간판 기자. — 옮긴이
** Larry King, 1933년생, 미국의 텔레비전·라디오 진행자. 1985년부터 CNN에서 '래리 킹 라이브' 진행. — 옮긴이
*** Oprah Winfrey, 1954년생, 미국 텔레비전 진행자. '더 오프라 윈프리 쇼'로 여러 차례 에미상을 수상했으며 미디어 재벌이자 자선사업가. — 옮긴이
**** Laura Schlessinger, 1947년생, 미국 라디오 진행자 겸 저자. 라디오 프로그램인 '로라 박사 프로그램'에서 청취자에게 전화로 상담·조언을 한다. — 옮긴이

촉험오증(call reluctance)'이 된다.

어떤 영업전문가에게 접촉험오증은 가망고객에게 편안하게 전화할 수 없게 되었다는 것을 뜻한다. 또 어떤 사람에게는 대면 가망고객 발굴을 힘들어하는 것을 뜻한다. 또 다른 사람에게는 이 두 가지를 편안하게 할 수 없는 것을 뜻한다. 아마도 이러한 문제를 지닌 동료를 알고 있거나 이런 부하직원을 데리고 있을 것이다. 아마도 우리 자신이 그럴지도 모른다.

'거절에 대한 두려움(fear of rejection)'과 같이 오늘날 의혹을 받고 있는 다른 진부한 표현과 달리 자기 과시의 두려움이나 이와 관련된 혐오증은 결코 가볍지 않은 마케팅 표어다. 사람들이 존재 여부를 믿는 것과 상관없이 객관적으로 존재하며 존재성은 직접적인 결과로 측정 가능하다. 이러한 결과의 예를 살펴보자.

수많은 산업계의 영업전문가에 대한 금전적 수입의 연구에서 접촉혐오증에 시달리고 있는 사람은 문제를 해결한 사람과 비교할 때 동일 기간 중 매년 평균 수입이 5배나 적다는 결과가 나왔다. (이 두 집단은 근본적으로 재능, 능력, 동기, 지력, 준비, 경험이 동일했다.) 설상가상으로 접촉혐오증 집단은 해야 할 일을 배우는 데 더 많은 시간과 돈을 투자했다. 이들은 자신이 이미 알고 있는 것조차 자신에게 적용할 수 없는 감성적 어려움을 겪고 있다.

다양한 세미나에 참석했고 수많은 책을 읽었고 엄청난 동기부여 오디오테이프를 들었는데도 자신의 역량에 걸맞지 않는 수입으로 고통 받고 있다면 성과 방정식에서 빠진 변수가 접촉혐오증일 것이다.

영업전문가와 관리자의 접촉혐오증에 관련된 수많은 심리학적 연구가 진행된 후 얼마 되지 않아 비영업 집단에 대한 비교연구가 수행되었다. 다음과 같은 논리를 적용했다. 성과 저해 요인의 효과를 연구한 자료를 반대로 사용하면 성과 촉진 요인의 효과를 아는 데 도움이 될 것이다.

5년에 걸쳐 관리직 간부를 대상으로 승진 횟수와 급여 인상액을 조사하는 대조연구가 실시되었다. 결과의 광범위한 의미는 연구자의 예측을 벗어난 것이었다.

승진을 가장 많이 하고 급여가 가장 많이 오른 관리직 간부는 기술적으로 가장 역량 있는 사람이 아니었다는 사실이 밝혀졌다. 반대로 인정을 받고 많은 급여를 받는 사람은 자신이 지닌 역량이 무엇이든 상관없이 가장 많이 과시하려고 한 사람이었다.

자기 과시와 직접적 영업의 성공 사이에는 명백한 상관관계가 있었다. 그러나 관리직 간부만일까?! 연구자는 자문했다. "우리가 잘못된 실험 디자인을 사용했을까? 잘못된 표본을 사용한 것이 아닐까? 자료 분석에 오류가 있었던 것이 아닐까? 다시 조사해봐야 하지 않을까?"

이들은 다시 한 번 조사를 했다. 이번에는 고도의 기술적 집단인 정보처리업계의 시스템 분석가와 시스템 공학자를 대상으로 했다. 그러나 또 같은 결론이 나왔다. 각 분야 최고의 시스템 분석가와 시스템 공학자는 기술적으로 가장 역량이 높은 사람이 아니었다. 이들은 자신이 지닌 역량을 가장 잘 과시하는 사람이었다.

여기에서 아주 중요한 두 가지 결론을 도출할 수 있다.

1. 접촉혐오증은 영업전문가만 느끼는 것이 아니다. 이것은 거의 모든 직업 경력을 무력화할 수 있다.

2. 접촉혐오증이 가장 쉽게 감지되는 첫 번째 장소는 울렁거리는 위장이나 답답한 가슴이 아니다. 접촉혐오증이 제일 먼저 감지되는 곳은 우리의 지갑이다.

일부 업계에서는 접촉혐오증이 거의 사라지다시피 했다. 그러나 다른 곳에서는 예전과 똑같이 나쁜 영향을 미치고 있다. 차이는 특히 그 업계의 영업관리자가 접촉혐오증의 복잡한 속성을 이해하는 업계의 능력에 달린 듯하다. 일반적으로 자기 과시를 두려워하면 성과에 합당하게 급여 인상을 요구하는 것부터 그저 칭찬을 받는 것까지 모든 일에 방해를 받는다. 그러나 영업전문가가 접촉혐오증에 빠지면 더 치명적이다. 영업전문가가 하루에 해야 할 판매 전화를 감성적으로 완벽하게 방해할 뿐만 아니라, 11가지 다른 양상으로 나타나서 문제를 더욱 혼란스럽게 만들기도 한다!

접촉혐오증에 사로잡힌 영업전문가의 11가지 양상을 보자.

1. **종말론자** 이러한 사람은 접촉혐오증의 가장 치명적인 형태를 지녔다. 종말론자는 일이 잘못될 수 있다고 습관적으로 생각한다. 승승장구하는 시기에도 가망고객 발굴은 누구에게나 어려운 일이다. 끊임없이 최악의 상황을 걱정하면서 새로운 일을 찾으려 노력하는 것은 습관적인 자기모순적 행위다. 종말론자로 백만 불 원탁회의 회원이 된 사람은 그리 많지 않을 것이다.

2. **과잉준비자** 이 집단에 속한 사람은 새로운 판매 보조 자료가 나오길 기다리거나 계획에만 열중하는 등 습관적으로 준비하는 것을 판매 전화를 하지 않는 핑계로 삼는다. 과잉준비자가 영업에서 곤란을 겪어 본사로 이동하면 이들이 지닌 준비에 대한 열정을 습관적으로 회의를 주최하거나 참석하는 데 쏟는다. 계획 회의, 목표 설정 회의, 심지어 회의를 잘하는 법에 대한 회의까지 있다! 결과는 파멸적일 수도 있다. 이러한 형태의 접촉혐오증이 회사의 최고 상층부까지 퍼지면 과잉준비는 제도화한다. 영업 현장의 행동 초점은 영업전문가가 실제 도움이 필요할 때는 접근할 수 없는 지원부서 인력이 배포한 영업에 대한 끊임없는 과장된 이야기로 오염될 수 있다. (사후세계에 대한 증거를 찾는 신학자는 금요일 오후 3시경 이 회사의 과잉준비자를 연구해야 할 것이다.)

3. **초(超)전문가** 초전문가는 접촉혐오증에 빠져 있다는 사실을 부정하고 전화하지 않거나 마무리하지 못한 거래에 대해 변명을 하느라고 막대한 에너지를 습관적으로 낭비한다. (거액 거래가 '조만간 체결될 것이라는' 이야기를 늘 들었을 것이다.) 초전문가는 관록이 많은 고참 영업전문가이지만 자신이 지닌 잠재력에 걸맞은 영업 경력에 오르지 못하고 생산성도 모자라는 경우가 많다. 이들이 경험을 통해 갈고 닦은 수많은 기술과 재능은 사용되지 않고 사라져버린다. 이들은 판매할 수 없는 상품, 비우호적인 경제 상황, 경쟁력 없는 관리와 무심한 동료에 대해 끊임없이 통곡하기만 한다. 회사 일에 집중하기보다 초전문가는 컨설턴트가 되고 싶어 한다.

4. **무대 두려움증 환자** 많은 상위의 고참 영업전문가는 일대일 제안에서 자기 과시 행위를 습관적으로 억제하거나, 집단 앞에서 말하는 두려움을 극복하는 방법을 배우지 않았고 어떤 사람도 이들에게 가르쳐주지 않았기 때문에 집단 앞에서 자신의 관심을 알릴 수 있는 기회를 피하려고 한다. 이러한 형태의 접촉혐오증은 전적으로 학습된 것으로 쉽게 떨쳐버릴 수 있다.

5. **분리주의자** 이러한 사람은 친구를 화나게 하거나 친구에게 승낙을 받지 못할 것이라는 두려움 때문에 친구를 활용 가능한 사회적 연결망과 만남으로 전환하는 데 습관적으로 실패한다.

6. **역할 수용자** 이 유형의 영업전문가는 고질적으로 에너지가 고갈되는 잘못된 에너지 사용에 죄의식을 가지고 있다. 이들은 자신의 영업 경력과 관련된 개인적인 죄의식과 수치심을 부정하려고 과도하게 전문성을 드러내는 공적인 외양을 유지하려 한다. (속으로는 사실 자신의 직업을 부끄러워한다.) 이들은 긍정적 행동과 긍정적 마음이 되도록 불굴의 노력을 하면서 자신이 느끼는 것을 위장한다. 가망고객 발굴과 같은 성공을 위한 핵심적인 활동에 긍정적 확실성이라는 외양이 걸림돌이 되는 것은 대개 시간문제다. 이러한 유형의 접촉혐오증은 전염성이 아주 높다. 이것은 영업전문가가 누구이고 무슨 일을 하는지에 대한 대중의 고정관념을 감성적으로 받아들인 데 기인하며, 이 병에 걸린 영업전문가도 이성적으로 생각하면 이러한 고정관념은 사실이 아님을 안다. 이러한 형태의 접촉혐오증은 다른 업계보다 금융업계에서 자주 발견된다.

7. **양보자** 양보자는 자동차가 끊임없이 달리는 고속도로에 진입하지 못하는 조심성 많은 운전자와 비슷하다. 끼어드는 대신 습관적으로 멈추거나 완전히 정지한 다음 자신이 가야 할 길을 다른 사람에게 양보한다. 이들은 적절한 때와 적절한 상황이 되기를 기다리다 보니 현재 정규적이고 일관되게 해야 할 새로운 사업을 위한 가망고객 발굴을 하지 못한다.

8. **신분의식자** 이런 유형의 접촉혐오증을 지닌 영업전문가는 자신의 시장 중 특정 분야를 감성적으로 피하려고 애를 쓴다. 이들은 두려워하는 고객이 아무도 없다고 주장하지만, 습관적으로 자신이 초라해질 수 있는 부, 권력, 명예를 지닌 사람에게 전화하는 일을 소홀히 한다. 간단히 말해 이들은 상류시장을 목표로 하는 것, 즉 상위의 영향 세력을 접촉하고 상류계층의 사람에게 접근하여 더 풍성한 상품과 서비스의 판매를 성취하는 것에 감성적으로 준비가 안 되었다. 이러한 결과는 종종 인적 자원과 시장 요건을 제대로 맞추지 못해 발생한다.

9. **감정적 미성숙자** 이러한 영업전문가는 자신의 가족을 통해 접근할 수 있는 사회적 연결망과 접촉을 습관적으로 활용하지 못한다.

10. **전화 두려움증 환자** 이러한 사람은 새로운 사업을 위해 가망고객 발굴을 하려고 전화를 사용할 때면 언제나 에너지가 고갈되는 고통을 경험한다. (일대일 대면 가망고객 발굴은 전혀 문제가 되지 않는다.)

11. **소개혐오자** 이러한 영업전문가는 소개를 요청할 수 있는 기회가 생길 때면 힘들어 한다. 기존 고객의 마음을 상하게 하거나 막 마무리한 판매를 잃지 않을까 하는 두려움으로 다음 판매의 다리가 될 소개 요청을 포기한다.

역할 수용자 형태의 접촉혐오증과 관련하여 고참 영업전문가에게는 여러 연구자들이 '박수 받을 때 떠나라(Quit While Succeeding)' 증후군이라고 명명한 증상이 발견되었다. 매년 아주 큰 성공을 거둔 수많은 영업전문가가 예고나 표면적인 이유도 없이 영업직을 그만둔다. 그냥 떠난다. 사의를 표명할 때 대부분은 아주 높은 수입을 벌고 있을 때였다. 실적이 저조한 것도 아니었다. 왜 이들은 그만둘까? 연구자의 조사를 통해 한 가지 실마리가 떠오른다. "금전적 보상이 더 이상 감성적 투자를 정당화하지 못한다." 여기서 말하는 감성적 문제는 지속적인 새로운 사업의 필요성인데, 많은 경우 이들이 영업직에 입문했을 때 제일 첫 번째 훈련자가 제안을 중단시키고 "우리는 자신을 **영업인**으로 호칭해서는 안 됩니다"라고 한 말로부터 유래된, 해결되지 않은 역할 수용 때문에 영업전문가가 이 과정을 마음속으로 경멸한다. 조만간 훌륭한 영업인이 될 신참 영업전문가는 영업이란 어떤 행태든 확실히 나쁘거나 틀렸거나 적절하지 않은 것이라고 추정하도록 배운다. 왜 다른 것으로 영업을 가장해야만 하는가? 이런 질문을 심각하게 던진 적이 없기 때문에 해답이 도출된 적이 없다. 이는 다른 해결되지 않은 과제와 함께 묻혔고 박수 받을 때 떠나라 증후군만 표면에 다시 떠올랐다. 접촉혐오증이 남긴 여러 파편 중에서 쉽게 피할 수 있고 불필요한 것이기 때문에 이것은 아마도 가장 비극적인 사건일 것이다.

영업전문가가 접촉혐오증에 빠지면 특히 경력을 망칠 수 있는 자기 과시의 두려움이라는 모습이 될 수 있음을 이제까지 간략하고 대략적으로 조망을 했다.

왜 유형이 중요할까? 자신이 지닌 형태나 어떤 유형에 빠질 가능성이 높은지를 아는 것이 접촉혐오증에서 배워야 할 유일하게 가장 중요한 것이기 때문이다. 어떤 유형은 다른 것에 비해 교정하는 데 더 힘이 들고 어떤 유형은 전혀 치료가 될 수 없기 때문에 유형을 통해 전망을 해볼 수 있다! 유형을 확인할 수 있으면 해야 할 일을 구체적으로 알 수 있다. 어떤 기법은 접촉혐오증의 어떤 유형에는 쉽고도 빠르게 효과가 있지만, 다른 것에는 전혀 효과가 없고 경우에 따라 악화시킬 수 있다. 최근의 시류에 따라 추진된 스트레스 관리에 관한 실험 결과는 접촉혐오증이 한 가지 조건(수줍음이나 겁)에 기초하므로 한 가지 교정적 접근법을 통해 쉽고도 빠르게 고쳐질 수 있다는 잘못된 가정에 입각했기 때문에, 접촉혐오증을 지닌 영업전문가에게 실망스러운 결과가 도출되었다. 이러한 잘못으로 수많은 영업전문가나 영업관리자 또는 둘 다 틀림없이 자신의 경력에서 값비싼 대가를 치렀을 것이다.

접촉혐오증은 어디서 발생할까? 원천은 두 가지가 있다. 몇 가지 유형은 유전적 요인에서 추적될 수 있다. 가족의 피를 통해 유전되는 경향이 있다. 다른 것은 학습되거나 아주 전염성이 높은 유형이 있다. 이는 과거 누군가가 적극적이거나 소극적이거나 의도적이거나 무의식적이거나 상관없이 어떤 식으로 접촉혐오증에 걸리는 법을 가르쳤다는 의미다. 접촉혐오증이 경력을 망칠 수준에 있는 누군가나 어떤 사람으로부터 장기간 노출되면서 거의 대부분을 배웠을 것이다. 이들이 누구인가? 부모님인가? 형제자매인가? 친구들인가?

1980년대에 심리학자인 조지 더들리(George W. Dudley)와 섀넌 굿선(Shannon L. Goodson)이 접촉혐오증을 측정하기 위해 개발한 특별한 검사*를 통해 연구자들은 연구를 수행했다. 연구자들은 장래가 유망한 생명보험 영업전문가 집단을 대상으로 접촉혐오증의 존재성, 심

---

* SPQ*GOLD, 접촉혐오증의 유형과 강도를 측정하기 위해 개발된 영업선호도 설문서(Sales preference questionnaire). — 옮긴이

각성, 유형을 연구했다. 당시 피실험자는 다른 사람에 비해 접촉혐오증이 높거나 낮거나 하지 않은 상태였다. 연구자들이 영업관리자와 영업훈련자를 대상으로 측정했던 지점에 이들이 영업 인력으로 선발되어 합류된 지 몇 주가 지나자 이야기가 달라졌다. 새로운 집단이 접촉혐오증 증세를 보이기 시작했을 뿐 아니라 그 증세는 연구자들이 그 지점에서 탐지한 두 가지 유형과 완전히 똑같은 유형이었다!

측정 과정에서 연구자들은 동일한 두 가지 유형을 지역본부 부사장에게서 발견했고 다음에 본사의 판매와 마케팅 담당 부사장에서 발견했고 최종적으로 이사회 의장에게서 발견했다! 보험업계 접촉혐오증의 '기폭점'은 이사진이었다!

산업 전체 중 가장 높은 접촉혐오증을 갖고 있는 곳은 어디일까? 연구에서 다시 놀라운 결과가 나왔다. 호기심으로 시작한 연구가 당혹감으로 마무리되었다. 접촉혐오증의 가장 큰 후보자는 심리학자, 컨설턴트, 동기부여 연설가, 영업전문가의 행동을 해석한다고 자임하는 사람이었다.

두려움 없는 가망고객 발굴과 자기 과시

오늘은 유나이티드 메트로 사의 전형적인 월요일 저녁, 회사의 최고 영업전문가인 낸시는 책상 앞에 앉아 있다. 낸시는 가끔 벽에 걸린 시계를 흘끔 쳐다본다. 자기의 고객 기반을 다양화하고 넓히려면 새로운 고객을 발굴하는 일이 결정적이라는 사실을 알고 있다. 그러나 이러한 자명한 지식은 수년간 전화로 가망고객을 발굴하려고 할 때마다 남모르게 참아왔던 가슴을 울렁거리게 만드는 두려움과는 전혀 맞지 않았다. 수년간 할 필요가 있는 일을 강제적으로 수행하도록 밀어붙여 왔다. 동료 사이에는 이미 아주 성공적인 영업전문가로 인정받고 있었다. 그러나 낸시는 숨겨진 진실을 안다. "전화로 가망고객 발굴을 더 편안하게 하면 생산성이 얼마나 많이 높아지고 내 일을 얼마나 더 많이 즐길 수 있을까?"라고 최근 스스로에게 지속적으로 묻고 있는 사실을 예민하게 안다. 그녀는 반사적으로 전화기를 집어 든다. 가망고객에게 전화를 하는 대신 오랫동안 알고 지낸 동료인 테드에게 전화를 한다. 이는 반복적인 의식이다. 그녀의 성과 목표는 다시 한 번 업계의 최신 소문을 들으면서 향기롭고 따스한 커피 한 잔을 마시는 일로 바뀔 것이다.

경험 많은 영업전문가인 래리도 비슷한 사례였다. 불같고 안절부절못하는 성질을 지닌 그는 업계에 수년간 종사했다. 더할 나위 없이 헌신적인 그는 또한 역량, 충성심, 지성, 재능을 갖추었다. 그러나 시간이 흐르면서 산하 영업조직의 생산성은 조금도 늘어나지 않았다. 래리는 자신이 원하면 "어떤 가망고객이라도 전화할 수 있고 어떤 영업전문가도 모집할 수 있다는 것"을 자랑하기를 좋아한다. 상대방의 사회경제적 지위가 자신보다 낮기만 하면 그는 그렇게 할 수 있고 또 한다. 상류 연결망에 접점이 있는 상류 전문가를 회피한다. 래리는 무엇을 어떻게 말해야 하는지 안다. 그러나 부와 명예 또는 사회적 신분이 높은 사람에게는 주눅이 든다. 래리는 "그런 사람은 전부 쓰레기야"라고 이야기할 것이다. "그런 사람 없이 15년간 잘 해왔는데 이제와 그런 사람이 필요할 이유가 없지."

그가 틀렸다. 그는 그런 사람이 지금 필요하다. 상류 영업 대상을 모집하는 것이 중요하다. 이들은 회사가 상품과 서비스를 상류화하여 새로운 수익원을 개발하는 데 전술상 상품과 시장의 연결고리다. 일부 영업관리자에게 이런 새로운 회사 방침은 환영받는 방향 전환이다. 래리나 래리와 비슷한 관리자는 또 다시 도망치든지 아니면 정면에서 맞서든지 해야 할 시간이다.

판매의 두려움과 용기

성공한 영업전문가는 아주 사교적이고 과도하게 도식적이며 두려움이 전혀 없을 것이라는 고정관념이 있다. 수십 년간의 '연구'와 탁상공론식 조사로 무분별하게 반복되면서 이런 고정관념이 강화되어 왔다.

'연구'

'연구'라는 말을 들으면 하얀 실험실 복장, 알기 어려운 정보가 가득한 두꺼운 책들, 또는 신비한 수학공식과 같은 영상을 무비판적으로 마음속에 둔다. 그러나 영업 성공에 관한 지식으로 통하는 대부분은 연구라는 단어를 전혀 다르게 사용한 것에 기인할 수 있다. 성공에 대한 속류 심리학의 대부분에서 연구라는 의미는 프로이드, 아리스토텔레스, 성 아우구스티누스에게 경의를 표시하면서 이들의 신용을 빌리려고 주석을 단 것에 불과하다. 연구란 진짜 무엇을 의미하는

가? 이름이 원래 의미하는 바는 아닐 것이다. 현재의 연구는 종종 "그 주제에 대해 잡지기사를 읽을 정도로 흥미가 있습니다", 또는 "최근 워크숍에 참석했습니다", 아니면 "그것에 대해 사람들에게 말한 적이 있습니다" 정도에 지나지 않는다. 유감스럽게도 영업전문가가 누구이고 더 중요한 것으로 **성공한** 영업전문가가 누구인지에 관한 대부분의 정보는 이러한 다양한 연구에서 추적할 수 있다. 영업전문가에 대한 통제된 상태에서 공식적이고 지속적인 연구 수행을 후원한 기관은 거의 없다. 그 결과 반대의견이 있음에도 불구하고 영업인이 실제 누구인지에 대한 진실이 거의 알려지지 않았다. 백만 불 원탁회의 회원과 같은 고도의 생산성을 지닌 영업인에 대한 정보는 더 회귀하다.

통속심리학 소책자에서는 크게 성공한 영업전문가는 '사교적이고' '솔직하고' '모험적이고' '강인하다'고 한다. 그러나 수년간 공식적인 성격연구를 통해 일부 영업전문가의 특징으로 생각되는 자신감 넘치는 미소와 숙달된 악수의 숨은 베일이 벗겨졌으며 덜 진지한 면담을 기반으로 한 연구에서 놓치기 쉬운 성공한 영업전문가의 진면목이 드러나기도 했다.

1970년대 후반부터 영업전문가는 고정관념과는 상당히 다르다는 사실이 진지한 조사로 드러났다. 16개 성격 요소 질문서와 영업 선호도 설문서(SPQ*GOLD)와 같은 객관적인 성격검사를 사용해서 연구자는 강인함, 사교성, 또는 사회적 모험성과 같은 요소에서 영업전문가와 비영업전문가 사이에 뚜렷한 차이가 없다는 사실을 발견했다.

두려움이 없다는 것은? 미신이다. 성공한 영업전문가 다수가 가망고객을 발굴하는 데 뼈저린 두려움에 시달리고 있으며 무엇을 판매해야 하는지, 그것을 파는 데 얼마나 훈련을 잘 받았는지, 얼마나 오랫동안 판매해왔는지, 이제까지 얼마나 성공적으로 판매해왔는지, 상품의 가치를 어느 정도로 믿는지와 관계없이 떨쳐버릴 수 없는 두려움으로 여전히 힘겨워하고 있다는 사실이 밝혀졌다.

낸시나 래리와 같은 사람이 현장에 많이 있다. 우리는 그들 중 한 사람을 알지도 모른다. 아니면 우리가 그런 사람**일지도** 모른다. 전문가가 **자기 과시의 두려움**이라 부르는 자신을 괴롭히고 성장을 방해하는 '질병'을 앓고 있다. 영업전문가나 관리자의 가망고객 발굴에 대한 태도가 이런 기생적 두려움에 전염되면 이것을 접촉혐오증이라 부른다. 일반적인 고정관념과 달리 수많은 영업 **고참**과 이들의 관리자가 이것을 지니고 있다. 일반인이 영업전문가의 일반적 속성으로 생각하는 강박적 낙관주의와 호탕한 말솜씨는 감성적 고통을 당하는 소수의 민감한 사람이 표출하는 증세에 지나지 않는다. 이것이 실낱같은 희망을 갖고 자신의 경력을 유지하려고 노력하는 그들의 방식이다.

숨겨진 위협

모든 고참 영업사원은 성과란 가망고객과 접촉한 횟수와 밀접한 관련이 있다는 사실을 안다. 업계나 상품 그리고 시장에 따라 수치는 다르지만 일반적으로 25번 접촉을 하면 12번의 반응을 얻을 수 있고 이는 5번의 판매제안과 3번의 판매 마무리로 이어지는 듯하다.

고참 영업사원은 이러한 통계를 이미 안다. 그렇다면 무엇이 문제인가? 왜 영업전문가는 신입이든 고참이든 모두 자신의 실제 능력 수준보다 많이 또는 적어도 동등하게 실적을 올리지 못하는가?

다른 면에서는 능력 있는 수많은 영업전문가가 가망고객 발굴과 판매 마무리의 관계에 대한 지식을 목표를 달성할 수 있는 가망고객 발굴 행동으로 옮기지 못해서 매년 탈락한다. 예를 들어 한 연구 프로젝트에서 특정 업계에서 처음으로 판매를 시작하려는 사람의 거의 과반수가 입사 당시에는 접촉혐오증 태도가 발견되지 않았다는 사실이 밝혀졌다. 그 업계에서는 이러한 태도를 오랫동안 숨기질 못한다.

충분한 판매 마무리를 하지 못하기 때문에 새로운 영업전문가는 높은 비율로 첫해에 탈락한다. 이들은 충분한 판매제안을 하지 못하기 때문에 충분한 판매 마무리를 할 수 없다. 이들은 제안을 할 충분한 가망고객이 없기 때문에 충분한 판매제안을 할 수 없다. 이들은 불충분한 가망고객 발굴 활동 때문에 충분한 가망고객을 보유할 수 없다. 두려움이 없어서가 아니라 두려움 때문에 이들의 가망고객 발굴 활동은 저조하다.

많은 영업전문가는 자신의 가망성 높은 구매자와 접촉을 시도하는 일을 두려워한다. 이들에게 접촉혐오증에 대한 두려움은 성과 방정식에서 잃어버린 연결고리다. 이는 직접 판매하는 직업에서 나타나는 '사회적 질병'이다. 접촉혐오증은 탈락률에 엄청난 영향을 미치면서 여전히 비싼 대가를 요구한다. 연구에 따르면 업계와 상관없이 접촉혐오증이 있는 영업전문가는 동일한 근속 기간을 갖는 접촉혐오증이 없는 영업전문가에 비해 매출액, 신규 계약 체결, 그리고 수수료 수입에서 5배의 차이가 난다고 한다.

확인 연구를 통해 금융서비스 산업과 같은 특정 산업에서는 이 수치가 사실임이 밝혀졌다. 이것만 있는 것이 아니다. 최근 심리학 박사학위 논문에서 밝혀진 것은 접촉혐오증이 근무 만족도에 악영향을 미친다고, 즉 근속기간이나 현재의 수입과 상관없이 접촉혐오증이 있는 영업전문가는 자신의 일을 즐기는 데 어려움이 있다고 한다. 접촉혐오증이 감성적이고 금전적인 배상금을 요구하는 것이다.

백만 불 원탁회의에도 접촉혐오증이?

백만 불 원탁회의 회원과 같이 아주 성공한 사람은 어떨까? 이들도 면역성이 없다. 평균적으로 고참 영업전문가의 40%는 근속기간이나 현재의 재무적 성공 수준에도 불구하고 영업을 지속하는 데 위협이 될 정도의 심각한 접촉혐오증을 경험한 사례가 한 번 이상 있다.

이들의 분투는 심리학자가 '박수 받을 때 떠나라' 증후군이라 일컫는 문제에서 잘 반영된다. 예상할 수 없을 정도로 많은 고참 영업전문가가 자신이 성공을 하고 있는 동안 그만두거나 그만둘 뜻을 품고 있다. 과거에는 연구자가 다른 순진한 조사자와 마찬가지로 접촉혐오증은 경험이 없는 영업전문가에게 한정된다고 생각했다. 고참은 불평하지 않거나 크게 그리고 자주 불평하지 않았기 때문에 도움을 원하는 이들의 진정한 호소는 가려졌다. 많은 사람이 아주 높은 연봉을 받았다. 일부는 백만 불 원탁회의 회원이며 특정 업계에서는 판매협회에서 상을 수상했다. 모두 접촉혐오증과 같이 힘겨운 고객 구축 문제에 면역이 된 것으로 추정되었다. 문제가 있는 것으로 의심받을 때 '중년의 위기', '신경 쇠약' 또는 '스트레스'와 같은 아주 사소한 개념으로 말 그대로 추상적인 일로 치부해버렸다.

공식적인 조사는 물론, 통제실험과 한두 번의 면접을 통해 심리학자는 체계적으로 문제를 추적했다. 공통된 주제가 발견되었다. 하나는 부정이었다. 영업관리자, 친한 친구, 동료 또는 가족 중 아주 극소수의 사람만이 접촉혐오증이 지속적으로 문제라는 사실을 알았다. 또 다른 주제는 대체적 가망고객 발굴이었다. 즉 가망고객 발굴의 노력이 감성적으로 어려움을 겪는 곳(세미나 판매와 같이 집단 앞에서 말하는 두려움 때문에)에서 저항이 더 적은 가망고객 발굴 방법으로 이동한다. 전형적으로, 대체적 가망고객 발굴에서 중요한 시장 구분을 순전히 감성적인 이유로, 그러면서도 합리적 설명으로 가장한 무기력한 핑계로 에돌아 무시해버린다.

세 번째로 발견된 주제는 접촉혐오증이 있는 고참 영업전문가나 이들의 회사 그리고 이들이 속한 업계에 가장 치명적인 것이었다. '박수 받을 때 떠나라' 증후군이 있는 고참 영업전문가는 아무런 예고 없이 평소의 성격과 완전히 다르게 돌변해 일을 그만둔다. 이들은 대부분 마치 충동에 이끌리듯이 이제까지 좋아했던 일을 그만둔다. 종종 이들은 시야에서 완전히 없어지듯이 사라진다. 수년에 걸쳐 이러한 '박수 받을 때 떠나라' 증후군이 있는 고참 영업전문가를 접촉해 조사자는 이유가 무엇인지 이해할 수 있도록 이들에게 도움을 요청했다. 이들의 공통된 설명은 "재무적 성과로 더 이상 감성적 투자를 정당화할 수 없었다"였다. 새롭게 접촉혐오증으로 개종한 사람들은 가망고객 발굴 방법을 이미 배웠음에도 불구하고 새로운 업계에서 편안하게 가망고객 발굴 방법을 배울 수가 없었다. 대신 대부분 긍정적으로 가장함으로써 문제를 덮는 방법만 배웠다. 이는 한편의 연극이었다.

백만 불 원탁회의 조사를 통해 '박수 받을 때 떠나라' 증후군의 전조를 보이는 수많은 생산성 높은 영업전문가가 무대에 서서 긍정적으로 보이는 역할을 수행하는 것이 밝혀졌다. 이들은 자신을 감성적 사기꾼이 되도록 허용해왔다.

접촉혐오증과 관련된 모든 비용 중에서 '박수 받을 때 떠나라' 증후군이 아마도 가장 손해가 많이 난다. 이는 가장 불필요한 것이기도 하다. 대부분의 경우 고참 영업전문가의 욕구에 대한 약간의 민감성과 약간의 도움이 되는 대책으로 이런 접촉혐오증은 쉽게 고쳐진다.

기원

접촉혐오증은 영업전문가가 할 수 있는 판매접촉 숫자를 감성적으로 제한시켜 성취할 수 있는 정도를 억제시키고 경력을 위협하는 제약요건이다. 어떤 사람은 가망고객 발굴수단으로 전화를 사용하는 데 어려움을 겪는다. 다른 사람은 가망성 있는 고객과 일대일 면담을 하는 데 어려움을 겪는다. 일부는 두 가지 문제를 다 갖고 있다. 모두 가망고객 발굴법을 안다.

접촉혐오증은 경력을 시작할 때부터 있을 수 있고 아주 생산성이 높은 고참 영업전문가에게 갑자기 생길 수도 있다. 원인은 다양하고 복잡하다. 분석할 수 있는 '수줍음'과 같은 하나의 원천도 아니고 파괴할 수 있는 '겁'과 같은 하나의 세균도 아니다. 그러나 원인은 세 가지 기본 원천으로 축약될 수 있다. ① 개인적 기질, ② 유전적 영향, ③ 환경이다.

어떤 접촉혐오증 형태는 가족 대대로 내려왔고 개인적 기질 형태로 전달되는 듯 보인다. 다른 형태도 영업 경험 초기 때 입은 하나의 상처에 기인할 수 있다. 가끔 과도한 성과 압력에 기인한다. 접촉혐오증의 고감염 형태가 영업 훈련 과정 자체에서 유포되는 놀라운 경우가 많다.

스스로 가지고 있는 이미지에서

수년간 연구자들은 영업 경력을 시작하기 **전에** 사람의 접촉혐오증 수준을 측정하는 기회를 가지게 되었다. 예를 들어 심리학자들은 예비 영업전문가 집단을 측정하는 데 수개월을 보냈다. 조직에 선발된 지 6주에서 8주 지난 다음 다시 측정되었다. 집단 전체로 볼 때 첫 번째 결과는 접촉혐오증의 수준이 특별하게 위험한 것은 아니었다. 그러나 두 번째 측정 결과는 다른 차원으로 변했다. 이 집단은 접촉혐오증의 초기 증세를 보이기 시작했을 뿐만 아니라 발견된 접촉혐오증의 형태가 이들의 영업관리자와 교육훈련자에게서 발견된 두 가지 형태와 동일했다!

같은 회사를 대상으로 한 초기 연구에서 발견한 것은 영업관리자와 교육훈련자에게 발견된 접촉혐오증의 형태가 지역영업 부사장과 본사영업과 마케팅 부사장에게서 발견된 두 가지 형태와 동일했다!

접촉혐오증은 이 회사의 숨겨진 전염병이었다. 이 증세의 가장 핵심적인 대응 전략은 접촉혐오증이 있다는 것을 부인하는 것이었는데, 이는 조직 전체에 퍼졌다. 아주 확실하게 박멸하려는 노력에도 불구하고 접촉혐오증은 아직도 퍼지고 있었다. 이 회사는 다른 회사와 마찬가지로 본사가 접촉혐오증의 기폭지다.

신비한 종교

대부분의 고참 영업전문가는 영업관리자나 교육훈련자에게 경력 초기에 가망고객 발굴과 관련된 문제에 대응하는 법을 배웠다. 최근까지 이러한 선의의 관리자는 심리학의 패스트푸드 업계 출신 성직자 같은 무당의 도움을 절실하게 찾음으로써 접촉혐오증에 충동적으로 반응했다. 의식적 제례, 신비한 용어, 복음적 열정이 풍부하게 섞인 세례를 받은 다음 긍정적 정신 자세를 도출시키거나, 45분짜리 영감을 주는 오디오테이프에 압도되거나, 잠재의식적 스트레스 관리 오디오테이프의 부드러운 억양에 의해 감정을 상하게 한 두려움이 진정될 것이라는 사실을 관리자는 확신했다. 경력 초기에 이러한 역할 모델을 하는 사람의 반응을 지켜본 수많은 고참 영업전문가는 가망고객 발굴과 관련된 두려움의 고통을 경험할 때면 자동적으로 똑같은 약병에 있는 약을 아직도 마신다. 오늘날 가망고객 발굴에 어떻게 대처하고 있는가? 자신을 훈련시킨 훈련자와 똑같은 방식이 아닌가? 돌이켜 생각해보라.

어떤 고참 영업전문가는 자주 반복되는 잘못된 개념으로 입는 피해를 줄이지도 않은 채 자신의 직업에서 성장했다. "접촉혐오증은 피할 수 없어. 모든 사람이 어느 정도는 갖고 있어"라는 말이 좋은 예다. 다른 사람은 자신의 접촉혐오증을 전혀 해결하지 못한 채 방치한 냉소적인 관리자나 신경쇠약의 동료에게 치명적으로 물들어버렸다. 얼마나 많이 다음과 같은 접촉혐오증에 대한 비탄을 들어봤는가? "할 수 있는 거라곤 아무것도 없어. 영업을 하면 당연히 따르는 일이지. 이 고통을 견뎌내지 못하면……."

책을 모두 읽어봤고 오디오테이프를 모두 들어봤고 워크숍에 모두 참가해봤는데도 예전과 똑같이 생산성이 정체되어 있다면, 즉 자신이 알고 있는 자신의 가치만큼 벌지 못한다면? 이는 상품, 시장, 제휴 회사 또는 일반적 경제 상황과는 상관없는 일이다. 아마도 접촉혐오증 때문에 일어난 일일 것이다. 접촉혐오증이 있는지 여부를 진단할 점검 항목이 몇 개 있다.

목표 겨냥

최근까지 접촉혐오증을 해결하는 것은 좌절감을 낳는 무의미한 경험이었다. 많은 연사는 순회하면서 '거절에 대한 두려움' 또는 '실패에 대한 두려움'과 같은 애매한 개념과 부주의한 상투어만 남발했다. 거대한 대포가 필요할 때 최고의 소총수만 배치되었다. 긍정적 결과는 드물었다. 고참 영업전문가와 신참자는 모두 자신의 재능과 능력 그리고 시장 기회에 상당히 못 미치는 수준에서 생산성이 정체되었다. 많은 산업이 영업직 종업원의 곤혹스러운 정착률 수치(이는 생산성 높은 고참 영업전문가가 안정적인 경력을 유지하는 성숙한 전문가로 발전하는 데 어려움을 배가시켰다)로 골머리를 썩였다.

경로 계획

과거의 실패에 가장 큰 한 가지 이유는 나침반이 없었기 때문이다. 일관성 있는 방향이 존재하지 않았다. 영업전문가는 접촉혐오증을 치료할 만한 명확한 정의가 부족했고 이러한 공백은 쉽게 괴짜나 돌팔이 그리고 혼돈으로 채워졌다. 해결책을 필사적으로 추구했지만 정의나 계획의 부재로 영업전문가는 거액을 낭비했다. 이 과정은 초록색에 대해 논쟁하는 색맹의 변호사 집단과 같은 모습이었다. 낮고 종교적인 목소리로 언급되는 어마어마한 상투적 문구 하나에 위협받아 접촉혐오증은 쉽게 생산성을 질식시키는 힘을 유지했다. 많은 백만 불 원탁회의 회원에 따르면 아직도 그렇다고 한다.

체계적 접근

접촉혐오증을 효과적으로 다루려면 순차적 과정을 밟아야 한다. 출발부터 접촉혐오증처럼 보이는 다른 가망고객 발굴 문제와 진짜 문제를 구분해야 한다.

접촉혐오증의 가장 좋은 최초의 지표는 가망고객 발굴 활동이다. 해야만 하는 수치와 비교해서 실제 시간당 대면 판매상담과 약속을 정하기 위해 건 전화 횟수의 숫자다. 해야만 하는 수치는 자신의 성과 목표와 시장 규모에 따라 결정된다. 쉽게 수량화된 가망고객 발굴 활동은 접촉혐오증과 밀접하게 관련 있다.

행동과학은 연사의 강단에서 빛을 발한다. 그러나 더 자세히 살펴보면 아주 모호하다는 사실을 발견할 것이다. 행동과학의 옹호자는 열정적으로 공리를 행동 법칙으로 가장하여 상세히 설명한다. 때때로 행동과학자는 진짜 (그리고 대개는 자명한) 법칙을 발견한다. 다음 법칙은 가망고객 발굴 활동과 접촉혐오증 사이의 관계와 관련된 것이다.

- 접촉혐오증은 낮은 가망고객 발굴활동, 즉 개인 또는 경력 목표, 시장잠재력, 개인적 능력을 유지하는 데 불충분한 활동에 수반된다.

- 그러나 조심하라. 함정이 있다. 독감에 걸리면 고열이 나지만, 체온 자체는 독감에 걸렸다는 확증이 될 수 없다. 다른 설명도 가능하다. 진단이 완료되고 약이 처방되기 전에 병명을 먼저 정확하게 밝혀야 한다.

비록 가망고객 발굴 활동이 부진할 때 확실히 접촉혐오증이 동반되기는 하지만, 가망고객 발굴 활동이 부진한 이유가 모두 접촉혐오증 때문은 아니다. 다른 이유가 있을 수 있으며 접촉혐오증으로 진단되고 치료방법이 처방되기 전에 먼저 그 이유를 밝혀야 한다.

세 가지 핵심적 요인

확실한 접촉혐오증은 낮은 가망고객 활동에 세 가지 핵심 조건이 수반될 때 나타난다. 첫째로 동기부여가 되어 있어야 한다. 내적으로 활력이 충만해야 한다. 영업에서 성공하기를 원해야만 한다. 둘째로 동기부여가 현재 영업조직에서 성취 가능한 최소한의 특정 목표에 초점이 맞춰져 있어야 한다. 셋째로 자가당착이어야 한다. '자기가 원하는 것이' 본래 목표로 나아가는 것이 아니어야 한다. 에너지가 누수되고 있어야 한다. 목표로 가는 전선에 방전이 발생해야 한다. 물리적인 에너지의 축적(동기부여)을 가망고객 발굴하는 데 사용하는 대신, 접촉혐오증 영업전문가는 가망고객 발굴을 대응하는 데 사용한다. 이것이 확실한 접촉혐오증이다. 가망고객 발굴의 기회를 모질고 부담스러운 감성적 에너지를 배출하는 것으로 전환시킨다.

위대한 사칭자

이러한 세 가지 조건이 없어도 가망고객 발굴에 문제가 생길 수 있는데 이때는 접촉혐오증 때문이 아니다. 이런 접촉혐오증 사칭자에게는 접촉혐오증을 고치는 치료가 거의 효과가 없다. 세 가지 사칭자가 있다. 동기부여 되지 않은 영업전문가, 잘못된 목표, 외부적 에너지 고갈 문제다. 먼저 두 가지를 살펴보자.

더 이상 동기부여를 받지 못해 자신이 할 수 있고 해야만 하는 전화를 하지 못하면 접촉혐오증이 아니라 동기부여가 되지 않은 것이 문제가 된다. 가망고객 발굴을 원하지도 않고 자신에게 설정한 목표를 더 이상 달성하고 싶어 하지도 않는 것이다. 신참자에게 이 문제의 해결은 더 효과적인 판매선택 과정에 있다. 최선을 다해 수행해야 할 동기부여의 힘을 잃은 고참에게 해결책은 더 복잡하다. 수년에 걸쳐 매일 일을 수행하도록 동원된 한정된 에너지를 요구하는 다른 문제가 끼어들기 시작했다. 가족 문제, 직장 동료 문제, 사회적 의무, 감정적 좌절은 모두 에너지를 소모시킨다. 가끔 이러한 문제는 상황에 따라 발생한다. 즉 시간이 흘러가면 사라진다. 그러다가 어느 때가 되면 광범위하게 퍼져 전문가와 상의해야 할 상황이 된다. 어떤 경우에도 생산성의 저하는 접촉혐오증에 기인하지 않는다.

전형적으로 접촉혐오증으로 오진되는 다른 사칭자를 살펴보자. 마거릿은 아주 동기부여가 높은 고참 영업전문가다. 그러나 그녀의 동기부여는 자신의 현재 판매 상황에서 도출되는 기회에 적절하게 연결되지 못했다. 동기부여가 되었지만 그녀는 자신이 원하는 것을 정확히 알지 못하고 현재의 경력으로는 달성할 수 없는 성공 형태를 원하고 있다. 결국 그녀의 가망고객 발굴 활동은 눈에 띄게 악화되기 시작했다. 그녀 개인의 목표와 현재 판매 상황 사이의 차이가 커질수록 악순환이 지속될 것이다. 동료의 제안으로 최근 그녀는 과거에 접촉혐오증에 걸린 영업전문가였다가 경영 컨설턴트로 새롭게 태어난 사람과 상담했다. 그 컨설턴트는 거들먹거리며 마거릿을 공식적으로 '접촉혐오증'으로 진단하고 터무니없이 비싼 자신의 새로운 오디오테이프 6개로 심리적 마법약을 대량으로 처방했다. 결과는 예측할 수 있다. 어떤 변화도 없었다. 왜? 마거릿은 원래부터 접촉혐오증이 아니기 때문이다. 그녀의 목표가 잘못되었다. 그녀는 사칭자였다.

접촉혐오증 사칭자는 접촉혐오증만큼이나 영업 경력에 직접적으로 치명적인 영향을 미칠 수 있다. 그러나 사칭자는 진정한 접촉혐오증에 있는 세 가지 핵심적 조건이 포함되지 않아, 접촉혐오증을 고치려는 처방에 반응하지 않는다.

자신의 경력이 접촉혐오증으로 인해 제한되는가? 접촉혐오증을 치료하는 이상한 것에 돈과 시간을 낭비하기 전에 낮은 가망고객 발굴 활동의 원인을 규명하라. 불행하게도 말하는 게 실천하는 것보다 쉽다. 영업전문가가 접촉혐오증을 평가하는 대부분의 접근법은 지독하게 간단하다. 전형적인 평가시험은 예를 들어 앞에서 이미 논의했던 것과 같이 잘못된 고정관념에 기초하는 경향이 있다. 대부분이 접촉혐오증을 주석이나 지나가는 말로밖에 취급하지 않는다. 진정한 접촉혐오증과 세 가지 위대한 사칭자와 같은 낮은 가망고객 발굴 활동의 원인을 구분할 수 있는 사람은 아주 적다. 설상가상으로 앞에서 언급했듯이 진정한 접촉혐오증은 11가지의 다른 형태를 보인다.

한두 개의 기본적 개념, 즉 '수줍음', '겁', '스트레스', 또는 이제는 믿지 않는 '거절에 대한 두려움'이 접촉혐오증의 근저에 깔려 있다는 가정은 새로운 증거가 나타나면서 사라졌다. 현재 심리학자들은 깔끔하게 포장된 개념 한두 개 대신 접촉혐오증의 11가지 형태를 제시한다.

앞의 예로 돌아가 보자. 낸시에게는 **전화 두려움증**이 있다. 그녀는 가망고객을 발굴하려고 전화를 할 때마다 성과를 제한하는 두려움을 견디고 있다. 다른 몇 개의 접촉혐오증 유형과 같이 전화 두려움증은 아주 초점이 뚜렷한 두려움이다. 단지 전화를 통한 가망고객 발굴 능력에만 영향을 미칠 뿐, 대면해서 가망고객을 발굴하는 데는 영향을 미치지 않는다. 다른 형태의 가망고객 발굴 방법에 집중함으로써 훌륭하게 보상을 받아왔기 때문에 그녀의 접촉혐오증은 대개 주목받지 않은 채 지나갔다. 그러나 낸시는 접촉혐오증을 갖고 있다는 사실을 알고 있다. 최근 그녀는 자신에게 심각하게 묻기 시작했다. '이 일을 계속 하는 것이 가치가 있을까?' 낸시는 심리적인 사직 과정을 시작했다. 앞으로 몇 주 이내에 무슨 조치가 취해지지 않으면 그녀는 '박수 받을 때 떠나라' 증후군의 통계에 포함될 것이다.

두 번째 예인 래리는 고질적인 **신분의식자**라는 접촉혐오증의 병력을 갖고 있다. 이것은 목표 마케팅과 반대이다. 자신의 시장 중 특정 시장 분류를 회피하도록 목표가 설정되었다. 다른 시장은 영향을 받지 않을 것이다. 신분의식자는 부, 명예, 또는 권력을 지닌 가망고객에게서 점진적으로 도망치는 특징이 있다. 이는 전염성이 높다. 래리는 경력 초기에 오염된 교육훈련자라는 '보균자'에게서 전염되었다.

〈표 3-1〉 접촉혐오증 영업전문가의 11가지 유형별 행동과 치료

접촉혐오증 영업전문가	핵심 행동	최선의 치료기법
1. 종말론자	교제 위험을 받아들이지 않음	위협 둔감화
2. 과잉 준비자	과잉 분석, 저행동	사고 정지, 두려움 반전
3. 초(超)전문가	창피 두려움, 가망고객 발굴을 품위 없다고 생각	두려움 반전, 사고 정지
4. 무대 두려움증 환자	집단 앞에서 제안하는 것을 두려워함	위협 둔감화, 노란 점, 감각 주입
5. 분리주의자	사업과 우정이 결합되면 친구를 잃을 것이라 두려워함	부정적 이미지 투영, 사고 정지, 사고 재정렬
6. 역할 수용자	영업 하는 것을 속으로 부끄러워함, 영업전문가에 대한 부정적인 고정관념이 있음	사고 재정렬, 감각 주입, 사고 정지, 목표 전도
7. 양보자	강요하는 것이 아닌지 두려워함	주장 훈련, 사고 재정렬, 노란 점
8. 신분의식자	부, 명예, 또는 권력을 지닌 가망고객만 두려워함	사고 재정렬, 사고 정지, 감각 주입
9. 감정적 미성숙자	착취하는 것이 아닌지 두려워해서 가족과 사업을 결합시키지 않으려고 함	부정적 이미지 투영, 사고 정지, 사고 재정렬
10. 전화 두려움증 환자	가망고객을 발굴하거나 자신의 관심을 알릴 때 전화를 사용하는 것을 감정적으로 못함	감각 주입, 사고 재정렬
11. 소개혐오자	기존 고객에게 소개를 부탁하는데 감정적으로 불편해함	위협 둔감화, 노란 점, 감각 주입, 사고 정지

접촉혐오증의 치료방법

상관관계 연구를 통해 접촉혐오증 유형은 각각 독립적이고 구분되는 실체라는 사실이 밝혀졌다. 각각은 가망고객 발굴 활동에 자체적인 발달과정과 구조와 영향력을 갖고 있다. 각각은 예측 가능성, 예방 가능성, 치료 가능성 측면에서 서로 다르다. 치료 관점에서 보면 유형이 아주 중요하다.

왜 그럴까? 어떤 유형은 다른 것에 비해 치료하기 쉽다. 예를 들어 종말론자는 가장 시간이 많이 걸리고 기껏해야 문제가 있다는 사실을 아는 정도에 그친다. 알코올중독자와 마찬가지로 종말론자는 결코 치유될 수 없다. 반대로 신분의식자는 신참자에게 실제보다 더 나쁘게 보인다. 적절하게 진단되고 올바른 기법이 사용되면 대개 쉽게 고칠 수 있다. <표 3-1>에 접촉혐오증 영업전문가의 각 유형의 핵심 행동과 적용할 수 있는 최선의 치료기법을 요약했다.

복합유형, 복합치료

접촉혐오증이 있는 영업전문가와 영업관리자에 대한 연구를 기초로 할 때 낙관적으로 생각할 진정한 근거가 있다. 진정한 접촉혐오증의 대부분은 치료될 수 있고 최소한 실질적으로 개선될 수 있다. 이러한 결과를 얻으려면 한 가지 이상의 교정기법이 사용되어야 한다. 어떤 유형에 도움이 되는 것이 반드시 다른 유형에 도움이 되지는 않는다. 실제 잘못된 과정을 적용하면 아무 일도 하지 않은 것보다 일반적으로 상황을 더 악화시킨다.

　기법 중에 사고 정지(thought zapping)는 진행 중인 부정적인 행동을 중단시킴으로써 접촉혐오증의 어떤 유형에는 잘 적용된다. 위협 둔 감화(threat desensitization)는 어떤 접촉혐오증 유형(예를 들어 종말론자)에게 는 두려움에 대한 반응의 강도를 점진적으로 줄이는 데 사용된다. 부 정적 이미지 투영(negative image projection)은 어떤 특정 접촉혐오증에서 발견되는 중독처럼 보이는 도망과 회피 유형을 공격하는 데 도움이 된다. 두려움 반전(fear inversion)은 초전문가를 위해 특별히 개발되었다. 노란 점 기법*은 특정 유형의 접촉혐오증을 지닌 사람에게 전화기와 같이 걱정을 야기하는 대상에 편안한 반응을 이전시키는 법을 가르 치는 데 효과적이다. 감각 주입(sensory injection)은 가망고객 발굴 환경의 우호적인 신호가 참기 힘든 상황으로 바뀌기 전에 신경계에 편안한 신호를 주입한다. 다른 기법도 많다. 핵심은 기법이 많다는 것이 아니 라 효과가 가장 높은 접촉혐오증 유형에 맞추고 기법의 사용 순서를 지키는 것이다.

　일반적으로 영업전문가에게 가장 공통적인 접촉혐오증의 유형은 무엇일까? (다음 쪽의 <표 3-2>를 보라.) 대부분의 사람은 무대 두려움, 즉 가망 구매자 집단 앞에서 말하는 두려움이라고 생각한다.

　표면적으로 보면 맞는 말이다. 대부분의 사람은 집단 앞에서 말하 는 두려움이 비영업인이 느끼는 가장 일반적인 두려움이라고 한다.

---

* yellow dot, 노란 점 스티커와 같이 심리적 안정을 주는 것을 사용하는 기법, 현재는 파란 점 또는 녹색 점을 사용한다. ― 옮긴이

〈표 3-2〉 접촉혐오증의 유형 빈도

구분	순위
양보자	1(가장 빈도가 높음)
과잉 준비자	2
감정적 미성숙자	3
분리주의자	4
초전문가	5
역할 수용자	6
신분의식자	7
무대 두려움증 환자	8
전화 두려움증 환자	9
소개혐오자	10
종말론자	11(가장 빈도가 낮음)

하지만 실제로는 그렇지 않다. 양보자, 즉 밀어붙이거나 끼어드는 것으로 여겨지는 일을 두려워하는 사람이 접촉혐오증을 지닌 영업전문가에서 가장 많은 유형이다. 어떤 유형이 가장 적을까? 종말론자다. 영업에서 종말론자를 발견하는 일은 상대적으로 드물다. 대부분의 종말론자는 접촉 지향적인 직업을 포기하고 행정, 자료처리, 자연과학과 같은 좀 더 과정적이고 분석적인 기회를 좋아한다.

업계 프로파일

접촉혐오증 프로파일은 업계에 따라 다르다. 각 업계는 각각의 접촉혐오증 특징, 즉 그 업계 영업전문가의 접촉혐오증 유형 중 우세한 경향을 보이는 것을 갖고 있다.

1980년대 초반부터 심리학자는 여러 업계에서 영업전문가를 비교하는 연구를 수행했다. 원하는 척도를 얻으려고 이들은 접촉혐오증과 사칭자를 구분할 수 있는 특별한 실험을 설계했다. 이를 통해 다양한 업계에서 접촉혐오증이 어떤 역할을 하는지 이전까지 알려지지 않았던 수많은 정보를 얻을 수 있었고, 처음으로 접촉혐오증 태도가 판매금액에 실제적으로 미치는 영향력을 기록할 수 있었다. 이 연구는 어떤 획기적인 발견과 마찬가지로 한 줄기 지혜와 부수적인 성과를 창출했다. 영업성과 방정식에서 잃어버린 고리였던 접촉혐오증은 이제 측정될 수 있게 되었다.

연구자는 다른 어떤 직판 영업전문가 집단보다 투자상담사가 접촉혐오증에 더 많이 시달리는 경향이 있다는 사실을 발견했다. 투자상담사는 자신의 직업적 성실성에 의문을 품거나 또는 기술적 역량에 의혹을 품는 가망구매자에게서 수모를 당하는 것(실제로 사전 경험이 있다)을 몹시 두려워하기 때문에 가망고객을 발굴하는 데 신중해진다. 그래서 많은 투자상담사가 가망고객을 발굴하는 데 주저한다. 이것이 문제가 될까? 1985년에 접촉혐오증 태도를 지닌 유능한 투자상담사는 수수료가 평균 4만 불에 불과했다. 같은 기간에 접촉혐오증 태도가 없는 투자상담사는 거의 17만 불을 벌어들였다.

"재무설계사는 접촉혐오증이 없습니다. 이들은 가망고객을 발굴하거나 자기 과시를 할 필요가 없는 전문가입니다." 재무설계 업계에서 업계 관련 출판을 하는 편집자가 한 말이다. 그러나 연구자가 발견한 것은 그렇지가 않았다. 재무설계사는 가망고객 발굴에 문제가 있다는 사실을 완강하게 거부하고 가망고객 발굴이 저속하고 어울리지 않는다는 사실을 경건하게 주장하는 것을 특징으로 하는 초전문가 접촉혐오증이 상당히 심각한 경우가 많았다. 이 직업에서는 전통적인 가망고객 발굴을 받아들일 수 없고 불필요하기 때문에 연구자는 바로 이 순간 자기 사무실에 앉아서 가망고객에게서 전화가 오기를 기다리는 재무설계사의 숫자를 추측할 뿐이다.

자료에 따르면 사무장비를 판매하는 영업전문가도 전화를 한다는 것이다. 불행하게도 자신들의 사회적 신분의식 때문에 이들 중 많은 사람이 적절하지 않은 사람에게 전화를 하고 있다. 이들은 의사결정을 할 수 없는 사람에게 강력한 제안을 한다.

정보업계의 영업전문가도 과잉준비자 유형의 접촉혐오증이 강한 편인데 이는 실제 판매전화를 하기보다 이를 준비하는 데 더 많은 시간과 노력을 들이는 것을 특징으로 한다. 이러한 형태의 접촉혐오증은 기술적 관심이 큰 사람(시스템 공학자, 시스템 분석가, 프로그래머 등)에게서 종종 발견된다. 정보업계의 영업전문가에게서 접촉혐오증을 발견하는 것은 이들 중 대부분이 과정 지향적이거나 기술 지향적 전직을 갖고 있기 때문에 아주 쉬운 일이다. 이들의 성향을 그대로 두면, 즉 이러한 형태의 접촉혐오증을 무시하면 엄청난 파괴력을 발휘하게 될 것이다. 모든 영업조직이 활기에 들떠 기술적으로 사소한 것의 끊임없는 흐름이라는 황홀경에 빠지는 마법에 걸리게 된다. 예를 들어 최근에 한 회사가 컴퓨터 시스템을 추가 구매하는 것을 고려했다. 광고를 보고 회사의 구매담당자는 아주 유명한 회사의 소매점을 방문했다. 시설은 편리했고 고객 친화적이었다. 그러나 놀랍게도 영업사원 중 아무도 자신들이 열중하고 있던 컴퓨터를 중단하고 일어서지 않았다. 이들을 흘깃 쳐다본 다음 다시 자신들이 하던 일에 열중했다. 회사의 구매담당자는 의혹을 느꼈다. 우리가 고객인가 불청객인가? 표면적으로 그 상점에서는 이 두 가지에 모두 해당했다. 잠시 눈에 띄게 어슬렁거린 다음 이들은 상점을 나왔다. 이들은 구매해야 할 컴퓨터가 있었다. 판매점으로서는 거액의 판매기회를 놓친 것이다.

보험설계사는 집단으로 볼 때 역할 수용—자신의 직업을 선택한 것에 대한, 표현하지 않았고 풀리지 않은 죄의식과 부끄러움—으로 고통 받는 경향이 있다. 일반인이 모든 보험설계사에 대해 잘못 연상하고 있는 예절바른 행동과 부자연스러운 긍정적 태도는 접촉혐오증 설계사가 현재 싸우고 있는 부정적 느낌을 안전한 거리에 떼어놓기 위해 실제적으로 사용하는 보강시스템이다.

라디오와 텔레비전 방송시간을 판매하는 영업전문가가 접촉혐오증이 가장 적은 집단이다. 화학산업에서 일하는 영업전문가의 자료는 현재 취합 중이다. 자동차업계의 영업전문가에 대한 연구도 최근 진행되고 있다. 예상대로 세미나 또는 '파티' 판매 영업전문가는 집단 앞에서 효과적으로 일해야 한다. 그러나 이들을 선발하고 훈련하는 시스템의 중요한 괴리로 인해 이러한 업종에서 동기부여 되고 목표 지향적인 사람 중 이상하게 높은 비율이 감정적으로 집단 앞에서 가망고객 발굴을 하거나 판매를 하는 것이 불가능하다!

나이, 성, 그리고 접촉혐오증

기술적 조사에 따르면 직판조직의 여성은 남성에 비해 접촉혐오증에 빠지는 것이 심각하게 높거나 또는 낮지 않다는 사실이 밝혀졌다. 여성은 두 가지 접촉혐오증 유형에서 남성보다 약간 더 고통을 받는다. 감정적으로 미성숙하고(가족에게 접근할 때) 무대 두려움을 더 느낀다. 그러나 이 두 가지 유형에서도 남성과 차이는 크지 않다.

연령과 경험은 어떨까? 접촉혐오증은 연령에 영향을 받는 것처럼 보인다. 비록 유형은 복잡하지만 접촉혐오증의 전체 숫자는 연령에 따라 증가하는 경향이 있다. 이를 통해 고참 영업전문가는 자신이 접촉혐오증의 손아귀에서 벗어났다고 착각하지 말아야 한다는 것을 알 수 있다. 최근에 진행된 특정 영업 집단에 대한 조사에 따르면 영업경험의 양과 상관관계가 높다는 것이 밝혀졌다. 경험이 늘수록 접촉혐오증도 증가한다. 추가 연구를 통해 이것이 확인되면 나이의 중요성이 축소되고 몇몇 접촉혐오증 유형은 실제적으로 영업관리자나 영업교육 환경을 통해 습득되었다는 논쟁에 추가적인 증거로 제공될 것이다.

많은 영업문화에 접촉혐오증의 전형들이 있다. 이 주제에 대한 국제적인 자각과 관심이 높아짐에 따라 새로운 연구가 매달 완료되고 있다.

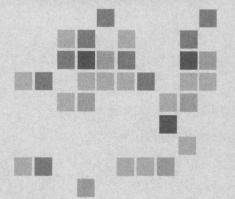

제 4 장

다음 단계의 수준으로
도약

많은 영업전문가는 자신이 달성한 영업생산성의 수준에 만족하고 있지만, 이 수준은 자신의 성공잠재력에 훨씬 못 미치는 경우가 대부분이다. 금융업계에서 다음 단계의 수준으로 도약한 영업전문가만이 백만 불 원탁회의의 수준을 달성하게 된다. 이러한 사람이 자신의 영업과 수입을 늘린 방법이 여기에 있다.

영업을 얼마나 오래 했고 현재 얼마나 성공했느냐와 상관없이, 현재 도달한 생산성의 정체된 수준에서 벗어나기가 힘들다는 사실을 깨닫게 될 것이다. 궁극적으로 영업전문가는 자신을 위해 정체된 수준에 머물든지, 아니면 벗어나든지 결정해야 한다. 이러한 결심을 빠르게 할 수 있는 두 가지 방법이 있다.

1. 현재 발휘하고 있는 것보다 더 많은 능력과 재능이 있다는 사실을 알고 있기 때문에 좌절감을 느끼고 있는가?

2. 생산성을 매년 최소 25%에서 30%까지 늘리는 데 실패하고 있는가?

'서류상' 훌륭한 성과에도 불구하고 최소 성장(객관적 평가)을 달성하는 것이 어려워 보이거나 또는 그렇게 생각한다면 자신의 잠재력(주관적 평가)보다 낮게 생산하고 있으며 십중팔구 생산성의 정체에 빠져 있는 것이다.

영업과 생산성의 정체는 하나 또는 그 이상의 불합리한 두려움—자기 자신과 자신의 면밀한 계획과 목표를 실제적으로 방해하도록 동기부여 하는 두려움—을 확인하고 제거하는 데 실패한 결과로 나타난다. 예를 들어 매주 5명의 영향 세력에게 5명의 가망고객 대상을 소개해달라고 요청하기로 다짐했다고 하자. 대부분의 경우 이 5명의 영향 세력에게 전화할 시간을 확보하기가 어려울 것이다. 한 사람이나 두 사람에게 전화해서 가망고객의 짧은 명단을 수집한 다음 우정에 금이 가는 행위를 한 것이 아닌가 하고 생각하거나, 자의식이나 걱정이 너무 많은 나머지 소개받으려는 생각을 포기하거나, 다른 때에 요청하기로 결심할 것이다. 자신의 불합리한 두려움은 자기 자신과 미래를 본질적으로 방해하고 있다.

가끔가다 망설이는 자신을 발견한 적은 없는가? 체계적으로 일을 해야겠다고 결심한 다음, 며칠 지나지 않아 다시 엉망인 상태에 빠진

적이 얼마나 자주 있었는가? 다이어트를 하겠다고 결심한 다음 포기한 적이 얼마나 자주 있었는가? 매일 6시간 또는 그 이상 수면을 취하는 날이 얼마나 자주 있는가? 지난 60일 동안 낙담하고 좌절하고 노심초사하고 침체되고 화난 적이 얼마나 자주 있었는가? 점심 때 반주로 한두 잔씩 마신 적이 얼마나 자주 있는가? 허리에 경련이 일어났는가? 두통은? 피부나 발진 문제는? 천식은? 궤양은? 고혈압은?

이러한 질문(더 있을 수 있다) 중 하나라도 '네'라고 답변하면 자기 자신과 싸우고 있는 중이며 스스로 지고 있는 중일 것이다. 자기 자신과 미래를 방해하고 있는 중이다. 이러한 증세를 제거할 수 없는 자신의 무능력으로 판매 정체를 극복하지 못하는 것 이상의 피해가 발생한다. 전반적으로 우리의 삶, 그리고 특히 영업 경력을 좁히고 제한시킬 것이다. 이러한 문제를 제거하려면 세 가지 중요한 사실을 이해할 필요가 있다.

1. 나만 그러는 것이 아니다

우리가 만난 거의 모든 사람이 자신의 잠재력보다 훨씬 못 미친 상태에서 살거나 자신의 모자람을 뼈저리게 느끼기 때문에 좌절감을 느끼고 있다. 인간은 자신의 잠재력 중 10~12%밖에 사용하지 못한다고 윌리엄 제임스(William James)가 주장했다. 이 추정이 사실이라면 아마도 자신의 생산성에 최대 10을 곱한 수치를 내년 잠재력으로 결정해야만 한다.

문제는 완전한 잠재력에 도달하는 방법에 대해 말하는 것이, 필요한 변화를 만드는 일보다 쉽다는 것이다. 시작할 곳을 아는 사람도 아주 적다. 많은 사람이 계획을 세우고 목표를 정하면서 시작하며 어떤 사람은 교육을 받으면서 출발을 찾기도 한다. 어떤 선택을 하더라도 개선을 시작하는 데 도움이 되지 않으며 대부분 사람은 목표와 멀어진다. 개인의 잠재력에 걸맞게 사는 데 실패하는 가장 중요한 이유는 하나 또는 복수의 비합리적 두려움의 존재, 즉 심리적 문제라는 사실이 명백한 증거로 제시되었다.

2. 변화하는 데 결코 늦은 때는 없다

자신의 문제가 얼마나 오랫동안 공고하게 축적되었는지, 현재 나이가 얼마인지에 상관없이 문제에 직면하면 해결할 수 있다. 대부분의 사람은 30년 된 문제도 6주에서 8주 만에 영원히 없앨 수 있다.

3. 지금 당장 변화를 시작할 수 있다

입증된 행동수정기법(behavior modification techniques)을 사용하면 즉시 변화를 만들어낼 수 있다.

변화 과정의 첫 번째 단계인 변화 목표의 확인을 살펴보자. 다음의 질문에 최소한 한 가지 이상의 응답을 하라(응답 목록을 작성해도 좋다).

영업전문가로서 성취나 성공의 계단을 오르는 일은 상당히 논리적인 과정을 밟는 것처럼 보인다. 처음에 영업기술을 훈련받게 된다. 모르는 사람에게 접근하는 법, 해결책을 제안하는 법, 판매를 마무리하는 법을 배운다. 판매훈련에는 접근법 개발, 반대의견에 응답하는 법, 자신의 상품이나 서비스를 가망고객이 구매하도록 동기부여 하는 법이 포함된다. 이러한 기본적인 영업기술 외에 연간목표를 설정하고 일일 활동 계획을 개발하고 합리적으로 우선순위를 설정하는 법을 배운다. 이러한 모든 훈련은 유용하고 필요하다.

고급 영업기술훈련에는 화를 진정시키는 법, 가망고객의 감정을 파악하는 법, 가망고객을 정확히 식별하는 법, 올바른 비언어적 메시지 소통법과 같은 몇 가지 강력한 기법이 포함된다. 인식, 설득, 주장 훈련과 관련된 이러한 행동적 기법은 심리학 실험실에서 개발된 것이다.

영업전문가가 취하는 두 번째 개발 영역 또는 다음의 진전 단계는 기술훈련이다. 대부분의 영업인은 자신이 판매하는 상품과 서비스를 더 잘 이해할수록 판매효과를 개선할 수 있다. 스스로 다음 사실을 깨닫기 시작하면 개인의 성공에서 즉각적인 성취가 있을 뿐만 아니라 부수적이지만 어쩌면 더 중요한 효과가 발생한다. "나는 진정으로 다른 사람의 욕구를 충족시키는 데 도움이 되는 자격을 갖추고 있다."

세 번째 개발 영역은 심리적 훈련이다. 자기 자신이 확인할 수 없는 걱정, 두려움, 좌절, 그리고 화뿐만 아니라 무가치하고 침체된 감정에 휩싸인 적이 얼마나 자주 있었는가? 이러한 것을 부정함으로써 자기 자신과 자신의 행동에 대한 책임을 지지 않으려 했는가? 반대로 이러한 것을 정면으로 받아들여야 한다. 이것이야말로 정체에 빠뜨린 핵심 문제로 정체에서 벗어나 의미 있고 항구적인 도약을 하고자 한다면 반드시 물리쳐야만 한다.

우리 일에 대한 영업과 기술적 측면을 논의할 때 우리 자신에 대해 논리가 정연하고 확신이 있어야 한다. 얼마나 많은 우편광고물이 발송되고 수신되어야 하는지, 또는 하나의 약속을 얻기 위해 얼마나 많이 방문해야 하는지, 또는 하나의 약속을 당연하게 얻기 위해서 얼마나 많은 사전 접근 편지를 보내야 하는지에 대해서는 논쟁이 거의 없다. 그러나 성격, 행동, 감정에 대해 논할 때는 논리 정연함은 사라지고 우리의 위치에 대해 불확실해한다. 그리고 이러한 심리적 개발 영역은 정보가 전혀 없음에도 다른 두 가지를 직접적으로 통제한다는 사실에는 추호의 의심이 없는 듯 보인다.

예를 들어 거절에 대한 두려움이 있으면 개척방문용 화법을 아무리 배워도 더 이상 문을 두드리는 데 도움이 되지 않을 것이다. 문제는 거절이기 때문에 이 문제에 맞서서 물리치지 않으면 자신의 시간과 노력만 낭비할 뿐이다. 계속해서 좌절만 경험하면서 왜 새로운 초

강력 영업훈련 자료를 활용할 수 없는지 의아해할 것이다. 성공에 대한 두려움이 뿌리 깊게 박혀 있으면 더 고급 개념을 배워도 추가 영업이 도출되지 않을 것이다. 성공에 대한 두려움으로 가망고객을 발굴하고 판매하려는 자신의 욕구가 마비될 것이다.

핵심 질문은 다음과 같을 것이다. 누가 심리적 훈련 문제를 해결해줄 수 있을까? 이 질문 주위에는 다른 질문이 한 묶음 있다. 어디를 방문해야 하는가? 무슨 일을 해야 하는가? 효과적인가? 비싼가? 얼마나 오래 걸리는가? 정신과 의사와 상담하면 나에게 뭔가 문제가 있다는 의미인가?

효과성, 생산성, 자신의 삶에서 획기적 도약을 원하는 개인에게 도약의 원천이 심리적 훈련에 있다는 사실을 깨닫는 데 도움이 될 더 많은 증거가 있다. 전국의 수많은 심리학자는 현재 개인적 삶의 질을 개선시키는 데 행동수정기법을 활용하고 있다. 있어도 소수의 전문 운동 팀만이 행동과학자를 활용하지 않고 있으며, 산업계에서는 새로운 생산성의 최고의 원천은 소속 직원에 대한 개발과 개선에 있다는 사실을 서서히 알아가고 있다.

지난 15년간 심리학자는 모든 종류의 복잡한 문제를 해결해왔다. 이들은 지금 알코올중독자에게 금단요법을 시행하고 반나절 만에 아이에게 화장실 가는 훈련을 시키고 한 학기 만에 불량학생을 장학생으로 전환시키고 높은 성과를 낸 영업인에 초점을 맞춰 훈련을 시킴으로써 생산성의 거대한 향상이 도출될 수 있도록 변화시키고 있다.

예를 들어 1년간 최소 10만 불을 버는 투자상담사 집단에게 새해 첫날에 행동수정기법을 소개했다. 처음 4개월 만에 소득 증가의 **평균**이 285%였다. 집단에서 일부는 평균을 훨씬 초과했다. 집단 내 4분의 1은 1분기 만에 작년 한 해 동안 번 것보다 더 많이 벌었다. 30%보다 적게 증가한 사람은 아무도 없었다. 흥미롭게도 집단의 노력은 새로운 고객 계좌의 개발에 직접적으로 초점이 맞춰졌고 새로운 계좌에서 창출된 소득은 평균적으로 전체 소득의 63%였다. 아마도 더 놀라운 일은 이 집단이 지난 3년간 줄곧 새로운 고객 계좌 부족을 겪어왔었다는 점일 것이다.

세상에 자기 자신의 행동, 개인적 감정, 원래의 생각을 수정하고 조정하는 법을 가르쳐주는 것보다 더 나은 유용한 기술은 없다. 현재의 행동수정기법은 행동의 긍정적이고 항구적인 변화를 만드는 선택을 제공한다. 이제 자신의 개인적 정체에서 벗어나 자신의 삶의 질을 **개선할 수 있다.**

문제에 대한 이유와 이로 인해 생산성이 정체에 빠진 이유를 논의해보자. 종종 문제의 근원은 비합리적 두려움 속에 숨어 있다. 이러한 상황에 대해 두려움을 느껴야 할, 말 그대로 이유나 설명도 없이 두려움을 느끼기 때문에 '비합리적'이라는 단어를 사용했다. 행동수정이론의 기본적 교리는 전에 학습한 경험의 직접적 결과로 행동하고 생각하고 느낀다는 것이다. 즉 뱀과 죽음에 대해 두려워하는 것을 배우는 것과 같이 거절에 대해 두려워하는 것을 실제로 배운다는 것이다. 학습이론상 사람들이 자신의 느낌과 사고는 물론이고 행동을 모두 이해할 수 있으면 이들에게 부정적이거나 자기 파괴적 행동을

'배우지 않도록' 하는 법이나 새로운 느낌이나 새로운 생각을 창출할 수 있는 긍정적이고 자기 강화적인 행동 양식을 '배우는' 법을 가르치는 것이 가능하기 때문에 행동수정의 효과를 체험할 수 있다.

두려움과 함께 살기

아마도 가장 보편적이고 가장 우스꽝스러운 생각으로 두려움의 수문을 여는 것은 다음과 같다. "나는 완벽해야만 해" 또는 "나는 늘 승리해야만 하고 어떤 패배도 파멸이야".

모든 사람이 불합리한 두려움을 갖고 있으나, 동일한 두려움을 갖고 있는 것은 아니다. 두려움은 사람에 따라 상당히 다르다. 백만 불 원탁회의 한 회원은 가망고객 명단을 부탁하기 전까지는 상담의 모든 과정에서 두려움이 전혀 없었다. 그의 특수한 거절에 대한 두려움은 소개를 부탁하는 데 뿌리를 두고 있기 때문에 이때가 걱정을 의식하는 유일한 때가 된다. 그는 상당한 성공을 거두고 있음에도 불구하고 심리적 문제가 있었고 심리적 문제에는 심리적 해결책이 필요하다. 이 영업전문가는 심리학자와 5주간 상담을 받았다. 자신의 문제에 직접적으로 초점을 맞추고 몇 가지 특수한 변화 전략을 사용하면서 문제를 불식시켰다. 다음 해에 그의 영업은 거의 두 배가 되었다! 지난 4년간 일정한 생산수준에 머물렀던 사람에게는 그리 나쁜 결과는 아니었다.

전형적으로 영업전문가는 두려움과 함께 사는 법을 배운다. 이들은 자신의 잠재력을 마음껏 발휘하는 수준이 아니라 생존할 수준으로 가망고객 발굴과 영업력을 개발한다. 정체에 빠진 영업전문가는 종종 현재의 자기 자신과 위상을 만나는 모든 사람에게 정당화하기 시작한다. 이들은 개선하면 도달할 수 있는 위치보다 현재의 상황에 만족하고 있다는 수많은 이유를 댈 수 있다. 한 거액실적자는 매년 1,000만 불 또는 2,000만 불을 판매하는 것보다 500만 불을 판매하는 것이 왜 더 나은지 아주 자세하게 설명했다. 그는 자기보다 더 많이 판매하는 사람은 자기보다 소득이 더 적게 되기 때문에 완전히 미쳤다는 설명까지 덧붙였다. 예를 들어 이들은 업무를 보조할 지원 인력을 추가로 고용해야 할 뿐만 아니라 피고용인의 업무 자세에 대해서도 걱정해야 한다고 한다.

일반적으로 비합리적 두려움은 개인이 스스로 통제할 수 있는 범위를 벗어난 것으로 개인은 문제가 있다는 사실조차 인식하지 못할 수 있다. 자신의 두려움을 인식할 수 있더라도 설명하거나 효과적으로 교정할 수 있는 프로그램을 개발할 수 있는 능력이 부족할 수도 있다. 전형적으로 해결책을 지속적으로 모색하고 목표를 설정하고 동기를 부여하고 격려의 말을 하려고 하지만 이 모든 것이 아무 소용이 없다. 자신을 방해하는 실제적인 문제에 직면하고 있다는 사실을 머리로는 이해할 수 있다. 자기 자신에게 이렇게 말할 수도 있다. "개척 전화를 하는 걸 두려워해서는 절대 안 돼." 그러나 이 활동과 연관된 걱정을 줄일 수 없어서 아주 심한 심리적 고통을 겪게 된다. 이때 평범한 반응은 고통을 회피하고 두 번 다시 고통에 직면하지 않겠다고 결심하는 것이다. 그러고 나서 두려움을 피할 수 있는 자신만의 차단막인 증후군을 만들게 된다. 이것이 효과가 있기 때문에 이것에 의존하게 된다. 이것은 걱정이나 심리적 고통을 줄인다.

예를 들어 다음 사실을 배울 수 있다. "시간을 충분히 지체하면 이러한 전화를 걸 시간을 확보하지 못할 것이다." 그리고 하루 일과가 마무리될 때 자신이 옳았다는 사실을 알게 된다. 전화할 시간이 **없기** 때문에 내일 또는 언젠가 전화하기로 자신에게 약속하게 된다.

자신이 꼭 해야 할 일로 알고 있는 일을 피하기 위해 어떤 기법을 사용하고 있는가? 또는 다른 관점에서 보면 하지 말아야 할 일로 알고 있는 이러한 활동을 지속적으로 유지하려고 어떤 기법을 사용하고 있는가? 모든 두려움에 대한 기본적 반응은 개인이 두려움 또는 걱정의 실체를 피하기 위해 어떤 식으로 선택이 가능한 상황에 직면했을 때 취하는 다양한 행동이다. 위험이 실제적이든 상상으로 나온 것이든 생각이 좁아지면서 즉시 도망칠 수 있는 길을 찾기 시작한다. 이때 우리가 자신의 원시적 신경체계를 확인하는 데 사용할 이름인 '이고르'*가 침입한다.

이고르는 너무나 원시적이기 때문에 이성이나 논리를 사용할 능력이 부족하다. 그는 위협을 느낄 때 자동으로 반응한다. 걱정과 두려움을 창조한다. 그가 원하는 모든 것은 문제를 해결하는 것이 아니라 도망치는 일이다. 이고르는 어떤 사고 과정도 방전시킨다. 그는 두통, 요통, 심지어 영업 약속도 생각하지 않고 가능한 한 가장 빨리 도망간다. 이런 식으로 행동하는 것이 얼마나 바보스러운 일인지 나중에 깨달을지도 모른다. 그러나 당시에는 이고르의 유일한 관심은 심리

---

* Igor, 프랑켄슈타인 박사의 꼽추 조수의 이름으로 은유적으로 명명. — 옮긴이

적 안전이다. 너무나 많은 걱정을 하는 그의 유일한 생각은 '어떻게 하면 지옥 같은 여기서 벗어날 수 있을까?'였다.

어떤 사람들은 이렇게 숨겨진 두려움의 수준에 통제된다. 두려움에 쫓기는 영업전문가는 이 사실을 알지만 자신의 걱정 때문에 불행하게도 생산성 정체를 벗어나질 못하고 있다. 모든 사람이 때로는 고정관념에 빠진다. 고정관념을 버리지 못하면 문제가 확대된다.

사람들이 고통을 받고 있는 모든 비합리적 두려움을 논의하기보다 영업전문가가 직면해서 이겨내야 할 좀 더 보편적인 것을 몇 가지 소개한다.

- 바보처럼 보일 두려움
- 거절에 대한 두려움
- '진의가 간파될' 두려움
- 잘못된 의사결정을 내릴 두려움
- 오류에 대한 두려움
- 실패에 대한 두려움
- 과도한 성공에 대한 두려움

바보처럼 보일 두려움

다른 사람이 어리석다고 생각할 만한 일을 한다는 바로 그 생각이 두려움을 몰고 온다. **어떤** 말을 하거나 행동하는 것은 **다른 사람에게** 바보처럼 보일 위험이 있기 때문에 나중에 후회할(일반적으로 가장 혹독한 비평자는 자기 자신이다) 어떤 일을 한다는 것이 너무나 두려워 그 활동을 더욱 피하게 되고 금지하는 것이 늘어만 간다. 자발성과 창조성을 발휘하는 것은 너무나 위험하기 때문에 점차 참여자보다 관찰자가 된다.

이 두려움과 밀접하게 연결된 것이 오류에 대한 두려움(뒤에서 다시 언급할 것이다)으로, 유사한 유형을 따르지만 대개 덜 참혹한 결과가 도출된다. 어떤 영업전문가도 의도적으로 바보처럼 보이거나 틀리길 선택하지 않지만 이들 대부분은 그럴 위험을 안으면서 자발성을 발휘한다. 틀리거나 바보처럼 보일 두려움이 압도적일 때 문제가 발생한다.

거절에 대한 두려움

다른 사람에게 호감을 받지 못할 것 같은 두려움은 자신의 목표나 자존심을 대가로 다른 사람을 회유할 때 발생한다. 다른 사람을 민감하게 받아들인다. 얼굴에 잠시 스쳐가는 불만족한 표정조차 잠재적 거절의 신호로 받아들인다. 다른 사람이 보이는 어떤 불일치나 실망을 거절로 해석한다. 모든 거절이 엄청난 재앙으로 보여 대응할 수가 없다.

'진의가 간파될' 두려움

다른 사람이 자신을 '진정으로 알거나' 자신의 '진정한 모습'이 노출되면 다른 사람이 우리를 거절할 것이라고 생각한다. 많은 경우 어떤 자질이 '노출되는지'조차 확신할 수 없다. 그러나 어떤 두려움은 다음과 같이 상당히 구체적이다. "지금 내가 말하고 있는 것을 내가 모른다는 사실을 알아챌 것이다." 이런 것에 어느 정도의 죄의식을 느낄 수 있지만 두려움의 원인은 결코 아니다. 두려움은 그렇게 합리적이지 않다.

잘못된 의사결정을 내릴 두려움

아무리 작은 것이라도 모든 결정을 내리길 좋아하는 사람을 만난 적이 있을 것이다. 이들은 각각의 대안을 저울질하고 가능한 한 많은 사람과 논의하고 그런 다음 오랜 시간이 소요된 의사결정을 합리화하기 위해 다른 사람의 의견을 들어보는 것이 항상 도움이 된다고 설명한다. 우유부단은 확신의 부족을 드러내는 것이지 (우유부단한 사람이 합리화하듯이) 가망고객에 대한 배려가 아니다. "내 고객에게 최선이 되는 일을 하고 싶을 뿐이야"와 같은 표현은 진짜 문제가 자신의 자부심 부족과 밀접하게 연결된, 즉 잘못된 의사결정을 내릴 두려움을 내포한 것이라면 거짓이 된다.

이고르는 걱정을 만들어서 자신감이 없어지도록 자극할 때 자신의 통제력을 발휘한다. 이고르의 목표는 문제를 회피해서 걱정을 회피하는 것이다. 너무나 걱정이 되어 의사결정을 내릴 수 없게 되면 편두통을 경험함으로써 책임감에서 벗어날 수 있다(편두통의 고통을 당하고 있을 때 의사결정을 내리는 일은 거의 불가능에 가깝다). 한 영업전문가의 예가 있다. 윌리엄은 보통 상황에서는 쉽게 성공을 성취했다. 그는 캘리포니아 주 뉴포트비치에서 성장했으며 사우스캘리포니아 대학을 졸업했다. 경력을 쌓는 동안 320km 떨어진 인구밀집 지역에서 고객 기반을 개발했다. 윌리엄은 논리정연하고 확고하고 통찰력이 있고 자발적이었다. 일을 한 지 몇 년이 지난 다음 그는 잘못된 의사결정을 내리기 시작했다. 자신의 최고의 판단을 따르는 데 실패했고 아주 단순한 일조차 머뭇거렸다. 그의 잘못된 의사결정은 곧 문제를 더욱 악화시켰다. 그는 자신감을 잃기 시작했고 자부심은 바닥으로 떨어졌다. 모든 상황 중 최악인 것은 상황을 더 이상 낙관적으로 예측할 수 없다는 것이었다. 가망고객 발굴에 대한 의사결정의 필요성으로 심한 상처를 입어 업계를 떠나기로 결심했다. 윌리엄이 기나긴 업적 하락의 최저점에 있을 때 만났던 사람들은 두 가지 현실을 보았다. ①윌리엄은 영업에서 위대한 성공을 할 수 있는 충분한 판매와 기술적 역량을 갖고 있다. ②부정적 경험이 연속해서 일어날 때 너무 심하게 흔들렸다. 윌리엄은 자신의 문제의 근원을 확인하는 데 도움이 되는, 스스로 하는 행동수정기법 프로그램을 활용하기 시작했다. (이 일은 보기보다 힘든 과제다. 연구 자료에 따르면 영업전문가가 전형적으로 할 수 있는 행동이 8,000개나 있다고 한다.) 문제를 확인한 다음 윌리엄은 자멸적인 유형 또는 행동에 직면해서 퇴치할 특별한 변화 양식을 활용했다. 12주 만에 윌리엄은 자신의 문제를 해결했고 자신감을 다시 회복해서 그는 이제 실적을 그것도 아주 커다란 실적을 내고 있다.

오류에 대한 두려움

우리가 가장 큰 두려워하는 것 하나가 잘못을 하고 그 잘못이 알려지는 (그래서 당황하는) 것에 대한 두려움이다. 이는 부적절하게 보이는 두려움과 연결된다. 실수를 인정할 수 있거나 실수에 대한 책임을 받아들일 수 있는 사람은 주체성이 강한 사람이다. 이것이 성공하고 확고해지는 방법의 일부분이다. 자부심이 낮은 사람은 사소한 것을 증명하려고 수단과 방법을 가리지 않는다. 이들은 자신의 관점을 지지하려고 아주 적극적으로 조작해서 관계를 망칠 지경까지 간다. 모든 위협에 대항해 자존심을 보호하려는 이들의 욕구는 모든 이성적 사고를 압도한다. 전형적으로 이들은 나중에 '후회하고' 사과한다. 그리고 사과를 했는데도 이전의 관계가 다시는 복구되지 않는 것을 보고 이들은 놀라면서 의아해한다.

이들은 쉽게 화를 내고 자기 자신에게 곧바로 다음과 같이 말하면서 양해를 구한다고 생각한다. "오늘 일진이 나빠." 이들은 논쟁을 다음과 같이 소리치면서 끝낼지도 모른다. "무슨 말을 하는지 잘 압니다. 그러니 더 이상 저와 논쟁하지 마세요." 일반적으로 화는 사교술이 부족하거나 잘못이 들키지 않을까 하는 두려움을 반영한다. 영업전문가는 실수를 했거나 자신의 판단이 틀렸더라도 인정하는 법이 없다고 대부분의 사람이 말한다. 자존심을 보강하거나 다른 사람에게 존경을 받으려 할 때 나는 항상 옳다는 자세는 역효과를 낸다. 다른 사람은 왜 이들이 과잉 행동을 하고 공평한 자세로 어떤 것을 검토하기를 두려워하는지 이해하지 못한다.

실패에 대한 두려움

완벽주의는 실패에 대한 두려움이 강하다는 것을 반증한다. 어떤 직업은 다른 것에 비해 완벽주의가 더 요구된다. 예를 들어 조종사나 외과의사는 자신이 하는 일에 대한 책임을 완벽하게 수행하도록 노력해야만 한다. 그러나 영업직에 완벽주의가 옳으면 재앙이 된다. 자신이 완벽할 것이라고 기대해서는 안 된다. 일반화된 완벽주의는 종종 나약함이나 부적절함을 과도하게 대체하는 결과로, 승리가 모든 것이라고 가르친 부모나 상사에게서 나왔다. 평가받는 두려움으로 아이들은 기쁨을 주려고 노력하거나 거의 불가능한 목표인 완벽을 달성하려고 노력하는 반응을 보인다.

우리는 언제나 완벽할 수 없다는 사실을 깨달을 뿐만 아니라 역량을 발휘할 수 없다고 느끼는 일을 자신에게 강제하는 것이 거의 불가능하다는 사실을 발견할 때 이러한 두려움이 더 힘을 발휘한다. 점점 참여자이기보다 방관자가 되는 경향이 생긴다. 새로운 기법을 배우기보다 새로운 개념을 거부하는 경향이 생긴다. 자신의 논리상(아주 불합리해 보이는데도 불구하고) 새로운 정보가 유용해보이지 않는데 굳이 새로운 것을 배우는, 그리고 이 과정에서 불완전함을 느끼는 고통을 경험할 필요가 없다고 주장한다.

과도한 성공에 대한 두려움

최근에 43세의 백만 불 원탁회의 영업전문가가 말했다. "저요? 성공하는 걸 두려워한다고요? 농담하지 마세요! 제가 하는 모든 일은 성공과 직결된 것입니다. 목표를 세우고 활동 계획을 개발하고 긍정적 확신을 하고 심지어 최면까지 겁니다." 이 영업전문가는 자신의 일에서 성공하고 있지만, 아직 행복하지 않고 욕구불만이고 불안하고 미래를 확신할 수 없고 종기가 더덕더덕 나 있다.

많은 영업전문가가 정체에 빠진 핵심 이유 중 하나는 이들에게 과도한 성공에 대한 두려움이 뿌리 깊이 박혀 있다는 것이다. 이 두려움은 너무나 일반적이어서 거의 모든 영업전문가가 어느 정도는 품고 있다. 어떤 재능의 사용은 제한하지 않지만, 모든 재능을 사용하는 것은 확실히 방해한다.

예를 들어 회사의 영업목표를 초과하면 일을 할 수 없게 만드는 병이 생기는 영업전문가가 드물지 않다. 또는 경쟁에 이기면 해외여행을 갈 수 있음에도 불구하고 몇 가지 개인적 행사로 몇 주간 휴가를 내야 할 주체할 수 없는 욕구를 말하기도 한다. 자신이 시합에서 앞서고 있다는 사실을 알자마자 근심을 경험하기 시작하고 이고르가 자멸적인 해결책을 제시하기 시작한다. 이처럼 미묘한 이고르의 방해에서 흥미로운 점은 그 당시에는 의미 있게 보이는 해결책을 제시한다는 것이다. 돌이켜볼 때만 이러한 이야기의 맹점이 보인다. 개인적 행사에 참석할 욕구가 정말 있었는가? (이제까지 쭉 참석하지 않기로 마음먹었던 일이었다.) 또는 시상과 상관없이 몇 주간의 휴가를 즐길 수 있다. 왜냐하면 즉시 휴식을 취하지 않으면 심각한 질병이 될 테니까 말이다.

성공에 대한 두려움은 자신이 중요하고 간절히 바라는 것을 무의식적으로 두려워하는 것으로 정의할 수 있다. 성공에 대한 두려움을 이해하려면 두 가지 인접한 변수, 즉 실패에 대한 두려움과 성공에 대한 바람과 연관된 자신의 성격에 숨어 있는 이런 측면을 고려할 필요가 있다. 실패에 대한 두려움은 한 개인의 역량 부족으로 야기될 특정한 실수라는 의식적인 두려움으로 정의할 수 있을 것이다. 성공에 대한 바람은 특정 목표를 효과적으로 성취하려는 한 개인의 의식적인 추동으로 정의할 수 있을 것이다. 성공에 대한 두려움은 성공을 정당화할 수 없는 한 개인의 무의식적인 두려움으로 정의할 수 있을 것이다.

전형적으로 성공을 두려워하는 개인은 목표를 세우고, 목표를 달성할 수 있는 계획을 설계하고, 그런 다음 모든 자원과 에너지를 동원해 달성하려고 열심히 추구하기 시작한다. 그러나 목표가 가시권에 들어오면 걱정이 표면에 드러난다. 개인은 자신의 위치를 합리화하기 시작하면서 목표가 진정으로 바라는 것이 아니라고 결론을 내린다. 결국은 새로운 목표를 도출하고 또 합리화하는 순환구조에 빠지게 된다. 성공을 두려워하며 이러한 쳇바퀴에 빠진 것을 알게 된 사람은 우디 앨런이 <애니 홀(Annie Hall)>이라는 영화에서 그루초 막스(Groucho Marx)의 말을 인용한 것을 되풀이할 것이다. "난 나를 회원으로 모시고 싶어 하는 클럽에 가입하고 싶지 않아."

성공에 대한 두려움은 개인을 위협한다. 두려움이 무의식 수준에 있는 한 숨겨진 행동을 수정할 수 없기 때문에 더 파괴적이다. 그러나 문제가 확인되기만 하면 성공적으로 직면해서 떨쳐버릴 수 있다.

성공에 대한 두려움과 실패에 대한 두려움 사이의 중요한 차이는 전자를 거의 인식하지 못하고 있다는 점이다. 어떤 사람은 미래 성취를 두려워하고, 다른 사람은 자신이 이미 성취한 성공을 두려워한다. 다음과 같이 말하는 사람을 생각해보자. "나는 최고가 되고 싶지 않습니다. 두 번째라면 좋습니다. 저는 게으른 편이기 때문에 매년 저 자신을 지속적으로 입증하고 싶지 않습니다. 다른 사람의 인정은 좋아하지만 책임은 좋아하지 않습니다." 이 사람에게 최고가 되는 위험은 책임의 위험과 동일하다.

이 특별한 증후군의 다른 변형이 자기 자신은 결코 최고가 될 수 없을 것이라고 확신하는 영업전문가에서 보인다. 이런 개인은 안전하기 때문에 정체 상태에 있기를 선호한다.

앞에서 언급한 하나 또는 그 이상의 두려움의 결과로 생산성 정체에 빠졌는지를 알려면 좌절의 이유를 확인해볼 필요가 있다. 자신이 더 나은 영업전문가가 될 수 있다고 믿고 있음에도 불구하고 두려움 때문에 멈춰 선 것은 아닌가? 지난 3년간의 생산성 수준을 점검해보라. 성장률이 20% 미만이면 정체에 빠진 것이다. 정체에서 탈출하기 위한 첫 번째 단계는 정체에 빠졌다는 사실을 인정하는 일이다. 두려움을 분석하고 성공을 가로막는 행동을 종식시킬 수 있는 자신의 행동 계획을 시작하라.

두려움의 과정

두려움을 배우지 않아도 된다면 특히 한 개인이 변화를 원할 때 불합리한 두려움이 실제 상황에서 좀처럼 사라지지 않는 이유는 무엇일까? 이 질문에는 두 가지 답변이 있다.

첫째, 각자는 자신의 행동을 조절할 정도로 강력한 그러나 비합리적인 두려움을 배운다. 두려움을 줄이는 쉬우면서도 자멸적인 방법은 상황을 회피하거나(일을 할 수 없을 정도로 아프다고 느낌) 또는 두려운 상황에서 도망치는 것이다(지체). 영업전문가가 회피기법을 사용할 때마다 즉각적으로 걱정은 사라진다. 그러나 매번 회피양상을 되풀이함에 따라 두려움은 추가적인 힘을 얻게 된다. 실제로 소용돌이가 생겨 밑으로 끌어당긴다. 두렵기 때문에 두려움이 야기되는 행동을 회피하고 그러면 더 큰 두려움이 생겨 회피 활동을 더욱 더 원하게 만든다.

둘째, 많은 사람은 변화의 본성과 심리적 간섭의 의도에 대해 오해를 한다. 사람들은 심리치료의 목적을 문제를 해결할 수 있는 적극적인 방법을 고안하기보다 단순히 이야기하는 것으로 생각한다. 행동수정은 '행위 수정 방법'에 초점을 맞추고 있다.

많은 사람이 다음과 같은 몇 가지 조건 때문에 자신의 발전을 가로막고 있다.

1. 문제의 근원(자멸적 행동의 비합리적 두려움)을 확인하는 데 실패

2. 문제에 대해 스스로 책임을 받아들이는 것을 거부

3. 개인 변화의 가능성을 받아들이는 것을 거부

4. 변화에 대한 동기부여의 부족

5. 변화에 도움이 되는 일에 대한 비자발성

변화에는 다음과 같은 몇 가지 미신이 있다.

1. 사람들은 자신이 현재와 같은 상황에 왜 빠져 있는지 또는 자신이 하는 일에 대해 왜 그렇게 생각하고 있는지를 완전하게 이해하지 못하면 변화할 수 없다. (변화하기 위해 개인 성격의 모든 측면을 규명할 필요는 없다.)

2. 사람들은 자신의 형성 기간 동안 일어난 사건의 모든 이유를 이해해야만 한다. 그렇지 않으면 변화할 수 없다.

3. 즉시 일어나는 변화는 피상적이다.

4. 변화에는 수년간의 심리치료가 필요하다.

5. '이게 바로 내 본모습인걸'이라는 내부 목소리

행동변화의 대안

사람들이 자기 자신과 추가적으로 생산할 수 있는 자신의 잠재력을 방해하고 있는 것이 아닌지 의식하게 되면 몇 가지 대안을 생각한다. 부정적 행동을 무시하고 (거의 일어날 것 같지 않은 일이지만) 스스로 헤쳐 나갈 수 있을 것이라고 희망할 수 있다. 또는 '의지력'으로 부정적 행동을 변화시킬 수 있을 것이라고 희망할 수 있다. '스스로 하기'가 미국에서 살아가는 방식이기 때문에 자주 추천된다. 문제는 스스로 하기라는 심리치료가 무모하다는 것이다. 비용과 실패 가능성이 너무 크다.

행동수정

행동수정은 스스로 하기 방법에 효과적인 대안을 제공한다. 이 기법은 효과가 입증되었고 결과는 빠르고 항구적이다. 먼저 걱정을 줄이거나 통제한 다음 스스로 보강할 수 있는 방법으로 행동하고 생각하고 느끼는 방법을 재학습할 수 있는 적절한 기법을 적용하는 형식이다.

행동수정 변화 과정에는 의미 있는 네 가지 단계가 있다. 이것을 설명하기 위해 'DEAR'이라는 약어를 사용한다.

'D'는 자신의 문제가 무엇이고 왜 지속적으로 어떤 상황에 대해 두렵게 반응하는지 발견하는(Discovering) 것을 의미한다.

'E'는 자신을 교육하는(Educating) 것을 의미한다. 두려움이 어떻게 발생했고, 무엇 때문에 두려움이 유발되고, 두려움의 선행요건이 무엇이고, 두려움으로 인한 비용이 얼마이고, 두려움을 유지하면서 얻을 수 있는 혜택은 무엇인지 아는 것이다.

'A'는 프로그램의 활동(Activities)을 의미하며, 활동을 실천하면 변화 프로그램을 성공적으로 수행하는 데 도움이 될 것이다.

'R'은 강화(Reinforcement)를 의미한다. 각각의 성공 경험은 변화 프로그램을 성공적으로 이끌 능력을 강화할 것이다.

사고 정지

우리는 자기 자신의 생각에 따라 희생자가 될 수도 있고 수익자가 될 수도 있다. 자신의 사고는 자기 충족적 예언을 창출하기 때문에 걱정을 만들어낼 수도 있고 없앨 수도 있다. 자신에게 이렇게 생각하거나 말을 할 것이다. "어떤 가망고객과 이야기하다 보면 내가 답변할 수 없는 질문을 받게 되어 바보처럼 보이거나 행상인처럼 보일 수 있을 것이다." 이러한 생각을 하게 되면 이런 상황이 일어날 가능성을 높이게 된다. 부정적 사고로 걱정을 하게 되면 자신의 사고를 '정지'시킴으로써 이런 것을 멈출 수 있다. 사고 정지의 목표는 두려움을 끌어들이는 예기적(豫期的) 사고의 습관을 끊는 것이다. 사고 정지에는 두 가지 규칙이 있다. ①가능한 빨리 해야 하고, ②예기적 사고가 발생할 때마다 매번 해야 한다. 이러한 사고가 계기를 얻으면 멈추기가 어렵게 된다.

사고 전환

생각하거나 공상하거나 환상을 꿈꿀 때 자신에게 특별한 방식으로 행동하도록 가르치는데 이러한 가르침은 종종 두려운 것으로 습관이 된다. 부정적이거나 자기 파괴적 습관을 바꾸는 한 가지 방법은 자기 고양을 강력하게 설정하는 일이다. 이 기법은 사고 전환이라 일컫는 데, 두려움 유발의 자기 학습인 부정적이고 걱정스러운 사고를 대체할 수 있는 역량 있는 자기 학습으로 교체하는 데 도움이 되는 긍정적 선언을 설정하도록 고안되었다.

사고 전환의 핵심 효과는 걱정을 생산하는 사고를 떨쳐버릴 수 있어 다른 사고로 대체하는 데 실제적으로 도움이 된다는 것이다. 사고 전환이 발생하면 걱정은 사라지고 활동을 증진할 수 있게 된다. 증대된 활동은 새로운 행동을 강화하게 되고 이는 곧 새롭고 긍정적인 방식으로 행동하는 법을 '학습'하게 될 것이다.

성공연습

성공연습을 통해 두려움에 성공적으로 대처하는 장면을 상상함으로써 두려움을 다루는 연습을 한다. 자신이 **예기된** 걱정에 휩싸였다가 그것을 극복하는 것을 상상하게 된다. 장면을 궁리할 때는 약간의 연습을 통해 다룰 수 있을 것으로 기대하는 상황이어야만 한다. 자기 능력을 벗어나서 상상하게 되면 불가능하다고 생각하여 포기한다. 연습을 통해 긍정적 결과가 항상 결론으로 도출되어야 한다. 꼭 성공해야만 한다.

내부 대화 통제

자신이 걱정하고 있다는 사실을 인식하면 긴장감이 증가하면서 '통제를 상실'해서 무기력하게 방관하는 것이 아닐까 의아해 할지도 모른다. 이런 일은 일어나지 않는다. 걱정이 따르는 생각에 직면할 때 자신에게 하는 말을 통제함으로써 더 적극적이고 직접적인 접근법을 취할 수 있다. 긍정적인 자기 대화 시간을 갖도록 하라. 자신에게 크게 말하라. 자신의 목소리의 음색과 억양을 들을 수 있으면 학습은 좀 더 효과적이 될 수 있을 것이다. 이렇게 말해보자. "당황할 일이 전혀 아니야. 조만간 괜찮아질 거야. 긴장을 풀어, 단지 긴장을 풀기만 하면 돼. 이 전화를 처리할 수 있어."

집에서 혼자만 있을 수 있는 곳이나 산책을 하거나 운동을 할 때 또는 사무실로 출근할 때 자기와(또는 내부) 대화하는 것을 연습할 수 있다. 중요한 사항은 **걱정을 느끼기 시작할 때 해야 한다**는 것이다. 자신에게 큰 소리로 이야기하는 것이 불가능한 상황에서 걱정이 엄습할 때는 잠시 휴식을 취하면서 자기 대화를 시작할 수 있는 별도의 장소를 찾아라.

심리치료사 사이에 행동수정은 사고, 느낌, 행동의 자기 방해 요소를 치료하는 데 검증된 접근법이라는 사실이 널리 알려지고 있다. 사례 연구부터 복잡한 통제된 실험에 걸쳐 말 그대로 수천 개의 조사 연구를 통해 행동치료기법은 사람들이 문제 있는 반응을 해결할 때 성공적으로 도움을 주었다는 사실이 밝혀졌다.

행동치료는 치료적 수단을 사용하는 기법의 모음이다. 이는 새로운 종교나 새로운 생활 철학이 아니다. 사람들이 자신이 할 수 있는 모든 것을 하지 못하도록 하는 두려움이나 행동을 제거하는 데 도움이 되는 긍정적 방법이다.

행동수정기법을 사용하기로 선택한 영업인은 걱정이나 두려움을 무시하거나 사라지기를 기다리면서 더 이상 수동적으로 앉아 기다릴 필요가 없다. 이들은 바람직하지 않은 습관을 문제로 정확하게 바라볼 수 있게 된다. 자신의 행동을 조정하고 바꿈으로써 영업인은 자신의 성공에 걸림돌을 제거할 수 있다.

행동수정을 통한 재학습

행동수정은 사람이 재학습을 통해 비합리적 두려움과 이러한 두려움과 싸우기 위해 개발한 증후군 모두를 극복할 수 있도록 훈련받을 수 있다는 개념에 기초한다. 두려움은 학습되고 행동심리학에 기초한 전략을 통해 '재학습'해서 정복해야 한다. 첫 번째 단계는 두려움을 확인하는 것이다. 그런 다음 자신에게 개별적이고 특정한 피드백을 제공해서 자신의 특수한 성격에 맞게 행동수정기법을 조정할 수 있는 특정한 변화 프로그램을 개발한다.

두려움을 줄이는 방법은 세 가지 가정에 기초하며, 각 가정은 수천 명의 개인을 연구한 뛰어난 행동과학자에 의해 수년간의 조사와 개발을 통해 입증되었다.

1. 사람은 변화할 수 있다.
2. 자신이 스스로 한 변화는 항구적일 수 있다.
3. 변화에 필요한 노력은 자신에게서만 나올 수 있다.

첫 번째 기본 가정인 '사람은 변화할 수 있다'부터 살펴보자. 사람들은 자신의 개인적 행동, 사고, 느낌에 대한 개인적 책임감을 받아들이는 데 너무나 자주 실패한다. 이들은 진정으로 오늘 자신의 모습이 미래에도 항상 똑같을 것이라고 믿는다. 이들은 자신에게 다음과 같은 말을 통해 평생 평범한 삶을 살도록 선고한다. "신이 나에게 이런 식으로 살도록 하지 않았다면, 나를 이런 식으로 만들지 않았을 것이다." 또는 "크게 성공할 수 있는 조건을 갖고 있지 않아." 아니면 "나는 진정으로 변할 수 있다는 것을 생각할 수 없어."

변화는 가능할 뿐만 아니라 확실하다. 더 나은 제안이 제시되었음에도 불구하고 나쁜 상황에 그대로 머물려고 한 사람을 관찰하거나 안 적이 있는가? 변화란 자기 자신에게 해줄 수 있는 더 나은 제안이다.

두 번째 가정은 자신이 일으킨 변화는 항구적일 수 있다는 점이다. 변화는 6주에서 8주 내에 일어나기 시작한다. 변화 프로그램을 위해 몇 년이나 헌신할 필요가 없다. 어떤 사람은 며칠 만에 변화하고 다른 사람은 14주 정도나 오래 걸리지만 대개는 6주에서 8주 사이에 변화한다.

문제를 제거한 개인은 변화가 항구적이라는 사실을 깨닫는다. 제거하려면 진지하지만 불가능하지 않은, 계획되고 예정된 과정이 필요하다.

300명의 영업전문가를 대상으로 한 연구가 있었다. 심각한 문제를 극복하려는 이들의 노력은 35개월이나 걸렸다. 다음은 그 결과다.

1. 문제를 완전히 그리고 항구적으로 제거한 사람이 72%였다.

2. 변화는 있었지만 문제를 완전히 제거하지 못한 사람은 17%였다. (예컨대, "소개를 요청할 때 그렇게 큰 걱정을 겪지는 않지만, 아직도 약간은 걱정하고 있다".)

3. 변화가 없는 사람은 7%였다.

4. 무응답은 4%였다.

연구자는 두 번째와 세 번째 집단에는 더 긴 변화 양식이 필요하다고 지적했다.

세 번째 가정은 자기 자신만이 연습과 노력을 통해 불합리한 두려움을 불식시킬 수 있다는 것이다. 두려움 종식 훈련은 적극적 과정이다. 변화를 바라고 생각하고 희망하는 것은 비효과적일 것이다. 강의를 들으면 행동에 약간의 변화가 있거나 아니면 아무런 변화가 없을 수 있다. 잘 설계된 변화 프로그램을 적극적으로 따라야 할 필요가 있고 매일 변화 기법을 연습해야 한다.

명심할 것은 혼자만이 아니라는 사실이다. 변화하는 데 결코 늦은 때는 없고 지금이라도 시작할 수 있다. 어떤 사람은 자신의 잠재력에 훨씬 못 미친 삶을 살아간다. 결코 이런 사람이 되지 마라.

자기 개선 계획

자신의 성격이 개선될 수 있다는 것을 의심하는가? 그렇다면 사람들이 어떻게 하면 자신의 성격을 거의 대부분 바꿀 수 있는지, 보스턴에 사는 영업전문가가 자신의 삶을 예로 인용한 것을 읽어보라.

저는 목사의 아들로 태어나 예배할 때 맨 앞자리에 앉아 있어야만 했지만, 수요일 저녁기도 모임의 회합처럼 아무런 역할을 수행하지 않을 때는 몰래 뒷좌석에 앉는 경향이 있었습니다. 지역에서 목사의

아들은 대개 한두 명밖에 없기 때문에 애들에게 놀림을 받았습니다. 이러한 모든 것이 조합되어 상당한 열등감과 두려움이 생겼고 다른 사람을 만나는 자리를 싫어하게 되었습니다.

스무 살이 되어 책을 판매하는 영업사원이 된 여름, 가끔 경험 많은 영업전문가와 함께 일하는 경우가 있었습니다. 그는 정확하게 무슨 말을 어떻게 해야 하는지 가르쳤고 훈련을 시켜주었기 때문에, 여름 학기 동안 수업에 참가한 교사 가망고객이 살고 있는 수많은 하숙집에 가보려고 생각하게 되었고 이들에게 전집을 구입하도록 흥미를 불러일으키는 일을 시도했습니다.

무엇을 말하고 어떻게 말해야 하는지를 정확히 알았기 때문에 사람을 만나는 두려움을 완전히 잊게 되었고, 이 경험 전과 후를 다 아는 아내는 그 이후로 제가 한 번도 멈추지 않고 자유롭게 이야기하게 되었다는 사실의 산증인이 되었습니다.

이 책의 필자들을 비롯한 많은 사람이 이 영업전문가가 대인관계에서 편안함, 균형, 호감을 갖추었다고 보증할 수 있다.

자신의 말을 느끼도록 배우기

캐나다의 어느 백만 불 원탁회의 영업전문가는 어쩌다 학교를 중퇴했고 그래서 공식교육이 부족하다는 사실을 말했다. 말을 통해 살아가는 것을 희망하면서 말의 효과성에 대한 중요성을 깨닫고 실천계획을 미리 만들었다. 그는 말한다. "효과적으로 말하는 법을 배우는 것, 즉 제가 느낀 것과 똑같이 말하는 법을 배우는 것이 긴요한 일이라고 깨달았습니다. 이것을 개발하는 하나의 수단으로 대중연설을 할 수 있는 모든 기회를 잡았습니다. 왜냐하면 제 생각을 짜임새 있게 구성하는 데 도움이 되었고, 전달하는 과정에서 균형감과 말 연습을 할 수 있기 때문입니다. 이 일이 제가 한 것 중에서 가장 중요한 일이라고 생각합니다."

이 영업전문가는 자신의 경험에서 우러난 가치에 큰 감명을 받아서, 대학생을 채용할 때 운동선수보다 논쟁이나 연극 또는 말을 연습하는 것이 요구되는 다른 과외 활동에 경험을 가진 사람에 더 흥미를 보였다.

균형감과 확신 개발

대중연설에 대한 가치의 또 다른 예는 업계에 입사한 지 1년밖에 안 되는 35세의 영업전문가 이야기에 녹아 있다. 두 사람 이상의 가망고객 앞에만 서면 부끄러움을 탄 나머지 균형감과 확신을 개발하려고 대중연설 과정을 수강하기로 결심했다. 당황과 떠듬거리는 단계라는 일반적인 과정을 거치고 난 다음, 지금은 담당강사가 가장 훌륭한 수강생으로 인정하고 있다. 이 영업전문가는 25km 떨어진 작은 도시의 사업가 모임에 연사로 초빙되었다. 그는 그날 강연할 내용을 써서 모든 문장을 외우고 약속한 날에 차를 몰고 모임에 참석했다. 연설은 생각보다 더 좋았는데 항상 그랬다. 지금 그는 간단한 개요만 준비해서 연설할 정도로 상당한 자부심을 갖고 있다. 그는 다음과 같이 말한다. "다른 사람을 대하는 확신과 태도가 엄청나게 개선되었습니다."

다른 영업전문가는 대중연설 수업의 회원으로 처음 10번 정도의 수업에서 거의 다른 사람 앞에서 한 마디 말도 못했던 어떤 사람에 대한 흥미로운 이야기를 한다. 그 사람은 땀이 말 그대로 얼굴을 흠뻑 적실 정도였다. 그러나 점점 안정을 찾기 시작했다. 다음 해에 그는 반의 반장으로 선출되었다. 그는 예전에 다른 사람을 만나면 머뭇거리고 심지어 얼굴을 붉히곤 했다. 그는 지금 완전히 변해 외모를 제외하고는 그가 동일한 사람인지 의심스러울 정도라고 우리는 이야기한다.

자기 점검

많은 특질이 모여 좋은 성격을 구성한다. 이러한 특질의 목록이 다음 쪽의 <표 4-1>에 나열되었다. 앞에서 제안했듯이 자기 분석은 오류를 확인하고 오류에 주의를 집중하는 데 유용하다. 그러나 다음 단계는 더 이상 분석이나 자기반성을 하는 것이 아니라 다른 사람 앞에서 연습하는 것이다.

<표 4-1>의 자기 분석을 수행할 때 벤저민 프랭클린이 200년도 더 전에 자신의 성격을 개선하기 위해 비슷한 계획을 사용했다는 사실을 알 필요가 있다. 단계는 다음과 같다.

<표 4-1> 자기 분석

이름: 일자: 평가: 1 2 3 4 5

자질	평가
자신의 계획을 수행하는 능력	
꾸준하게 일하는 능력	
상상력과 비전	
야망	
자신감	
열정	
다른 사람의 감성에 영향을 미치는 능력	
균형감	
집중력	
진실성	
설득력	
다른 사람의 관점을 이해하는 능력	
건강	
충성	
논쟁을 자제하는 능력	
호감 있는 목소리	
다른 사람을 편안하게 하는 능력	
복장	
다른 사람에게 인정받고 호감을 받는 능력	
협동심	
기억력	
예절	
스포츠맨십	
유머감각	
재치	
우정	
인내력	

1. 각 특질에 대해 자만심이나 열등감 없이 자신을 평가하라. 1과 2는 평균 이상이고 3은 평균, 4와 5는 평균 이하다.

2. 4와 5로 평가한 목록을 작성하라. 그런 다음 자신의 개발 프로그램에 추가될 필요가 있는 3으로 평가된 목록을 더하라.

3. 첫 번째 목표로 하나 또는 두 개의 항목을 선택하라. 그런 다음 일상적으로 전화를 하거나 사교적 모임이 있을 때 늘 할 수 있는 특정한 실행 활동을 할당하라.

4. 이 과정을 2주간 지속하라. 자신을 점검하고 자신이 습관으로 만들고 싶어 하는 개선 수준에 도달할 때까지 또 다른 기간 동안 지속하라. 그런 다음 새롭게 고치고 싶은 하나 또는 두 개의 특질을 추가하라.

5. 6개월이 경과한 다음 다시 자신을 평가하고 개선 정도를 확인하라.

자기 분석의 이런 과정을 통해 성격을 개선하는 매우 막연한 문제를 몇 개의 확실한 특질을 개선하는 것으로 축소할 수 있다는 사실을 쉽게 알 것이다. 배우자나 영업관리자 또는 자신의 개선에 관심이 있는 누구라도 이 과정에 큰 도움을 줄 수 있다. 몇 부 복사를 해서 가족이나 친구에게 여러 가지 항목에 대해 자신을 평가해달라고 청하는 것도 좋겠다.

특정한 특질을 개선하는 실습을 할 때 몇 개의 활동 사례가 있다.

1. **이름 기억 개선하기** 이름을 잘 기억하지 못하는 원인은 주의와 반복의 부족이다. 치료법은 다음과 같은 연습을 통해 자신의 기억력을 확고히

하는 것이다.

a. 소개를 받으면 이름을 명확히 들었는지 확실히 해야 한다. 그렇지 않으면 이름을 다시 한 번 말해달라고 부탁하라.

b. 계속해서 대화를 나누면서 튀지 않게 최대한 자주 이름을 반복하라.

c. 이름을 자신에게 익숙한 것과 연상시켜라.

d. 하루 일과가 끝나면 낮에 만난 사람의 이름을 모두 기억하라. 이름을 하나하나 쓰면서 각각의 사람을 떠올리도록 노력하라.

2. 사교성과 친근감 개발

a. 다른 사람을 만날 수 있고 상호 밀접하게 일하는 조직이나 활동에 참가하라. 상공회의소에 합류하는 것을 고려하고 도움을 주고 싶어 하는 마음을 알려라. 의식적으로 사람을 만나도록 자신을 밀어붙이고 사업적 만남을 만들어라.

b. 친절과 재치가 요구되는 상황에 자신을 밀어 넣어라. 어떤 회사의 새로운 영업전문가는 친근감이 부족했기 때문에 사무실에 배치될 때 출입구 근처에 좌석이 배치되어 모든 방문자를 만나고 인사하는 일을 할 수밖에 없었다. 그는 즉시 적절한 미소를 지으면서 무슨 말을 어떻게 해야 할지 알게 되었다. 또한 그에게 다른 사람의 협력이 요구되는 온갖 일이 주어졌다. 그의 영업관리자는 지속적으로 지켜보면서 종종 재치가 부족하다는 사실을 지적해주었고 곧 다른 사람을 대하는 그의 모든 태도는 바뀌었다.

3. 사람 좋아하는 법 개발

a. 매일 다음 한 주 동안 만나야 할 10명의 명단을 작성하라. 각각의 이름 옆에 그 사람을 좋아하는 이유를 한 가지씩 적어라. 자신이 싫어하는 모든 사람의 목록을 만들고 각각의 이름 옆에 자신이 생각해 낼 수 있는 그 사람의 호의적인 특질을 적어라. 몇 주간 이런 연습을 하면 다른 사람이나 삶 전반에 걸쳐 긍정적인 면을 찾는 시각으로 바꾸는 데 도움이 될 것이다.

삶에서 가장 소중한 시간

성격 개선에 관심이 아주 높은 한 영업관리자는 다음과 같이 자기와 함께 일하는 영업전문가의 진실한 고백을 전한다. "제 개인적 부족함에 대해 처음으로 논의했던 그 시간은 제 삶에서 가장 소중한 시간이었습니다. 28년간 살면서 저에게 흥미를 보이면서도 개인감정을 섞지 않고 저를 지켜보면서 저 자신을 아는 데 도움을 준 사람을 만날 기회를 갖지 못했습니다."

이러한 태도는 진짜 야심 있고 진지한 영업전문가의 특징이다. 이들은 자신의 성격에 흥미를 갖고 있고, 야심이 클수록 자기 자신의 개인적 개발에 더 많은 노력을 기울이려 한다. 성공 정도와 상관없이 모든 영업전문가는 자신의 약점을 발견하려고 노력하고 이것을 극복하는 데 도움이 되는 일을 하면 자신을 개선시킬 수 있다.

받아들일 수 있는가?

존 왓슨(John B. Watson)은 그의 책 『행동주의(Behaviorism)』(트랜잭션 출판사, 1998. 6.)에서 다음과 같이 썼다.

각자는 자신의 행동방식을 지켜볼 수 있고 자신의 행동으로 유발되는 진정한 자극을 알게 되면 종종 놀랄 것입니다. 아첨을 좋아하고, 이기심이 많고, 어려운 상황을 회피하고, 약점을 노출하거나 고백하기 싫어하고, 지식이 불충분하거나 부족하고, 질투심이 많고, 경쟁자를 두려워하고, 희생양이 될까 걱정하고, 자신이 도망치기 위해 타인에게 비난의 화살을 날리는 등등이 우리 본성에서 믿을 수 없는 한 부분을 구성합니다.

자신의 진정한 모습에 직면한 개인은 종종 거의(완전하게는 아니지만) 유치한 행동이나 비윤리적 기준과 같이 합리화의 아주 얇은 막으로 은폐된 것에 압도당합니다. '영혼'을 그대로 드러내는 진정한 용자만이 우리의 나약한 본성을 직시할 수 있습니다.

성격 요약

가망고객의 관점에서 보면 이제까지 논의했던 내용 중 가장 바람직한 성격 특질은 네 가지 현저한 특징으로 요약할 수 있다.

1. **호감도** 영업전문가는 유쾌하고 우호적이고 뜻이 통하는 사람이 되어야만 한다. 이러한 특징은 가망고객을 만나거나 친구나 지인에게서 가망고객의 이름을 얻는 데 큰 역할을 한다.

2. **설득력** 이 특질은 사업에 대한 자신감과 확실한 지식을 통해 축적되며 제안하는 방법과도 관련이 있다. 설득력은 육체적인 에너지와 말하는 목소리의 적절한 사용과 밀접한 관련이 있다.

3. **열의** 영업전문가는 자신의 상품과 서비스, 직업적 책임, 가망고객에 대해 올바른 정신 태도를 갖고 있어야만 한다. 이 태도는 열정과 진지함의 결합이다.

4. **인내** 이 특질은 근면과 결심이 결합되어 창출된다. 이 자질을 지닌 신참 영업전문가는 쉽게 포기하지 않는다. 이 자질을 통해 또한 가망고객을 두 번 세 번 만나러 간다.

이러한 특징을 골고루 갖춘 영업전문가는 큰 힘을 발휘한다.

판매 증대를 위한 15가지 방법

경제 호황에 익숙해지는 일은 쉽고도 위험하다. 언제나 수많은 문젯거리가 있음에도, 영업전문가는 성공이 경제 호황보다는 사업에 대한 통찰력에 달렸다는 사실을 잊는 경향이 있다. 모든 사람이 잘하고 있으면 중요한 도전 과제는 무리 중에서 앞서는 방법이다. 불행하게도 많은 영업전문가는 약간 게을러지고 이때 목표를 놓치고 만다.

사업을 지속적으로 꽃피우고 경쟁력을 획득할 수 있는 기회를 잡아 더 성공할 수 있는 15가지 방법이 여기 있다.

1. 마케팅 계획을 개발하라

'육감과 경험에 의존한' 마케팅은 재미도 없고 보상도 없다. 좌절감과 역효과만 남고, 혼란스러우며, 무질서와 어떤 욕구를 충족시켜야 하는지 생각하지 못하는 무능력을 나타낸다. 유용한 마케팅 계획은 고도로 세부적인 문서일 필요는 없다. 경영자를 감동시키기보다 실행을 위해 고안되기만 하면 된다. 기본적으로 다루어야 할 주제, 즉 고객, 고객 세부명세, 목표, 메시지, 기대되는 결과, 일정 등이 담긴 간단한 개요로도 충분하다.

문서로 만든 것은 항상 바뀌거나 변할 수 있지만, 그럼에도 문서로 만들어두면 합의된 목표를 향해 일관성을 갖고 계획을 추진하는 데 도움이 된다.

2. 올바른 마케팅 전술을 선택하라

사업의 세계는 비합리적인 사고로 가득 차 있다. 몇 가지 예를 들면 다음과 같다. "직접우편(direct mail)은 효과가 없다." (이 말을 피시 웨어하우스, L. L. 빈, 빅토리아스 시크릿 사에 가서 말해 보라.) "아무도 광고를 읽지 않는다." (이 정보를 마이크로소프트, 제너럴 모터스, 머크 사에 전달하라.) "소식지(newsletter)로 판매를 창출할 수 없다." (누가 이런 말을 하는가? 영업전문가는 주문을 받는 것을 책임지고 있다. 소식지는 고객을 창출하는 데 도움이 된다.) 특정 고객에게 가장 적절한 매체를 선택할 때 신중한 주의를 기울여 조사를 할 필요가 있다. 대부분의 상황에서 조사 결과는 몇 가지 마케팅 전술을 활용하는 캠페인을 창출하는 것과 연관될 수 있다.

3. 기본에 충실하라

믿기 힘든 일이지만 **고객을 무시하는 일**이 가장 흔한 마케팅 실수로 거론되는 항목 중 첫 번째다. 영업전문가는 자신의 메시지를 표출하는 데 너무나 큰 관심을 갖고 있어 고객이 어떻게 그 메시지를 이해할지는 관심을 두지 않아 실패한다. 고객이 듣고자 하는 것이 무엇일까? 우리와 일을 하는 것이 그들에게 가장 좋은 이유는 무엇인가? 대부분의 마케팅 노력이 실패하는 이유는 고객이 알고 싶어 하는 것이 불명확하고 숨겨졌고 또는 대부분은 완전히 무시되었기 때문이다.

4. 걱정하라

걱정은 생산적이기 때문에, 회피해서는 안 된다. 지속적인 성공에 필수요소다. 걱정을 멈추면 방심하게 된다. 걱정을 멈추면 경쟁자가 유리한 고지를 선점한다. 걱정을 멈추면 실수를 하게 된다. 걱정은 에너지를 고갈시키는 것이 아니라 충전시킨다. 일이 잘될 때 자기만족에 빠지는 것은 쉬운 일이다. 소위 '소심한 사람'은 끊임없이 활동하고 자신을 확신하지 못하는 영업인이다. 이들이 바로 승자다.

5. 가망고객 발굴 노력을 확대하라

상황이 좋을 때는 새로운 고객을 찾으려는 흥미가 종종 사라진다.

우리는 주문을 처리하는 데 바쁘고 새로운 일거리가 줄지 않고 밀려들 거라고 믿는 경향이 생긴다. 그러나 오늘의 성공이 영원히 갈 것이라는 보장은 어디에도 없다. 많은 일거리를 가지고 있으면 어떻든 그 일거리를 확보했기 때문에 우리가 잘하고 있다고 믿게 된다. 새로운 고객을 찾아야 할 가장 적절한 때는 고객이 필요 없을 때다. 오늘 가망고객을 발굴하는 일은 어려울 때를 대비해 새로운 사업 엔진에 연료를 넣는 것이다.

6. 차별화하라, 차별화하라, 차별화하라

'위치'가 부동산의 표어이듯,* 경쟁사와 '차별화'하는 것이 마케팅의 핵심이다. **차별화**는 마법 주문이다. 비슷해 보이는 사람은 고객의 마음에도 비슷해 보인다. 우리가 할 일은 ① 고객에게 차별을 느끼게 할 수 있는 특성을 찾고, ② 이 특성을 가능한 한 많이 강조하는 것이다. 면도기 업계 2위사인 시크 사는 안전면도를 강조했는데 이 문제는 특히 10대와 아프리카계 미국 남성에게 중요했다. 얼굴에 신경을 쓰는 10대는 면도 상처를 피하길 원하고 일부 아프리카계 미국 남성은 두상의 굴곡 때문에 면도하기가 고통스럽다고 알려졌다. 질레트 사는 말끔한 면도 부문에서는 승리했지만 시크 사는 안전을 의식하는 틈새시장을 찾았다.

---

* 해럴드 새뮤얼(Harold Samuel)의 1944년도 표현에서 유래했다. "The three most important factors in determining the desirability of a property are 'location, location, location'." — 옮긴이

7. 영업지원 인력을 효과적으로 활용하라

영업전문가는 프리마돈나처럼 행동하고 어느 정도 거만을 떨지만, 사실은 해야 할 일이 너무나 많다는 불평도 맞는 말이다. 가망고객을 발굴하고 기존 고객에게 봉사하고 관계를 구축하는 데 시간을 보내기보다는 개척전화를 하고 새로운 가망고객을 찾아내도록 기대되고 있다. 모든 영업전문가는 새로운 기회를 탐색해야만 하지만 덤불더미에서 바늘을 찾느라고 시간을 소비하는 건 재능을 낭비하는 짓이다. 효율적 판매는 좋은 가망고객 명단에서 출발하지만 이 일은 회사가 해야 할 일이다. 목표는 영업전문가가 가장 잘하는 일, 즉 판매로 바쁘게 만드는 것이다.

8. 응답 고리를 제공하라

응답 고리란 우리가 소식지, 광고, 직접우편 또는 인터넷과 같이 소통한 것을 받은 수신자가 묻거나 요청하거나 반응을 보이는 기회에 지나지 않는다. 요청 사항이 정보나 소책자, 백서, 견본, 또는 약속, 무엇이든 상관없이 최고의 동기부여를 할 수 있는 기회이기 때문에 선택할 수 있도록 하라. 목표는 가망고객의 욕구를 충족시켜서 좀 더 가깝게 끌어당기는 것이다. 가망고객에게 도움이 되는 적절하고 유용한 정보가 강력한 고리가 될 수 있다.

9. 옆길로 빠지지 마라

계속 집중하는 일은 쉽지 않다. 앞을 제외한 모든 방향에서 끌어당기고 밀어붙이는 강력한 힘이 존재한다. 지루하면 마음속으로 새로운 즐거움을 찾는다. 단순히 경쟁자와 보조를 맞추는 일만으로는 에너지가 목표에서 벗어난다. 자만으로 유효한 목표가 빛을 잃는다. 사업이 잘되고 있을 때 옆길로 빠지기는 쉽지만 장기적으로는 비싼 대가를 치른다.

10. '새롭고 개선된' 것을 제공하라

고객은 업계에서 최고인 영업전문가와 일을 하고 싶어 한다. '새롭고 개선된' 것이 주로 상품과 서비스에 적용되지만 마케팅 소통도 또한 포함된다. 편지지의 인쇄 문구, 명함, 소책자가 수년간 변하지 않았으면 가망고객과 고객에게 시간 정지에 빠진 인상을 주게 될 것이다. 사업은 물론 판매하는 것은 '새롭고 개선된' 모습을 갖고 있어야만 한다.

11. 기술발전에 보조를 맞춰라

기술에 대해 '기다리는' 태도를 취해도 되는 시절이 있었다. 오늘날은 아니다. 변화가 너무 빠르고 근본적이다. 뒤처지면 불가능한 일은 아니지만 따라잡는 게 힘들 것이다. 기술의 목표는 두 가지다. 실

시간으로 운영되고 효율을 극대화하는 것이다. 오늘날의 고객은 지연과 불편을 참지 못할 것이다.

12. 지속적으로 그리고 일관되게 소통하라

사람들은 오늘날 너무나 바빠 우리가 누구이고 우리가 하는 일이 무엇인지 기억하지 못한다. 종업원은 자주 자리가 바뀌고 새로 온 사람은 우리를 모른다. 우리는 지금 하고 있는 일에 너무나 집중하고 있기 때문에 내일 또는 다음 달에 무슨 일이 생길지 생각할 시간이 없다. 욕구가 있을 때 우리에게 연락이 안 되면 다른 사람이 그 주문을 챙길 것이다. 가망고객과 고객에게 주의를 빨리 그리고 강력하게 확보할 수 있는 다양한 방법으로 가시권에 항상 머물도록 하라.

13. 영역을 넓혀라

"반나절 이상 걸리는 곳에는 가지 않습니다"라고 말하는 사람은 파멸할 것이다. 오늘날 임무는 더 많은 일거리를 확보하는 방법을 찾는 것이며 이는 넓은 시장을 발견하는 일을 의미한다. 한때 교통수단이었던 말이 시장 영역을 규정했고 그 다음에는 전차, 자가용, 비행기 순이었다. 지금은 인터넷 덕분에 모든 기준이 사라졌다. 고객과의 지역적 거리는 이제 고객에게 무엇을 해줄 수 있는지만큼 중요하지 않게 되었다.

14. 항로를 유지하라

오늘날 사람들은 쉽게 지루해한다. 이렇게 만든 범인은 아마도 정보 과잉일 것이다. 원인이 무엇이든 사업에 영향을 미치고 있다. 모든 것이 단기화하고, 특히 사업, 마케팅, 판매 전략을 개발하고 실행하는 우리의 능력은 심지어 초단기로 더욱더 짧아지고 있다. 결과가 즉시 나오지 않으면 우리는 새로운 것에 관심을 돌린다. 그러나 성공적인 마케팅 전략은 누적된 결과를 기초로 하기 때문에 시간이 걸린다. 과거 구매자와 비교해보면 오늘날의 고객은 구매 의사결정을 내릴 때 더 많은 시간을 소비하기 때문에 올바른 순간에 이들과 함께 있는 것이 중요하며 이는 항로를 유지하는 것을 의미한다.

15. 생각하라

일을 하는 데 심각한 사상이 필요한 경우는 아주 드물다. 시간을 들여 정보를 모으고, 검토하고, 고려하는 것이 핵심이다. 모든 사업이 반대자, 즉 대중적이고 수용되는 관점에 반대의견을 제시하는 사람에게서 수익을 내는 이유이기도 하다. 옆으로 비켜져 제외되거나 무시당하기 때문에 이러한 사람은 멸종위기에 있는 종이다. 이들은 가장 파괴적인 표지를 달고 있다. "팀플레이에 적합하지 않음." 반어적인 사실은 이런 사람이 모든 사업에 더 필요해졌다는 것이다. 이들은 생각을 자극하고 우리의 가설을 분석하도록 강요하고 우리의 편견을 뛰어넘도록 요구한다. 생각하는 조직으로 알려지는 것이 사업에 더 나은 일이다.

조지 윌(George Will)의 책인 『남자의 일터: 야구인(Men at Work: The Craft of Baseball)』은 (이 책과 동일하게) 네 개의 장으로 구성되었다. 마지막 장은 '칼 립켄*의 정보'다. 놀랍고 대담하고 예상하지 못한 제목이다. 이유가 여기 있다. "저는 제가 수비해야 할 부분을 줄이려고 상대 팀 타자와 우리 투수를 연구하는 것을 좋아합니다. 저는 대부분의 내야수가 갖고 있는 광범위한 수비 방어 재능이 없었습니다. 그래서 **생각**을 통해 성공했습니다"라고 살아 있는 전설인 칼 립켄은 말한다. 전략이 모든 것이 된 오늘날 생각도 마찬가지다.

흐름에 따라 상승(또는 하락)하기보다 자신의 운명을 통제할 수 있는 이러한 15가지 전술로 호황이나 불황에 상관없이 자신에게 필요한 경쟁력을 확보할 수 있다. 어떤 사람도 외부 힘에 사업이 좌우되기를 바라지 않지만 경제, 경쟁, 다른 영업인의 영향을 받아 사업이 좌우되기는 쉽다. 올바른 기법을 활용하면 이러한 일이 생길 가능성이 없다.

차가운 개척영업을 뜨거운 판매로 바꿔라

영업전문가의 설득 능력이 가장 가혹한 검증을 거치는 때는 사무실 방문이나 전화 통화를 통한 개척영업으로 접근한 고객과 상담을 할 때다. 개척영업에는 자신이 모르는 사람이거나 또는 자신이 아는

---

* Cal Ripken, 1960년생, 볼티모어 오리올스 팀에서 20년간 야구선수로 활동, 명예의 전당에 최고의 유격수와 3루수로 선정, 19차례 올스타 경기에 참가한 가장 몸집이 크고 키가 큰(1m 93cm) 유격수. — 옮긴이

한 자신이나 자신의 상품에 흥미가 없다고 표현한 개인에게 접근할 수 있는 수단을 찾는 것이 포함될 것이다.

가망고객을 만나기 **전에** 성공적인 판매를 위한 기반을 쌓는 일은 매우 중요하다. 흥행적 재능, 우정, 평판, 성실성은 기반에 들어가는 암석이다. 그렇다면 개척영업이 왜 판매의 진정한 도전 과제인가?

무슨 말을 들었거나 무슨 일이 벌어졌든지 결국 개인이 매장에 들어서는 순간 판매의 절반은 이루어진다. 한 개인이 문을 열고 들어갈 수 있도록 어떤 때 어떤 목적으로 한 몇몇 설득은 결국 신문의 광고성 기사, 판촉 계획, 쇼윈도의 상품진열, 홍보, 지역사회에서 몇 년에 걸쳐 노력해서 쌓은 신용과 같이 복잡한 판매술의 결과다.

이는 매장의 한 판매점원과 다른 판매점원 사이에 차이가 없다거나 고객이 진열대에 다가올 때 어떤 접근법을 사용하는지에 차이가 없다는 것을 의미하지 않는다. 영업인의 성격과 판매 화법에 의해 고객은 무시되거나 퇴짜 맞거나 또는 사로잡힌다. 고객은 자신이 원래 원하지 않은 것을 구매할 수 있고(그 다음 주에 반품할 수도 있다), 원래 사용하려는 금액의 두 배를 쓰도록 설득당할 수도 있다.

강조하지만, 이러한 특정 고객은 "아니요"라고 말한 적이 없다. 이들이 자신에게 "아니요"라고 말했다면 상점에 오지도 않았을 것이고 특정 백화점을 찾지도 않았을 것이다. (물론 촉진과 광고라는 또 다른 형태의 판매술은 고객의 "아니요"를 "아마도", 그 후 "예"로 바꾸었을 것이다.) 매장의 문턱을 넘는 행위는 판매가 시작되기 전에 "예"라고 말한 것이다. 그리고 판매가 이루어지지 않으면 매장이나 상품 또는 매장의 영업직원에게 뭔가 문제가 있는 것이다.

개척영업은 역공으로 시작한다. 어떤 고객도 상품을 보러 오지 않는다. 상품이 밖으로 나가 고객을 찾아야 한다. 사실 이들은 아직 고객이 아니며, 기껏해야 단지 가망고객일 뿐이다. 그런 다음 세상의 모든 사람이 가망고객이듯이 이들도 단지 가망고객이기 때문에 단어의 의미를 확대한다. 개척영업에서 영업전문가는 **가망성 높은** 가망고객에게 접근하는 것이다. 영업전문가는 초청도 격려도 받지 않은 상태에서 이런 개인에게 간다.

전에는 관심이 없었던 사람에게 판매되는 상품의 비율이 미국에서 얼마나 되는지 생각해본 적이 있는가? 수년간 브러시 산업을 이끈 회사는 자사의 상품을 소매점에 출시한 적이 없었다. 어떤 사람도 방문판매하는 영업전문가를 통하지 않고는 풀러 사의 브러시 제품을 구입할 수 없었다. 진공청소기도 마찬가지였다. 수년간 일렉트로룩스 사는 자사의 제품을 방문판매 기법을 통해서만 배타적으로 판매했다. 얼음장수와 경쟁을 하면서 냉장고도 이런 식으로 판매되었다. 오늘날 식품보관 여부와 상관없이 냉장 관련 가전제품은 훈련된 사람의 개척영업을 통해 예전보다 더 많이 소개되고 있다. 서점에 가서 브리태니커 백과사전 한 질을 요청해도 구할 수 없을 것이다. 이 책과 다른 참고도서는 가정에 찾아온 방문판매자를 통해서만 구입할 수 있다.

고객이 다가와 다음과 같이 방문판매자에게 말하는 것은 영업전문가로서 상상할 수 없다. "당신 상품이 하나 필요한데. 가격이 어느 정도 되고 언제 배달될 수 있나요?" 고객은 자신이 요청하지 않았기 때문에 원하지 않을 뿐만 아니라 사용할 일이 없고 놓을 곳이 없고 살 여력이 확실히 없다고 항상 주장한다는 사실을 받아들이도록 설득되어야만 한다. 그리고 무엇보다도 영업전문가는 제품 계열 중 어떤 것을 원하는지도 확신하지 못하면서 구입 제품 계열 중 최고만 갖고 있다는 것을 보여주어야만 한다!

그렇기 때문에 초인종을 누르거나 문을 두드리는 방문판매자는 미국에서 최고의 잠재력을 갖춘 영업전문가라는 사실을 입증해왔으며 이러한 수준의 일부터 훨씬 더 크고 중요한 과제까지 모두 섭렵해왔다. 개척영업은 자신을 입증하는 마당이자 훈련의 마당이었다.

개척영업은 영업에서 언급될 수 있는 거의 모든 것이 망라된다. 영업은 고객이 "아니요"라고 말할 때 시작된다. 사실 개척영업에서 고객이 "아니요, 관심이 없습니다"라고 말하면서 시작하지 **않으면** 무언가 확실히 잘못된 것이다. "아니요"라는 말은 너무나 평범하면서도 재치 있는 재담이기 때문에 수많은 영업전문가는 이런 예상한 저항에 봉착하지 않으면 상담을 지속해야 하는지 어쩔 줄 모르게 된다.

개척영업에서 첫 번째 선행조건은 열정이다. 저항이라는 공고한 벽을 무너뜨리고 싶어 하는 사람은 자신의 상품에 열의와 자부심이 넘쳐야만 한다. 이들은 살아 있는 불꽃이 되어 따뜻하게 타올라야 한다. 목소리에 기쁨이 넘치고 주장에 열정이 실려야만 한다. 자신의 상품에 이러한 열정적인 열의가 반영되어야 하며, 반영이라는 측면에서 영업전문가의 모든 자질이 상품에 표출되어야 한다. 상품은 놀랍고 아름다운 것이 되어 진정 없어서는 안 되는 것이고, 이것은 다른 사람의 지성을 무시하지 않으면서도 구매를 피할 수 없게 만드는 기회가 된다.

저항? 고객은 원래 저항으로 가득 차 있다. 이들은 영업전문가가 말하려는 모든 것에 원래 회의적이다. 대화의 모든 과정이 영업전문가의 통제에 있을 때 왜 그렇게 말하도록 허용해야 할까? 가망고객에게 자신의 반대의견을 말할 수 있는 기회가 주어질수록 이들의 마음은, 특히 상담의 초기 단계에서 좀 더 굳어지고 구체화한다.

이 모든 것이 훌륭한 이론처럼 들리는데 어떻게 하면 실행에 옮길수 있을까? 다음과 같은 기초 규칙을 고려하라. 개척영업을 하는 동안 대화가 지체되도록 하지 마라. 판매 저항을 와해시킬 때 침묵하는 시간은 가망고객이 방어수단을 챙기는 때다. 가망고객에서 고객으로 전환한 다음에 생각해볼 시간을 많이 가질 수 있을 것이다. 이들에게 지금 무제한의 망설이는 기회를 허용할 이유가 있을까?

개척영업은 직접적이고 핵심적이어야 할 것으로 보인다. 간접 판매, 주제에 대한 대략적 대화, 주제를 좀 더 미묘하게 제시하는 것, 판매하려고 하는 것을 원하는 수준까지 고객을 이끄는 것과 같은 모든 것은 완전히 모르는 사람과 대면할 때는 부적절한 것으로 보인다. 그러나 실제로는 그렇지가 않다. 일반적 방법은 특수한 상황에 쉽게 적용될 수 있다.

예를 들어 초인종을 누른 다음 첫마디를 방문한 목적을 말하는 것으로 할 필요가 없다. 젊은 부부의 욕구를 충족시키도록 만든 상품을 판매할 때는 "댁에 어린 자녀가 있습니까?"라고 물을 수 있다. 많은 사람은 다음과 같은 직접적 접근법과 비교할 때 이런 개시 질문이 이점이 거의 없거나 전혀 없다고 생각한다. "선생님의 어린 자녀에게 매우 가치 있는 것으로 입증될 상품을 소개하고 싶어 방문했습니다." 그러나 이 두 가지 개시는 실질적으로 완전히 다르다.

방문한 집에 아이가 없다면, 개시 질문에 대한 답변은 부정적이다. 영업전문가는 어린 자녀가 있고 특정 상품에 관심을 가질 만한 친구나 이웃을 물어볼 수 있다. 반대로 서술문이 사용된 경우 어린애가 없고 상품에 관심이 없다고 퉁명스럽게 대답한 후 가망고객은 쉽게 문을 닫을 수 있다. 질문을 하면서 영업전문가는 제안한 것이 아무것도 없고 영업사원이라는 언급조차 하지 않았다. 단지 질문을 했고 예의바른 사람이라면 대답할 것이다. "예, 어린아이들이 있는데요. 왜요?" 가망고객은 상품이 필요하지 않거나 판매대화를 원하지 않는다고 말할 기회가 없다. 서술문을 사용하면 영업전문가는 아직 상품을 확실하게 판매하지 못한 고객에게 실제적으로 "미안하지만 관심 없습니다"라고 말한 후 문을 닫도록 유도하는 것이 된다.

영업전문가가 자신의 질문에 승낙의 답변을 얻었다고 가정하자. 그러면 이들은 자녀가 몇 명인지 그리고 나이는 어떻게 되는지 묻는 것으로 진행하면서 자신의 제안을 준비한다. 이들은 기계나 보험을 판매하는 사람이 첫 번째 방문을 하기 전에 자기 자신과 회사를 가망고객에게 알리려고 대단한 노력을 기울이는 것과 마찬가지로 영업에 우호적인 분위기를 만든다.

더욱이 영업전문가는 순식간에 방문목적을 알고 싶어 하게끔 고객의 호기심을 불러일으킨다. 고객에게서 나오는 이러한 질문은 이야기를 해달라는 초청이고 따라서 경청하겠다는 서약이다.

개척된 시장에 비해 상품이 조금 비싸다고 가정해보자. 지역은 기껏해야 중산층이 사는 곳이고 평균적인 가정은 재무적으로 곤경에 빠지지 않은 채 막대한 금액을 사용할 여력이 없고 일정 기간 분할 상환조차 힘들다. 어머니나 아버지는 제안이 시작되기 전에 가격을 거의 확실하게 물어볼 것이기 때문에 예민한 영업전문가는 이러한 질문을 무시하는 법을 알아야만 한다. 자신이 하는 이야기에 푹 빠지고 설득력 있게 제안을 해서 위험한 가격 영역이라는 옆길로 빠지지 않게 해야 한다. 자신의 말이나 일련의 생각에 방해를 받을 수 있는 기회를 거의 또는 전혀 주지 말아야 한다. 모든 홍보책자와 소책자를 펼쳐놓고 현존하는 가장 필수 불가결한 상품인 것처럼 상품에 대해 말한다.

다른 반대의견을 포함해 가격을 논의할 때가 있지만 항상 가망고객에게 판매의 씨앗이 뿌려진 다음이어야 한다.

영업전문가가 상담 중 발생할 수 있는 예기치 않은 모든 사건을 잘 해결하기는 불가능한데 이는 체스 시합에서 각각의 말이 움직일 때 거의 끝이 없는 대응수가 나올 수 있기 때문에 모든 가능한 수를 예측하는 일이 불가능한 것과 비슷하다. 제안의 바로 첫 번째 순간에 영업전문가가 제공하려는 상품을 말했을 때 그러한 항목을 이미 가족이 갖고 있다는 말을 들었다고 가정해보자. 각 가정별로 아이에게 하나의 백과사전(또는 하나의 진공청소기나 냉장고)이면 충분하다는 게 일반적인 인식이기 때문에, 대부분의 영업사원은 방문한 것이 헛일이라고 생각한다. 서류가방에서 막 끄집어내던 몇 개의 소지품을 다시 싸고, 고맙다는 말을 하고, 집을 나서면서 약간 의기소침해지면서 이미 얼마나 많은 시간을 낭비했는지 생각할 것이다.

낭비라고? 얼마나 근시안인가? 황금 같은 기회가 눈앞에 펼쳐져 있는데! 집에 거주하는 사람은 우리 가족이 그 특정 상품을 이미 구입했다고 말하려고 말을 끊는다. "집에 이런 것이 하나 있습니까? 좋습니다. 그런데 그 제품에 만족하시나요? 자녀들은 그 제품을 좋아하나요? 그 제품이 많은 도움이 되나요?" 이러한 질문은 꼭 해야 할 질문 중 일부다. 대답은 거의 변함없이 확실하게 영업전문가에게 자녀가 있는 다른 가족을 추천해달라고 고객에게 재촉할 수 있는 기회로 연결된다. "확실히 자신의 자녀와 똑같은 기회를 주길 원하는 다른 가족이 친구, 이웃, 친척 중에 있습니다! 제 제안을 통해 배울 기회를 가질 수 있도록 그 사람들의 이름을 알려주시지 않겠습니까?"

열의가 아직도 뜨거운 상태에서 자신의 이야기에 흠뻑 젖은 상황에서 영업전문가는 이때 다음번에 방문할 조금 덜 냉랭한 가망고객 명단을 획득할 수 있다. 이름과 주소를 획득하는 데 만족하지 말고 자신의 열망을 가망고객에게 전달해서 가망고객이 주도권을 갖고 자신이 아는 사람에게 전화를 걸어 약속을 정하고 영업전문가를 소개할 수 있도록 해야 한다. 이것이 이상적인 상황이고 결코 무리한 일이 아니다.

고객이 흥미를 표시했지만 상품이 너무 비싸다는 늘 있는 심리 유보(mental reservation) 상태에 있는 상담으로 돌아가자. "아니요, 살 여력이 없다고 생각합니다"라고 몇 번이나 말하면서 고객은 말을 가로막지만, 이러한 방해는 마치 귀머거리처럼 고객의 말이 전혀 들리지 않는 것처럼 무시될 수 있다. 가망고객이 가격에 집중하려고 시도하는 동안 영업전문가는 상품의 제공을 통해 충족될 수 있을 것으로 바라는 특별한 분야나 주제에서 자녀의 관심을 발견하려고 노력해야 한다.

이 기법은 자녀에 대한 판매뿐만 아니라 약간의 변형을 통해 차가운 개척영업을 뜨거운 판매로 바꿔야 할 다른 수많은 상품의 판매에도 광범위하게 적용될 수 있다.

가정판매와 방문판매는 기업판매에서 채용된 방법과 거의 모든 측면에서 유사하다. 가장 커다란 한 가지 차이점은 다음과 같다. 회사를 소유한 개인에게 판매할 때 영업전문가는 어떤 시점에서 판매의 씨앗을 뿌리고 몇 달 혹은 몇 년 후에 수확할 수 있도록 만나서 우정을 쌓을 것이다. 아마도 서로 알고 방문한 지 수년이 지난 다음에야 처음으로 판매할지도 모른다. 이 기간 동안 이들과 사업을 할 가능성이 너무나 적어졌다고 믿으면서 마음속으로 가망고객 명단에서 지워버렸을 것이다.

개척영업에서 답변을 받으려고 몇 년 아니 몇 개월도 기다릴 수 없다. 판매는 개시된 즉시 마무리되어야 한다. 처음으로 방문했을 때 가망고객의 의지나 판단과는 종종 다르게 정면 공격하는 것이 필요하다. 유일하고 확실한 마무리를 성취해야만 한다. "이 문제를 검토한 후 알려드리겠습니다"는 가망고객이 의식하는 것과 상관없이 '아니요'라는 말을 정중한 태도로 표현한 것에 지나지 않는다.

열정적으로 한 말이 가망고객의 귓속에 울리고 있는 동안 서명할 수 있는 계약서를 주어 담보물을 확보하라. 홍보책자가 보기 좋게 펼쳐 있고 견본을 꺼내 시연하는 동안 가망고객의 약속을 받아내라. "검토해 보시겠다고요? 지금 당장 논의할 수 있게 선생님의 반대의견이나 망설임을 말씀해주시지 않겠습니까?"

어떤 사람들은 이 과정이 성급한 결정을 유도해 나중에 후회하고 결국 취소될지도 모른다고 반대한다. 판매된 상품이 비싸지 않으면 자연스럽게 취소는 일어나지 않는다. 돈과 상품의 교환이 이루어질 것이고 판매는 이루어진 것이 된다. 잘못 설명한 것이 없다고 가정하면 구매자가 마음을 바꿔 돈을 반환해달라고 요구하는 일은 거의 일어나지 않는다.

거액의 돈이 관련될 경우 고객이 첫 번째 상담으로 계약 체결하도록 설득당하면 결국 취소가 발생할 수 있지만 이러한 일 또한 발생할 가능성이 낮다. 심리적으로 취소는 후퇴하는 것이고 이는 실수를 인정하는 일이다. 원초적으로 전진하려는 것 이상으로 이러한 행동은 타성에 의해 저지당한다.

고객이 과잉구매를 했고 그래서 불만족스럽다고 생각하면 무슨 일이 벌어질까? 상품에 대해 최악의 광고가 되지는 않을까? 전혀 그렇지 않다! 설득적 논법 또는 심지어 과잉판매나 고압적 판매술이 저질의 상품을 제공했거나 또는 고객에게 약속한 바를 이행할 수 없는 것을 제공하는 것과는 상관이 없다.

영업전문가가 이제까지 말했듯이 상품이 최고이고 설명서에 기술되었듯이 최고(설명서나 견본은 완벽하게 적절할 수 없기 때문에 그 이상이라고 해도)라고 가정하면, 권유 설득을 할 때 품질을 과장하거나 잘못된 설명을 하지 않는다. 상품에 대한 진실을 가망고객이 구매할 수 있도록 전염성 높은 열망과 진지함을 갖고 전달할 뿐이다. 몇몇 논의에 답변하고 다른 것은 무시하고 각각의 문제를 적절한 때, 즉 고객이 아니라 영업전문가가 선택한 때에 드러낼 뿐이다.

이러한 개척영업에 대한 간단한 설명으로 개척영업이 가정방문을 하는 가정용 제품을 판매하는 사람에게만 적용된다는 인상을 남기지 않기 위해서 건축자재를 생산하는 대형 제조업체의 석고 판매 영업전문가의 경험을 살펴보기로 하자. 그는 뉴욕 시의 북서부 근교에 살면서 웨스트쇼어 노선으로 출퇴근을 했다.

어느 날 저녁 저는 위하켄 부두에 가려고 웨스트쇼어 여객선을 타고 있었는데, 코모도어 호텔의 건물수리를 하는 사람들이 석고를 주문할 때가 되었다는 생각이 갑자기 떠올랐습니다. 여객선에서 내려 회항하는 다음 배를 탔고 42번 시내버스를 타고 가서 1번가에 내렸습니다. 45번가까지 걸어가 일을 처리하는 건축업자를 만났습니다.

저는 그날 초청도 없이, 가망고객 명단도 없이, 그때 석고가 필요할지에 대한 아무런 사전 준비도 없이 건축업자를 만났습니다. 그러나 저는 그와 오랫동안 이야기하면서 즉시 주문을 내라고 재촉했고, 몇 주 후에 주문할 계획을 이미 세워두었다는 사실을 저에게 알려주었을 때 그 주문을 저에게 지금 당장 요청하기만 하면 저에겐 최고의 기회가 될 것이라는 것을 알았습니다. 건축업자는 그렇게 했고 저는 즉시 시카고의 본사에 연락을 했습니다. 저에게 아주 큰 주문이었고 너무나 흥분된 사건이어서 평생 잊지 못할 것입니다.

여기에서 보이는 기회 포착과 즉각적인 주문 요청이라는 두 가지 요소는 성공적인 개척영업에서 핵심이다.

뒷날 미국에서 크게 성공해서 영업고위직에 오른 젊은 여성 영업 전문가의 경험이라는 다른 이야기를 살펴보자.

제가 스무 살 때 시내 밖으로 첫 번째 영업 출장을 간 곳 중 하나가 로드아일랜드의 조그만 지역이었는데 저에게 인계된 회사 보유 가망고객이 있었습니다.

프로비던스 발 기차를 탈 필요가 있었고 제가 공장에 도착했을 때 소유주가 자리에 없을 수도 있기 때문에 약속을 정하는 전화를 하는 철없는 짓을 저질렀습니다. 소유주는 전화로 저의 소개를 들은 다음 아주 사나운 목소리로 "당신의 상품은 어떤 것도 필요하지 않아"라고 말하고 전화를 끊었습니다.

그 지역에 가는 첫 번째 기차를 타고 가서 공장에 들어갈 때 그분은 본인의 차로 프로비던스로 막 출발하려고 했습니다. 다시 한 번 저를 소개하자 그분은 말했습니다. "당신 상품은 어떤 것에도 관심 없다고 전화로 말하지 않았는가? 왜 여기 왔나?" 저는 이것이 첫 번째 출장이어서 사장님이 상품을 구매하는 것과 상관없이 뵙고 싶었다고 말씀드렸습니다. 그분은 말했습니다. "그래 차에 올라타게. 내 차로 프로비던스로 다시 데려다 주지."

프로비던스로 돌아오면서 그분은 좀 더 부드러워지고 따뜻해져 저의 영업 야망에 대해 여러 가지를 물었고 말할 수 있는 기회를 줘서, 회사가 첫 번째 출장을 성공적으로 수행할 수 있도록 아주 특별한 혜택을 주었기 때문에 방문했다는 사실과 제안할 것을 최소한 듣기를 희망한다는 말씀을 드렸습니다.

그분은 제 제안을 들은 다음 제가 제시할 수 있는 권한을 부여받은 금액보다 약간 낮은 가격을 제시하셨습니다. 저는 그런 가격으로 주문받을 수 있는 권한이 없다는 말씀을 드리고 나서, 만약 본사로 돌아가서 이 이야기를 할 수 있으면 다음 날 제시된 가격을 회사가 수용할 수 있는지 여부를 전보로 알려줄 수 있다고 말씀드렸습니다. 주문량이 상당히 크지만 본사 사장님과 상의하러 오늘 중으로 뉴욕으로 돌아갈 수 없었기 때문이었습니다. 다음 날 회사가 고객의 제안을 수용했다는 사실을 전보로 알렸습니다. 이 일을 시작으로 해서 이 회사와 수년간 수익 높은 거래를 계속 했습니다.

이 이야기를 통해 무엇을 배울 수 있을까? 제일 먼저 개척영업이었다. 두 번째로 영업전문가는 상품에 대한 감동적인 열정으로 감염되었다. 그녀는 그것을 기초로 자신을 판매했다. 세 번째로 그녀는 첫 번째 '아니요'를 듣지 않았고 두 번째 거절도 전혀 듣지 않았다. 사실 영업은 가망고객이 '아니요!'라고 말할 때 시작된다.

네 가지 고성과 기술

생산성의 지속적인 증가를 보장하는 긴급처방은 존재하지 않는다. 스스로 부과한 영업 정체에서 벗어나 고성과(高成果)의 정상에 오르려면 진정한 고성과자의 기술과 행동을 습득할 것이 요구된다.

아주 극소수의 사람만이 선천적으로 고성과자이며, 우리는 이 엘리트 집단에 속할 수 있는 기술을 연습하고 배울 수 있다는 것이 희소식이다. 생산성의 향상은 네 가지 고성과 기술을 성공적으로 개발하고 능숙하게 활용하는 것과 직접적이고 긍정적인 상관관계가 있다.

1. 긍정적 자부심의 증대

2. 동료에게 자발적으로 책임감 있게 행동하기

3. 감정 대신 행동 방식으로 판매하기

4. 나의 신념과 행동을 연결하기

1. 긍정적 자부심의 증대

영업전문가가 지닌 긍정적 자부심의 수준과 소득 사이에는 직접적인 관계가 있다. 더 중요한 것은 개인의 참살이 느낌과 재무적으로 건강한 영업 경력 사이에는 긴밀한 관계가 있다는 점이다. 자부심이 높은 수준으로 축적된 사람은 성공적인 사업을 구축하는 경향이 있다. 반대로 긍정적 자부심 수준이 낮은 사람은 조기 정체와 조기 퇴직이라는 결과로 이어지는 변동성이 심하고 예측 불가능한 경력을 갖기 쉽다.

긍정적 자부심은 어떤 상품을 훌륭하게 판매하는 데 영향을 미치는 가장 중요한 요소다. 중요한 것은 자부심은 고양될 수 있다는 점이다! 자신의 성과가 제한되고 파괴되는 것이 자신의 운명인 사람은 없다. 긍정적 자부심을 증대시키는 것은 쉽지 않지만, 가능한 일이다. 자부심을 고양시키는 데 도움이 되는 두 가지 기술이 있다. ① 백만 불짜리 피드백과 ② 작은 위험(baby risks)이다.

백만 불짜리 피드백

사회학이나 심리학 문헌을 보면 우리 중 대부분은 평생 살아가면서 타고난 인간 잠재력과 재능의 겨우 8~10%밖에 개발하지 못한다고 한다. 이렇게 빈약한 수준 이상으로 성취하지 못하는 이유 중 하나가 무조건적인 긍정적 피드백을 충분히 받지 못하기 때문이다. 이러한 기술을 습득한 최고의 영업전문가는 백만 불짜리 피드백(이렇게 명명한 것은 성공적이고 지속적으로 이 기술을 사용하면 수년간 경제적 성장에서 의미심장한 차이를 창출할 수 있다는 믿음 때문이다)의 몇 가지 구성요소를 날카롭게 인식하고 있다. 구성요소는 다음과 같다.

- 피드백은 조언이 아니다.
- 피드백은 지각에 어떤 가치를 두지 않은 상태에서 본 것을 기술하는 것이다.
- 믿을 수 있는 사람에게서 피드백이 나올 때 가장 효과적이다.
- 피드백은 수용자에게 혜택이 있는데, 수용자는 이를 활용할 수도 있고 거부할 수도 있다.
- 피드백은 수용자가 모르는 '숨겨진' 긍정적인 잠재력에 초점을 맞춘다.
- 피드백은 신뢰, 공개성, 솔직함이 있는 분위기에서 가장 잘 받아들여진다.

구매결정의 90%는 비언어적 수준에서 이루어진다. 능숙한 피드백을 통해 비언어적 구매라는 강력한 세계에 다가갈 수 있다. 피드백은 이러한 수준의 영업에 접근하는 데 최고의 기술이다. 우리는 혼자서 피드백의 기술을 습득할 수 없다. 이러한 영업의 역동성을 무시하는 것은 "나는 장님입니다"라고 말하는 것과 같다. 피드백이 없으면 우리는 장님일 뿐만 아니라 자신에게 평범함의 극치 수준에서 머물도록 할 뿐이다. 우리 삶에서 중요하다고 생각하는 사람의 지각, 지원, 통찰, 사랑 없이는 우리는 잠재력의 극히 작은 부분만 발견할 수 있다. 우리는 피드백의 선물이 필요하다. 이는 크게 성공한 영업전문가가 지닌 진정으로 폭발력 있고 강력한 수단이다.

작은 위험

우리는 기본적으로 위험이 없는 문화 속에서 살고 있다. 영업전문가의 일반적인 가정은 영업을 직업으로 삼았을 때 우리는 진정한 위험 인수자가 된다는 사실이다. 많은 영업전문가는 자신의 바람과 경험, 능력에 비해 상당히 낮은 수준의 생산성에 머물고 있는데 이는 위험을 두려워하기 때문이며, 위험을 두려워하는 것은 위험을 처리하는 기술이 없고 위험을 이해하지 못하고 자신의 능력에 맞게 성장해서 살도록 자극하면서 지원하는 분위기가 부족하기 때문이다.

랍비인 해럴드 쿠시너*는 위험 없는 생활의 결과가 무엇인지 이해할 수 있게 도움을 주었다. "우리는 감정적으로 마비가 되고 있습니다. 우리는 우리의 모든 삶을 침체되지 않고 고통이나 슬픔도 없이 영원히 무미건조한 느낌, 즉 매일매일 즐겁지도 않고 슬프지도 않게 사는 것을 보장받는 대신 기쁨도 거의 없을 것이라는 사실을 수용하면서 좁은 감정적 범위 내에서 살도록 배우고 있습니다. 위험 없는 생활을 선택하는 것 그 자체가 비극적인 위험입니다." 수동적이고 위험 없는 삶의 무서운 비극을 이해하는 것이 '작은 위험'을 받아들이는 첫 번째 단계다.

---

* Harold Kushner, 『선량한 사람에게 나쁜 일이 생길 때(When Bad Things Happen to Good People)』의 저자. — 옮긴이

백만 불 원탁회의 연례총회에서 개최된 연설을 통해 심리학자 찰스 가필드(Charles Garfield)는 '재앙적 결과 보고서'라고 명명한 가치 있는 위험기술을 제공했다. 이 기술은 우리가 직면하게 될 도전이나 결정을 분류하는 데 사용할 수 있는 몇 가지 어려운 질문에 초점을 맞춘다. 이 질문에는 다음과 같은 것이 있다. "내가 현재 고려하고 있는 위험과 관련하여 가장 최악이 될 수 있는 시나리오는 무엇일까?" "잠재적 결과를 모두 감수하면서 기꺼이 살고자 하는가?" "결과에 대한 책임을 기꺼이 떠맡고자 하는가?" 삶을 바꿀 정도는 아니지만 중요한 문제에 대해 이 기술을 정규적으로 연습하는 것이 최고의 성과자가 위험 인수자로서 자신감을 획득하는 데 사용하는 과정이다.

우리는 연간목표에 위험목록을 추가하면서 성공적인 위험인수자가 될 수 있다. 이 목록은 신체적·직업적 또는 대인 위험이 포함될 수 있다.

신체적 위험의 예로 자신의 골프 핸디캡을 낮추고 싶어 한다고 하자. 다음은 행동적 관점에서 할 수 있는 일이다.

1. 앞으로 3개월 이내 PGA 프로선수에게 5번 강습을 받는다.

2. 매주 1시간씩 골프연습장에서 연습한다.

3. 골프장에서 시합을 2번 한다.

직업적 위험의 예가 다음에 있다. 고객 기반을 향상시키고 싶어 한다고 하자. 행동적 관점에서 해야 할 일이 여기 있다. 매년 10만 불 이상을 버는 개인 10명과 약속을 정하라. 긍정적 자부심은 백만 불짜리 피드백과 작은 위험의 기술을 개발하고 사용해서 향상될 수 있다.

2. 동료에게 자발적으로 책임감 있게 행동하기

대부분의 영업전문가는 자신의 직업에서 누리는 혜택과 특전 중에서 독립성을 거의 최고로 꼽는다. 많은 사람에게 독립성은 의무가 된다. 자신에게 진정으로 정직하다면 자신이 아주 규율이 높지 않다는 사실을 인정할 것이다. 자신의 목표를 다른 사람과 나누고 지원을 요청하고 책임감을 갖도록 독려할수록 자신의 목표를 달성할 뿐만 아니라 초과할 가능성이 높아진다.

책임감을 갖는 최고의 방법은 하나만 존재하는 것이 아니고 더 높은 수준의 생산성과 동료에 대한 증가된 자발적 책임감 사이에는 긍정적인 관련성이 있다. 다음과 같은 요소를 실행하면 책임감을 높일 수 있다.

1. 사람이란 잘 훈련된 존재가 아니라는 사실을 받아들여라.
2. 과거에 거둔 성공(학문, 운동, 예술, 직업, 지역사회 등)의 대부분을 잘 살펴보라. 팀이라는 맥락에서 성취한 것은 아닌가?
3. 동료 집단과 학습 모임은 일반적으로 높은 책임감을 갖도록 만든 조직이 아니라는 사실을 받아들여라.

4. 자신의 목표와 영업 행동이 서면으로 수량화하지 않거나 중요한 사람과 공유되지 않으면 성취할 가능성이 거의 없다.

5. 가치 있는 사람이 우리에게 최고의 노력을 발휘하게 한다.

6. 중요한 사람에게 자신의 목표와 꿈을 말하면 이룰 수 있다.

7. 영업이라는 일은 종종 소외감을 초래한다. 영업은 잘 나갈 때도 힘들고 고독한 일이다. 지원과 책임감이 필요하다. 책임감을 실천하는 성과자는 재빠른 진로 수정 기술을 개발한다. 진로에서 벗어나는 것이 치명적인 것은 아니며 예측될 수 있는 일이다. 영업직에 있는 사람이 진로에서 벗어났다는 사실을 모르거나 또는 진로에서 벗어났을 때 자동 수정하는 법을 모른다는 것이 치명적이다.

8. 영업직에서 자신의 최대 잠재력을 성취하려면 독립성에 대한 몇몇 환상을 책임감이라는 현실과 교환할 필요가 있다.

9. 많은 사람에게 소속감은 특히 강력한 동기부여 요소다. 소속감과 책임감은 다음 단계의 생산성으로 향상하는 데 필요한 두 가지 자원이다. 자발적인 책임감이 없으면 정체에서 헤어나지 못할 것이다.

3. 감정 대신 행동방식으로 판매하기

영업전문가는 자신의 경력을 행동 대신 감정으로 쌓는 경향이 있다. 감정에 기초한 영업 경력은 전화를 하고 사업상 발생 가능한 일반적인 거절을 처리하려면 강력한 긍정적 느낌이 필요하다는 가정에서 작동한다. 대안은 경력의 기초를 정해둔 일간, 주간, 월간 행동에 따라 쌓는 것이다.

일부 영업전문가는 강력하고 긍정적인 정신 자세를 통해 긍정적 판매행위와 행동에 필요한 강력한 편향성을 창출할 수 있다는 잘못된 개념에 물들어 있다. 이는 물들어서는 안 되는 환상이고 치명적 실수이다. 정확하게 반대로 작용한다. 일정 기간 동안 효과적인 영업행동을 선택해서 시종일관 실천하는 것이 행동에 대한 긍정적 느낌을 창출한다.

훌륭하고 따뜻하고 긍정적 느낌만으로는 적절한 영업행위를 지속적으로 창출할 수 없을 것이다. 행동에서 발생하는 느낌과 상관없이 지속적인 판매 행동만이 훌륭하고 따뜻하고 긍정적 느낌을 지속적으로 창출할 것이다.

긍정적 느낌은 항상 긍정적 행동을 창출하지는 않지만, 반대로 긍정적 행동은 항상 긍정적 느낌을 창출할 것이다. 진지한 달리기 선수에게 달리기와 관련된 자신의 느낌과 행동을 말해달라고 요청해보라. "달리기 위해 1주일에 5일간 아침 6시에 일어나고 싶은 느낌이 듭니까?" 대부분은 "아니요, 늘 그런 것은 아닙니다"라고 답변할 것이다. 그럼 "달리기에 대한 느낌과 상관없이 달립니까?"라고 물어보라. 이들은 "예"라고 대부분 대답하기 쉽다. 그럼 다음을 물어보라. "달리기를 한 다음 어떤 느낌입니까?" 압도적으로 이런 말을 들을 것이다. "뭔가를 해냈다는, 편안하고 대단한 느낌!"

감정과 행동의 도전은 대부분의 영업전문가에게 중요한 전쟁터이다. 행동적 체계로 더 가깝게 다가가는 데 성공하면 더 나은 생산성의 기초가 마련될 것이다.

더 예측 가능한 행동적 모델을 운영하는 대신 '감정적 함정'에 사로잡히는 주요한 이유는 인간의 동기부여에 대해 배운 것을 혼동하기 때문이다. 대부분의 산업에서 동기부여와 자극을 혼동한다. 동기부여를 종종 느낌으로 정의한다. 실제로 동기부여는 내부적 과정이며 자기 자신의 정당성을 인정하는 개인의 능력이다.

동기부여는 자기애와 동의어다. 자신을 동기부여하려면 자신의 고유한 가치를 돌보고 믿고 존중해야 한다. 동기부여는 개인이 어떻게 느끼는지에 달려 있지 않고 자신에게 어떻게 행동하는지에 달려 있다. **자기 자신**이야말로 자기를 동기부여 할 수 있는 지구상의 유일한 사람이다!

자극은 좀 더 외부적인 경험이다. 음식, 음악, 칭찬, 운동, 선남선녀와 같은 모든 것이 자극제가 될 수 있지만 동기부여 요소는 아니다. 고성과자는 내적인 동기부여와 외적인 자극 사이의 차이점을 주의 깊게 구분하는 데 대가를 치른다. 자극을 통해 쌓은 경력은 유명한 롤러코스터 증후군을 경험하게 될 것이다. 자극을 통한 경력은 감정이라는 토대 위에 쌓인다. 동기부여를 통한 경력은 행동과 행위라는 토대 위에 쌓인다. 경력의 토대를 선택하는 것은 극히 중요하다. 아마도 우리의 경력은 좀 더 안정적인 토대를 필요로 한다. 토대를 다시 쌓는 것은 힘든 일이며, 감정이라는 토대에 지속적으로 의존하는 것은 더 힘들고 더 값비싼 대가를 치르게 된다.

자신의 감성은행의 잔액을 확인하라. 자신이 느끼는 대로 느끼기에 충분한가? 성과자는 평생 자신의 방식대로 행동한다. 성과를 내지 못하는 사람은 삶을 통해 자신의 방식대로 느낀다.

4. 나의 신념과 행동을 연결하기

고성과자는 자신이 누구이고 무슨 일을 하는지에 명확한 신념 체계를 지니고 있다. 평균적 성과자는 모호한 신념과 일관성 없는 행동을 반영한다. 영업전문가로서 우리는 자신의 신념체계 특히 자신이 판매하는 상품에 어떤 믿음이 있는지 도전해야만 한다. 자신의 신념체계를 신뢰할 수 있는지 점검하라. 즉 자기 자신이 대부분의 시간을 어떻게 사용하고 있는지 정직하게 살펴보라. 1주일에 3시간밖에 수술하지 않는 외과의사는 우리가 심장수술을 받아야 할 때 최고의 선택이 되지 않을 것이다.

고성과자는 개인의 신념과 행동 사이에 밀접한 상호작용이 있을 때 탄생한다. 어떤 직업의 고성과자라도 신념과 행동 사이에 불일치가 없기 때문에 거의 에너지를 낭비하지 않는다. 실존하는 두 사람이 이 연결을 예시할 것이다. 첫 번째 사람은 자신의 삶의 대부분을 최고의 목동이 되는 데 바쳤다. 그의 동료는 그를 로프(Rope)라고 불렀고 자녀 또한 그렇게 불렀다. 그가 죽기 바로 직전에 그의 신념이 목동으로 평생 일과 어떻게 관련되었는지를 묻는 질문에 그는 바로 대답했다. "이 일이야말로 내가 하고 싶었던 유일한 일입니다. 이 일을 사랑했습니다." 로프의 신념은 그의 행위였고 그의 행위는 그의 신념을 반영했다.

두 번째 사람은 권투 트레이너인 안젤로 던디(Angelo Dundee)였다. 왜 권투선수를 소속 선수로 둔 권투 프로모터나 트레이너가 되지 않았는지 인터뷰 중에 기자가 물어보았다. 던디의 대답은 이랬다. "나는 프로모터나 소유주가 되고 싶지 않았소. 나는 3분간의 라운드 사이에 있는 최고의 세컨드가 되고 싶었소. 나는 그 1분의 휴식시간 중 이 세상 최고의 세컨드가 되고 싶었소." 그의 기록을 보면 그는 아마도 세계 최고였다고 한다. 그는 그의 신념에 따라 행동했고 그의 신념으로 그의 행동에 초점을 지속적으로 맞출 수 있었다. 산만함이나 혼란은 로프나 던디의 세계에서는 알려지지 않은 문제였다.

우리는 우리의 신념대로 행동하기만 하면 우리가 믿는 대로 될 수 있다.

자발적 목표 설정을 위한 오디오 기법

워크숍이나 강연회에 참석해서 자신을 정말로 동기부여 하는 위대한 연사의 강연을 들어본 적이 있는가? 강연을 듣는 동안 힘이 넘치고 열정이 솟구쳤는가? 자신이 항상 꿈꿔왔고 되고 싶어 하는 사람이 되는 방법이 명확해졌는가?

진정으로 동기부여가 되었음에도 불구하고 3, 4일 후가 되면 느낌이 희미해지고 1주일이 지나면 완전히 잊혔다는 사실을 발견하지 않았는가?

이러한 일반적인 경험은 모든 영업전문가가 이미 발견한 사실을 설명한다. 동기부여 그 자체로는 그리 오래 지속되지 않는다는 사실이다. 운동과 아주 유사하다. 정규적으로 하지 않으면 효과는 금방 물거품이 된다.

미국의 대형 금융기관에 대한 몇몇 연구에서 연구자는 소속 최고 영업전문가는 몇 가지 개인적 특징을 공유하고 있다는 점에 주목하게 되었다. 이러한 특징 중 가장 현저한 것이 지속적인 자기 동기부여에 대한 욕구다.

규칙적으로 이 상위에 있는 영업전문가는 자신이 성취하려고 시도하는 목표에 마음의 초점이 맞춰지도록 몇 가지 활동을 수행한다. 이들 중 일부는 반복적으로 종이 위에 자신의 목표를 쓰면서 무의식 속에 목표를 심으려고 한다. 목표를 종이에 쓰면서 시각뿐만 아니라 운동감각적으로도 초점을 맞출 수 있게 된다. 상대적으로 적은 시간을 들여 반복을 하면 장기 기억으로 전환될 수 있어 목표에 대한 초점과 목표를 향한 생산노력이 증대될 것이다.

이 기법은 간단하면서도 탁월하지만 대부분의 사람은 긍정적 효과가 발휘될 때까지 충분히 오랫동안 시간과 노력을 기울이지 않는다. '간격을 둔 반복'의 효율성은 잘 알려졌지만 어떤 것을 실제로 계속해서 쓰는 것은 시간이 걸리고 힘든 일이다.

이 기법의 인기 있는 변형은 다음과 같다. 목표를 한 번만 쓴 다음 이러한 목표를 실제적으로 성취하는 데 필요한 일을 결정하는 작전을 개발하고 이를 자세히 적은 다음 복사를 한다. 이 복사물을 자신이 자주 볼 수 있는 곳에 붙여놓고 이 복사물을 볼 때마다 한 번 읽거나 낭독한다. 이러한 간격을 둔 반복 접근법으로 머릿속에 정보를 집어넣을 수 있을 것이다. (어떤 사람들은 자신이 열심히 몰두하고 있는 일을 다른 사람이 알게 되어서 발생하는 책임감을 원하지 않기 때문에 이렇게 하지 않을 것이다.) 반복적으로 자신의 목표를 시각화하는 일은 무의식 속에 깊이 새겨 두는 또 다른 방법이다.

다른 방법

영업전문가가 거의 사용하지 않지만 비슷한 효과가 있고 다른 간격을 둔 반복기법에 내재된 많은 문제점을 해결할 수 있는 새로운 접근법이 있다. 한번 생각해보자. 1주일에 몇 시간이나 차를 몰고 다니는가? 오늘날 대부분의 차에는 오디오테이프 재생기가 설치되어 있다. 사업 목표를 나열한 다음 확실하게 문장으로 바꾸고 오디오테이프에 육성으로 녹음하는 일이 얼마나 어려울까? 피드백이 더 효과적이려면, 목표대본을 오디오테이프에 녹음하는 동안 부드럽고 리듬 있는 음악을 배경음악으로 넣어라. 음악을 들으면 육체적으로 편안해지고 마음이 초점을 맞추는 데 도움이 될 것이다.

목표를 오디오테이프에 녹음하는 이점이 무엇일까? 첫 번째 명확한 이점은 한 번만 하면 끝없이 들을 수 있다는 것이다. 두 번째는 목표를 내면화하는 수동적인 접근법이라는 점이다. 오디오테이프가 만들어지면 들으려고 노력할 필요가 없다는 것이다. 즉 녹음의 효과를 얻으려고 녹음된 내용을 주의 깊게 경청하기 위해 차를 갓길에 세울 필요가 없다는 것이다. 대신 약속장소까지 운전하는 동안 주의를 기울이지 않은 채 배경음악으로 오디오테이프를 들을 수 있으며 그러면서도 녹음된 내용을 습득할 수 있을 것이다.

'수동적 학습'의 가장 좋은 예가 텔레비전 광고이다. 한번 다음 빈칸을 채워보라. "손이 가요 손이 가 ○○○에 손이 가", 또는 "우리 강산 푸르게 푸르게 ○○○", 또는 "만나면 좋은 친구 ○○○". 이 광고를 배우려고 노력한 적이 있는가? 그리고 잊을 수 있을까? 이러한 광고 문구는 배경이 되어 지속적으로 단조롭게 반복되었기 때문에 무의식 속에 깊이 새겨졌다. 아마 어느 날 자리에 앉아 자신에게 이렇게 말하지는 않았을 것이다. "오늘 유한 킴벌리의 광고를 배울 예정이다." 대신 인식되고 반복되는 광고가 있을 뿐이다.

광고주는 광고문구를 고객의 무의식에 심기 위해 엄청난 돈을 지불한다. 사람들이 **어떤 것**에 집중할수록 그것과 관련된 일을 할 가능성이 높다는 사실을 이들은 알고 있다. 상점의 진열대 사이를 걸으면서 어떤 상품이 눈에 띄면 그 상품의 광고가 마음에 떠오른다. 광고문구가 겨우 1초 동안이라도 사람을 집중시킬 수 있으면 그 상품이나 서비스를 구매할 가능성은 급격하게 높아진다.

이 점을 명확히 이해할 수 있도록 어떤 것에 관심이 집중되면 세상을 보는 방법이 어떻게 바뀌는지 두 개의 예가 여기 있다.

새 차를 구매한 다음 자기 차와 모델이나 연식이 같은 수많은 차가 도로에 있다는 사실을 갑자기 알게 된 적이 있지 않은가? 차량을 구매한 행위로 인해 무의식에 정보가 도달함에 따라 자기와 동일한 차를 다른 수많은 사람이 몰고 있다는 사실에 갑자기 주목하게 되었다.

올해 사업 목표를 달성하기 위해서 자신의 무의식에 주입시키는 데 얼마나 중점을 두었는가? 간단히 말해 약속을 정하는 데 중점을 둔다면 책상 위의 전화기에 더 많이 집중할 것이다. '집중하지 않는' 영업전문가는 신문이나 편지를 잠시 시간을 내어 읽을 것이다. 소개 요청에 더 집중하는 사람은 고객을 훌륭하고 품질 좋은 가망고객 명단의 원천으로 '볼' 가능성이 더 높다.

오디오테이프를 통해 목표를 설정하는 것의 가장 큰 이점은 완전히 자유자재로 내용을 만들 수 있다는 점이다. 어느 달은 생산성 목표에 도전하는 것을 선택할 수 있고, 다음 달에는 회사 시상대회의 자격 획득을 목표로 삼을 수 있다. 많은 영업전문가는 다른 사람의 동기부여 메시지를 습관적으로 이미 경청하는 사람들이다. 왜 자신의 것은 만들지 못할까? 오디오테이프는 운전하거나 운동하거나 산책하거나 낚시하거나 또는 서류작업을 하면서 들을 수 있다. 이보다 더 간단할 수 있을까?

자신의 목표를 오디오테이프에 녹음할 때 다음과 같은 간단한 네 과정을 거친다.

1. 목표(일일, 중기, 장기)를 써라.

2. 목표 달성을 위한 합리적인 전략을 개발하라.

3. 목표를 서면으로 작성한 긍정적인 선언으로 바꿔라.

4. 목표 대본을 오디오테이프에 녹음하라.

목표를 오디오테이프에 녹음하는 것은 일정이 바쁜 우리에게 정말로 도움이 되는 간단하고 휴대 가능한 접근법이다. 동기부여는 쉽게 얻지 못하지만 **자신을** 동기부여 할 수 없으면 누가 우리를 동기부여할 수 있을까?

사고 전환 마케팅

지난 몇 달 동안 이런 말을 한 적이 없는가? "신경 쓰지 마, 내 스스로 할 거야!" 시간을 어디에다 쓰고 있는지 묻고 있는가? 문제 해결에 사용해야만 하는가? 인사? 훈련? 고객 봉사? 계속 교육? 판매? 수많은 고된 일을 마친 다음 자신이 잘하고 있지만 현재의 사업을 다음 단계의 수준으로 도약시키는 법을 모른다는 사실을 깨닫는가?

이러한 질문이나 상황 중 어느 하나와 연관을 가지고 있다면 일을 **주체적으로** 하기보다 일에 **끌려다니느라고** 너무 바쁘다는 것을 의미한다. 세계적으로 사용되고 있는 가장 생산적인 사업구축 마케팅 전략

몇 가지를 검토해보자. 이들은 수많은 상황에서 12개월 이내에 수익성을 100%나 높이는 결과를 이룩했다.

진보의 역설

자신이 지닌 최고의 기대치를 뛰어넘은 사업을 성공적으로 구축하려면 진보의 역설이라 일컫는 것을 이해해야 한다. 100년 전의 역사를 되돌아보면 산업시대의 발생을 볼 수 있을 것이다. 이 시대와 적합한 것이 권력의 집중이라는 개념이다. 그 시절에는 사람들이 점차 **큰 것**, 즉 거대 사업, 거대 공장, 거대 정부, 대형 주택, 대형차에 집중하게 되었다. 이를 통해 미국의 근로자 대부분은 점차적으로 직무 내용, 일과, 업무 할당, 권한을 권력의 일정 부분에 참여하는 하나의 방법으로 조정하고 받아들이게 되었다. 충성심을 대가로 많은 미국인은 직업의 안정성을 획득했고 의미 있는 퇴직급부를 제공하는 연방정부를 믿을 수 있게 되었다.

이러한 정보의 유용성을 오늘날 극대화하려면 지난 수백 년간 많은 근로자에게 영향을 미친 창조적 파괴도 똑같이 인식하고 있어야 한다. 시계공이나 대장장이와 같은 장인 기술은 완전히 사라졌다. 전화교환수와 철도원은 사라지기 직전에 있다.

이러한 일이 현재의 영업전문가에게 어떤 의미가 있을까? 엄청나다! 20년 이내에 미국에서 구할 수 있는 직업의 80%가 두뇌를 사용하는 것이고 겨우 20%만이 육체를 사용하는 직업이라고 예측되는데 이는 1900년대의 비율과 정반대이다. 우리는 지금 지식근로자 시대에 살고 있으며, 이 시대에 성공적으로 작동할 수 있는 새로운 마케팅 기법을 창출해야 한다. 우리가 시장으로 생각하는 대상은 부모 세대가 알았던 안전성에 대한 감각을 상실했고 두려움과 불확실성에 휩싸여 있다는 사실을 알아야 한다. 따라서 이들에 대한 메시지는 자신들의 흥미로운 미래에 대해 자신감과 확신을 불러일으키도록 해야 한다.

특정 직업은 소멸했는데도 불구하고 1900년대 이후로 800만 개라는 새로운 직업 안전망이 창조되었다. 의료기술, 컴퓨터 프로그래머와 기술자, 비행기 조종사, 기계공과 같은 직종은 1900년도에는 존재하지 않았다! 현재 수백만 명의 미국인이 이러한 새로운 직종에서 일하고 있다.

이처럼 육체에서 두뇌로 이동하면서 **큰 것**도 종말을 고했다. 우리는 더 작은 사업, 더 작은 공장, 더 작은 정부로 바뀌는 중이다. 산업시대는 소멸했고 개인시대가 도래했다. 과거의 마케팅기법은 과거의 녹슨 유물과 함께 묻힐 필요가 있다. 본사에서 더 이상 효과적으로 자신을 위해 시장을 개발해줄 것이라고 기대할 수 없다. 새로운 세기를 향해 완전히 새로운 생존 전략의 틀을 스스로 개발해야만 한다.

과거의 관행과 새로운 방법

'과거의 관행(used-to)' 목록은 최신화한 '새로운 방법(how-to)'으로 교체되어야 한다. 예를 들어 과거에는 소속된 회사를 마케팅 하라고 배웠다. 과거의 관행은 '클수록 더 좋다'였다. 현재의 마케팅 전략은 독립적으로 자신의 미래와 운명을 만들려는 사람들과 보조를 맞추기를 원한다면 자기 자신과 자신의 개인적 실무를 시장에 소개할 것을 요구하고 있다.

영업전문가는 과거에 특정 정보에 배타적으로 접근할 수 있었다. 그 당시에는 그렇기 때문에 상품을 시장에 소개할 수 있었다. 현재는 모든 사람이 정보를 좀 더 쉽게 이용할 수 있기 때문에 파트너 관계를 시장에 소개해야만 한다. 모든 사람이 경기규칙을 잘 알게 되면, 자신이 파는 상품과 서비스에 대해 '코치'로서 역할을 수행해야 될지도 모른다. 과거에는 가망고객에게 도표와 계산을 활용함으로써 좌뇌, 즉 논리적 측면에 전적으로 의존해 시장을 개척했다. 새로운 세기에서는 좀 더 전체에 초점을 맞춰야만 한다. 우리가 향후 10년간이 사업을 계속할 것을 예상하면 우리는 머리와 가슴, 사업과 자녀 그리고 이기심과 박애주의를 결합해야만 한다.

아마도 과거에는 이러한 모든 것을 다 할 수 있었다고 고객에게 말하곤 했을 것이다. 이제는 더 이상 아니다! 가속화하는 복잡한 세상에서 우리는 전문가가 되어 다른 전문가와 전략적 동맹을 개발하고 판매해야 한다.

어떤 시장을

어떤 마케팅 계획을 추진하기에 앞서 자신의 고객으로 어떤 사람을 원하는지 명확하게 정의할 필요가 있다. 고객을 산업, 직종과 직업, 나이, 소득, 순자산 등 여러 가지 방법으로 정의할 수 있지만, 반드시 정의해야 하며 그렇지 않으면 고객의 전문가로서 봉사할 수 없게 될 것이다. 고객으로서 어떤 사람을 원하는지 어떻게 알 수 있을까? 다음 질문에 답변해보라.

- 내가 가장 즐기는 일은 무엇인가?
- 나의 개인적 철학과 사업을 어떻게 통합할 수 있을까?
- 나의 개인적 가치와 회사의 업무가 일치하고 있는가?
- 나와 가족용 사명선언문을 갖고 있는가?
- 나에게 중요한 것이 무엇인가?
- 업무에 대한 사명선언문을 갖고 있는가?
- 무슨 가치를 지지하는가?
- 직원, 동료, 고객, 공급자, 회사에 대한 나의 철학은 무엇인가?

이러한 모든 답변은 자신의 사업을 마케팅 하는 데 어떤 관계가 있는가? 모두 관계가 있다! 오늘날 고객과 직원은 장기적 관계를 구축하는 데 흥미를 갖고 있다. 결국 이들은 관계가 좀 더 쉽게 개발될 수 있기 때문에 자신이 가장 좋아하는 사람과 일하고 싶어 한다.

대부분의 영업전문가는 너무나 시간에 쫓기기 때문에 시간과 에너지 그리고 노력을 들여 관계를 개발하기보다 '즉각적으로 올바른 느낌을 주는' 관계를 선호한다.

여기에 있는 모든 질문에 시간을 갖고 답변하라. 나의 이상적인 고객, 동료, 직원을 정의하는 중요한 첫 번째 단계를 밟게 될 것이다. 전통적인 고객 정의로 자신을 한정하지 마라. 나의 이상적 고객은 개인이 아닐 수도 있다.

- 나의 경쟁자는 누구인가?
- 경쟁자가 하는 일 중 내가 본받고 싶은 것은 무엇인가?
- 경쟁자가 하는 일 중 내가 싫어하는 것은 무엇인가?
- 나의 실무와 비교할 때 경쟁자의 강점으로 인식될 수 있는 것은 무엇인가?
- 경쟁자의 실무와 비교할 때 나의 강점은 무엇인가?

나의 현재 실무를 평가하고 싶어 할 것이다.

- 내가 보유한 고객은 몇 명인가?
- 보유 고객 중 적극적 구매자는 몇 명인가?

나의 평균 고객에 대한 프로파일을 순자산, 평균 구매횟수(금액),

평균 수수료, 지리적 위치, 직업 등으로 만들어보라. 그런 후 다음 질문에 답하라.

> - 이 프로파일을 자신의 이상적 고객 개념과 비교해보면 어떤가?
> - 내가 보유해야 하는 고객은 몇 명인가?
> - 다른 사람에게 위임해야 하는 일 중 현재도 직접 하고 있는 것은 무엇인가?
> - 수익을 창출하는 가장 중요한 세 가지 활동은 무엇인가?
> - 새로운 성장을 지속적으로 유지할 수 있는 적절한 기술, 인력, 시스템을 갖추고 있는가?
> - 현재 위치에서 원하는 상황으로 이동하기 위해 필요한 변화는 무엇인가?

오늘날 가망고객은 장기적인 관계를 원한다. 이를 위해서는 쌍방향 소통이 필요하다. 고객에게 전달되는 메시지를 다음 사항을 고려해 점검해보자.

> - 고객을 얼마나 자주 접촉하는가? 어떤 매체 또는 방법을 사용하는가? 고객은 얼마나 자주 나에게 구매하는가?
> - 나의 추천 시스템은 어떤 형태인가?
> - 추천 시스템은 어떻게 작동하는가?
> - 조직적으로 하는가?
> - 소개를 통한 업적이 전체 실적에서 차지하는 비중은 얼마인가?

나의 시장 형성

자신이 원래부터 혼자 일하는 사람이었다면 즉시 다른 사람과 전략적 동맹을 맺는 일부터 시작해야 한다. 업계의 사람뿐만 아니라 연관 업계의 전문가도 포함되어야 한다. 이것을 성공적으로 하려면 각자는 고객에게 특별한 서비스 영역을 대표해야 한다. 어떤 영역에 전문가가 되는 것이다. 자신의 사업에서 어떤 특징을 가장 즐기는가? 그것을 추구하고 그것을 정복하라! 그런 다음 다른 사람에게 자신을 마케팅 하라. 다른 사람에게 나의 전문성이 필요할 때면 이들에게 언제든지 도움을 줄 수 있다는 사실을 알려라.

나에 대한 마케팅을 어떻게 수행할 수 있을까? 전문잡지, 지역 산업신문, 일간신문, 타 지방의 신문에 자신이 갈고 닦은 특별한 전문 분야에 대한 기사를 게재한다. 자신과 관련된 업계에서 출판되는 전문적 기사를 몇 개 읽는다. 관련 출판사의 편집장에게 편지로 특히 방금 읽거나 알게 된 기사나 주제와 의견이 다를 경우에 자신의 의견을 표현하고 입증한다. 잘 쓴 편지 한 장은 훌륭한 자기 마케팅 매체다.

글을 잘 못 쓰면? 그러면 말로 하라! 지역 라디오나 케이블 텔레비전의 대담 프로의 초대 손님이 되어라. 이러한 프로그램의 광고주는 시청자나 청취자에게 방송할 흥미로운 주제나 사람을 항상 찾는다. 자신의 이야기를 가능한 한 자주 하라. 지방, 지역, 전국 규모의 회의나 모임에서 강의하라. 자신의 누리집이나 자신의 라디오나 텔레비전 쇼를 가져라. 자신의 팀에 속한 사람과 공유하라. 알려라! 컨설턴트가 되거나 다른 사람의 질의서에 답변해주는 사람이 되어라! 기회가 닿는 한 소개를 요청하라!

나의 네트워크 팀에 포함하고 싶어 하는 사람을 확인하라. 이들과 아침 또는 점심식사를 하라. 자신의 아이디어를 설명하고 흥미 있는지 물어보라. 흥미를 보이면 참여한 모든 사람이 승승의 상황이 될 수 있도록 네트워크 아이디어를 구체화할 수 있는 방안을 함께 찾아내라. 모든 사람에게 혜택이 돌아가는 것을 보여줄 수 없다면 아이디어를 개정하거나 새로운 파트너를 찾아라.

본사에서 나의 사무실로 권력이 이동할 때 확실히 움켜잡아라! 이 흥미진진한 기회를 활용해 나의 실무가 새로운 가능성을 향해 나아가도록 하라. 나를 가장 좋아하는 고객으로만 정렬시켜라. 영원한 학생이 되어라. 과거의 결과에만 의존하게 되면 교체될 것이다.

사고 전환 마케팅을 통해 변명을 탁월함으로, 장애물을 기회로, 지체를 힘으로, 평범함을 위대함으로 모두 바꿔라!

결론

영업력은 설득의 예술이라고 불렀고, 역사상 모든 진보의 원인이 되어왔다. 모든 위대한 경제, 사회, 정치, 종교적 운동과 변화는 자신의 아이디어를 다른 사람에게 판매한 사람의 능력에서 나왔다. 그리고 어떤 판매 노력에도 항상 판매된 아이디어를 향한 열정이 요구되었다.

열정은 영업전문가로서 성공하는 데 절대적으로 필요하다. 열정의 힘은 불가사의하다. 열정 없이는 어떤 판매 노력이나 능력도 한계가 있다. 내가 판매하는 상품과 서비스에 열정을 창출하려면 내가 열정적으로 느껴야만 한다. 열정의 효과는 나에서 시작해서 나로 끝난다.

영업전문가의 성공은 영업 과정에서 내가 말한 것과 하는 행동을 합친 것과 연결된다. 아주 작고 중요하지 않아 보이는 말과 행동이 성공에 커다란 차이를 만든다. 확신은 영업전문가가 성공할 때 통과해야 할 대문의 머릿돌이다. 확신이 있는 영업전문가는 평균의 법칙을 수용할 용기가 있다. 이들은 자신의 판매 노력이 실패보다는 승리로 보답될 것이라는 사실을 안다.

영업이라는 직업은 고상한 소명으로 영업인이 없으면 세상엔 진보도 없었을 것이다. 그러나 수많은 영업전문가가 승리 태도가 부족하고 자신의 일에서 탁월하기 위해 요구되는 노력을 기울이지 않기 때문에 자신의 잠재적 능력을 금전으로 전환하는 데 실패한다.

백만 불 원탁회의 영업전문가는 자신은 물론 자신이 선택한 경력 그리고 고객에게 제공하는 서비스에 자랑스러워한다. 강렬한 자부심에 동기부여 된 이러한 고성취자는 실패자 명단 속에 자신의 이름이 거론되기를 바란 적이 한 번도 없었다. 백만 불 원탁회의 회원의 정신과 지혜를 빌리면 승리 태도를 개발할 수 있고 고도의 영업 성공을 거둘 수 있다.

캘빈 쿨리지(Calvin Coolidge)는 다음과 같이 말한 적이 있다. "세상의 어떤 것도 인내를 대신할 수 없습니다. 재능도 아닙니다. 성공하지 못한 남녀의 가장 공통적인 특질이 바로 재능입니다. 천부적 소질도 아닙니다. 천부적 소질을 갖고 태어났어도 제대로 발휘하지 못한 사람이 부지기수입니다. 교육도 아닙니다. 세상은 교육받은 낙오자로 가득 차 있습니다. 인내 그리고 결심만이 전능합니다."

영업전문가로서 다음을 강령으로 삼아라. 인내하라, 그러면 원하는 대로 자랑스럽고 거대한 성공을 거둘 것이다.

완전한 인간을 목표로

세계 최고 수준인 영업인의 경험을 토대로 이 책을 엮었다. 이들이 공개한 비밀과 기법을 통해 좀 더 효율적이고 효과적으로 가망고객을 발굴하고 마무리하고 판매할 수 있으며 이러한 기술을 향상시킴으로써 영업력을 높일 수 있고 경력 개발을 촉진시킬 수 있다. 성공하고 싶어서 이 책을 구매했겠지만, 판매량이 증가한다고 성공하는 것은 아니다. 이 책에 기여한 모든 영업전문가는 판매량이 성공으로 가는 길이지만 판매량만으로는 성공할 수 없다고 말했다. 사실 백만 불 원탁회의 회원 중 가장 성공한 영업인은 모두 협회의 완전한 인간 철학을 굳게 신봉하고 있는데, 이는 전문가로서 최고 수준의 잠재력을 발휘하려면 삶의 다른 부분에서도 최고의 잠재력을 발휘할 수 있도록 노력해야 한다는 것이다.

완전한 인간은 삶의 의미나 행복 그리고 완성을 위해 헌신하며 이러한 삶을 살기 위해서는 지속적인 성장의 과정이 필요하다는 것을 이해한다. 삶의 어떤 영역 예를 들어 가족, 건강, 교육, 경력, 봉사, 재무, 정신적인 부분에서의 성공은 다른 부분의 성공이나 조화에 달려 있는데, 이는 삶의 모든 영역은 서로 복잡하게 얽혀 있기 때문이다.

판매란 특별한 헌신이 요구되는 일이다. 업무시간은 힘들고 가망고객의 반응은 적대적이거나 모욕적이고 금전적 보상은 불안정하다. 오랜 시간 동안 비협조적인 가망고객과 개척전화를 하거나 상담을 가진 다음에는 가족이나 자신의 몸을 돌보거나 추가적인 교육을 추구하는 데 시간과 노력을 쏟는 게 어려울 수 있다. 건강, 행복한 가족관계, 교육에 대한 헌신이 판매 경력을 강화시켜준다는 사실을 이해하는 게 늘 쉽지만은 않지만, 수천 명의 백만 불 원탁회의 회원의 경험에 의하면 이것은 진실이다. 확신이 있고, 건강하고, 올바른 가치관에 입각해 살고, 변화에 적응할 수 있으면, 가망고객의 존경과 신뢰를 불러올 수 있고 판매가 뒤따를 것이다.

처음 시작할 때부터 성공한 영업인은 책임감을 보여줄 수 있어야 한다. 높은 생산성을 지닌 영업인은 가망고객의 욕구와 예산에 맞는 상품을 제공해서 가망고객에게 책임감을 실천한다. 성공한 영업인은 약속을 잡고 성공하는 데 도움이 되도록 시간과 노력을 발휘하는 것과 같이, 자기 자신에게도 책임감을 갖고 있어야만 한다. 전문영업인은 업계에 대한 책임도 있기 때문에 영업인에 대한 대중의 선입관을 개선하기 위해 자신을 교육하고 높은 도덕적 판단을 사용해야 한다. 지역에 대한 책임을 수행하기 위해 고객이나 자신이 살고 있는 지역에 시간과 힘 그리고 돈을 돌려주도록 해야 한다.

어떤 사람에게는 판매의 책임이 수용하기에 너무나 클 수도 있다. 그렇기 때문에 많은 영업인의 판매 경력이 짧다. 다른 사람에게는 고객 기반을 모으고 유지하는 책임에 너무 지쳐 다른 부분의 책임이 부수적인 것으로 전락한다. 영업인이 진정한 성공으로 이어지지 않는 경력 부분에만 초점을 맞추면 판매의 인내는 포기와 똑같이 위험하다. 최고의 영업인은 상담을 얻기 위해 분투하는 사람보다 더 적은 시간을 일에 투여하는 경우가 많다. 판매 훈련 중 종종 신참 영업인에게 일중독은 성공과 동의어라고 확신시킨 것을 어느 백만 불 원탁회의 회원이 지적했듯이, 인내심 있는 사람과 일 중독자를 구분하기는 어렵다. 그는 다음과 같이 말했다.

영업은 독특하고 호기심이 있는 사업입니다. 기회와 무한한 가능성 때문에 우리는 이 위대한 일에 매력을 느끼고 있습니다. 그리고 사실 영업인으로 성장 또한 무한합니다. 욕구와 동기 그리고 규율이 있는 평균적인 사람이 다른 사람을 도우면서 상위의 생활수준을 달성할 수 있는 다른 직업이 있는지 알지 못합니다. 이 업계에서의 성공은 역설적입니다. 이 위대한 업계에서 성공하기 위해 요구되는 개인적 희생과 불굴의 자기 규율은 일중독으로 빠지는 특징을 띱니다.

영업에서 우리의 경력이나 일을 하는 사람으로서의 인간적 척도는 얼마나 돈을 벌 수 있느냐에 달려 있습니다. 사실 이 업계에서 개인으로서 우리의 순위는 매달 그리고 매년 우리의 판매량에 의해 결정됩니다. 초창기 시절 이런 식으로 세뇌를 당해서 결국 제 삶의 최우선 순위는 돈 또는 돈과 관련된 목표가 되었습니다. 진정으로 행복하고 성공한 개인 그리고 영업인이 되려면 개인의 목표를 종이 위에 적어야만 하고 다른 사람을 사랑하고 봉사하면서 일을 해야 한다는 사실을 이제야 알았습니다.

일중독으로 고립되면 장기적으로 판매가 늘지 않는다. 반대로 자신에 대한 인식을 바꾸는 데 중점을 두고 삶의 모든 부분을 개발하고 성장시키면 판매 능력을 영원히 증진시킬 수 있다. 너무 오랫동안 영업전문가는 성공을 금전적 목표로만 정의해왔다. 완전한 인간 철학은 한 해 성공적으로 판매를 하는 게 아니라 성공적인 삶을 개발하는 데 초점을 맞추면서 인생의 목표를 달성하는 데 도움이 되도록 개발되었다.

경력

성공적인 경력은 네 가지 요소, 즉 규율, 비전, 목표, 윤리로 구성된다. 위대한 영업인이 되려면 이 네 가지 요소 모두에 집중해야 한다. 한 백만 불 원탁회의 회원이 주장했듯이 이렇게 하려면 비범한 사람이 될 것을 굳게 결심할 필요가 있다. 대부분의 사람은 자신의 지역이나 사무실, 친구와 잘 어울릴 수 있는 평범한 삶을 살기 위해 대부분의 시간을 보낸다. 다른 사람과 다르게 되거나 동료와는 다르게 되거나 비범하게 될 특별한 이유가 있는가? 대다수 평범한 사람은 일상적인 일에 허우적거리면서 현재의 상황을 있는 그대로 받아들인다. 성공한 사람이 되려면 틀 밖에서 생각할 능력이 필요하고 '다른 사람도 그렇게 하기 때문에'와 같이 늘 따르던 일상적인 일이나 절차에 문제를 제기할 수 있어야 하고 더 나은 방법으로 일할 수 있도록 바꿀 수 있어야 한다. 우리의 삶과 일에서 뛰어나고자 헌신하지 않으면 평범한 80%에 속하게 될 것이다. 평범하다는 것은 잘해야 평균이고 나쁘면 보통이라는 의미가 된다. 성공한 사람이 되려면 관례와 일상의 편안함을 떨쳐버리고 비범한 사람 쪽에 합류해야 한다. 비범한 사람은 인구의 20%밖에 안 되는 소수로 진보를 창출하기 위해 탐구하고 실험하는 사람이다.

다수보다 앞서기 위해서는 엄청난 규율이 필요하다. 먼저 자동적으로 되는 일보다 하기 어려운 일을 할 수 있는 규율이 필요하다. 자신의 행동을 분석한 다음 일반적으로 받아들여진 과정을 따르지 말고 효과가 있는 방법을 선택하라. 두 번째로 이미 성공한 사람이라면 새로운 수준의 성공을 하기 위해 자신의 마음의 안식처에서 뛰쳐나갈 규율이 필요하다. 세 번째로 자신의 능력을 마음껏 발휘하는 데 일의 크기와 상관없다는 사실을 깨닫는 규율이 필요하다. 간단히 말해 규율이란 성공과 보통의 차이이다. 백만 불 원탁회의 회원 중 최고의 영업전문가가 이와 관련되어 다음과 같이 말했다. "성공한 사람은 덜 성공한 사람이 하기 싫어하는 일을 스스로 할 수 있도록 자신을 규율합니다." 그는 계속해서 말했다.

성공한 사람은 성공하기 위해 큰 일이 필요하지 않다는 사실을 이해합니다. 오히려 우리가 매일 해야 할 작은 일이 성공을 좌우합니다. 특별한 사람이란 세상에 없다는 사실이 우리를 놀라게 할지 모르지만, 어떤 사람은 특별한 목표를 달성하도록 자기를 단련시켰습니다. 다음 1주일의 일정이 다 차기 전에는 금요일 날 집에 가지 않도록 규율하는 것입니다. 목표를 매일 할 과업으로 세분화하도록 규율하는 것입니다. 지금 당장 매일매일 반복해서 해야 할 일을 한다면 내 목표가 달성될까? 매일 하는 일이 우리의 성공과 실패를 가릅니다. 성공이란 매일같이 실천해야 하는 중요한 일입니다.

성공하기 위한 규율은 무언가로 보상을 받을 수 있으며, 이제까지 해왔던 일을 더 단순하게 계속 할 수가 있다. 모든 규율은 비전에서 나온다. 한 번에 조금씩 성공을 만들어내도록 규율이 있는 영업인은 자기 자신을 성공한 사람으로 보는 규율에서 출발한다. 대부분의 사람은 자신의 삶과 경력을 개선시키고 싶어 한다. 즉 대부분의 사람은 성공하길 바란다. 그럼에도 불구하고 대부분의 사람은 자기 자신을 성공한 사람으로 상상할 수가 없기 때문에 다르게 생각하고 행동하도록 규율하지 못한다. 존경받는 백만 불 원탁회의 회원이 비전의 중요성을 이런 식으로 설명했다.

위대한 사람은 우연히 만들어지는 게 아닙니다. 산 정상에 오른 사람은 어느 날 갑자기 거기로 날아올라간 것이 아닙니다! 그들은 자신이 달성하려는 것이 무엇인지 정확히 선택하고 결정하는 데 능숙한 사람입니다. 우리가 살고 있는 세상이 모두 만들어졌다는 사실을 알면, 원하는 대로 세상을 창조할 수 있게 됩니다. 목표에 따라 우리 삶을 조각하고 형상화한다는 사실을 우리 모두는 알고 있습니다. 우리 모두는 목표의 중요성을 충분히 많이 들었을 것입니다. 그러나 목표 자체만으로 우리의 삶을 멋지게 바꿀 수는 없습니다.

많은 사람이 살아가기 위해 좀 더 위대한 무언가를 목표로 설정하지 못하거나 또는 자신의 깊은 곳에 있는 목적을 충분히 느끼지 못한 채 목표를 정하는 실수를 저지릅니다. 조지 버나드 쇼의 말대로 "스스로 인식한 목적이야말로 가장 강력합니다." 목표 설정은 그 자체로 한계가 있기 때문에 목표 설정을 초월할 필요가 있습니다.

큰 건물은 작은 재료로 만들어집니다. 거대한 도약은 수많은 작은 도약의 축적입니다. 비전을 깨닫는 일은 대개 한 번에 이루어지지 않고 한 번에 한 걸음씩 이루어집니다. 전체는 부분이 모여서 이루어집니다. 중요한 것은 매번의 작은 단계가 큰 그림의 한 부분이라는 것입니다. 그것을 모르면 목표 달성자는 될 수 있어도 성공한 사람은 될 수 없습니다.

비전을 조각그림 맞추기로 생각하십시오. 한 번에 맞출 수 없고 한 곳에 쏟아 부어도 안 됩니다. 유일한 방법은 완성된 이미지를 형상화한 다음 한 조각 한 조각 매일매일 맞춰나가는 것입니다. 이렇게 맞춰나가면 완성하는 게 쉽고 빠를 것입니다. 이 과정에서 추진력이 생기기 때문입니다. 조금씩 그리고 자주 할수록 빨리 크게 완성됩니다. 목표에 대한 비전 없이는 전체 모습이 완성되지 않을 것입니다.

우리의 일상 활동과 작은 행동은 목표뿐만 아니라 비전에서도 나와야 합니다. 이렇게 해야만 하루하루의 일이 더 의미가 있고 목적성을 가지게 됩니다.

자신의 비전을 통해 성공한 영업인이 되는 데 필요한 일상적인 과업을 완수할 수 있도록 동기부여가 된다. 비전을 달성하는 정도를 측정할 수 있으며 현재의 위치에서 상상한 곳으로 직접 이끌도록 규율하는 데 초점을 맞출 수 있는 것이 목표이다. 백만 불 원탁회의 회의에서 한 동기부여 전문가는 다음과 같이 말했다. "목표가 전진하도록 만든다." 비전의 성취는 비전이 몸에 체화되도록 규율을 실제 적용하는 데 달려 있고, 목표는 이러한 규율을 적용할 수 있도록 만든다.

목표는 비전이라는 조각 맞추기의 한 조각이다. 각각의 목표를 달성하면 스스로 원한 성공에 가까이 다가갈 수 있고, 달성된 각각의 목표는 목표를 달성할 때마다 생긴 자신감으로 좀 더 쉽게 다음 목표를 달성하게 만든다. 비전을 실현하는 데 도움이 되는 목표는 현실적이어야 한다. "다음 주에 매일 20명의 새로운 가망고객에게 전화를 하겠다"와 같은 좀 더 작은 목표로 시작하거나, "올해를 최고의 실적을 올리는 한 해로 만들겠다"와 같은 목표를 세우는 것이 좋다. 그렇지 않으면 시스템이 역효과를 낼 수 있다. 비현실적인 목표를 설정하면 비전 달성을 자꾸만 미루게 된다. 왜냐하면 각각의 목표를 달성하는 데 실패했기 때문에 앞으로 나아가는 것이 쉽지 않다. 그렇다고 할 수 있다고 생각하는 것만으로 목표를 세우라고 말하는 것은 아니다. 유명한 동기부여 연구자가 언급했듯이 50%의 실패 확률이 있을 때 목표는 가장 효과적이다.

> 성공할 가능성이 50%가 될 때까지 목표 달성의 동기부여가 점점 높아진다는 사실이 연구를 통해 밝혀졌으며, 영업전문가가 이 사실을 적용할 수 있으면 황금률이 될 수 있습니다. 다른 말로 하면 목표를 달성할 기회가 50 대 50이거나 성공 확률이 50%일 때 목표는 동기부여가 가장 잘되고 가장 강력한 자신의 내부 자원을 활용할 수 있게 됩니다. 목표가 확실히 달성 가능하거나 또는 불가능하다고 인식되면 동기부여는 일어나지 않습니다. 성취동기를 잃어버린 듯한 많은 영업전문가에 대한 해답이 여기에 있습니다. 이들은 내부의 열정을 태우는 연료나 적절하게 자신을 동기부여 하는 것으로 목표를 활용하는 데 실패했습니다.

목표는 비전을 현실로 바꿀 때 연료로 사용될 규율을 유지할 수 있는 동기다. 하나의 목표를 달성할 때마다 더 많은 것을 성취할 수 있도록 재촉할 수 있다. 왜냐하면 성취에 대한 확신이 있고 성공을 위한 새로운 습관이 몸에 배었기 때문이다. 최근 연구에 의하면 새로운 습관이 몸에 배는 데 21일이 필요하다고 한다. 목표를 달성하는 한계를 높이고 성공을 다지기 위해 매일 무언가를 하면 21일 후에는 두 번째 천성, 즉 습관화된 일상이 되어버린다. 목표가 달성되어도 성공에 도움이 될 무언가를 하는 습관을 지니게 된다. 많은 사람은 중요한 성과로서 목표 달성이라는 끝에 초점을 맞추지만 목표를 달성하게 만드는 습관을 익히는 일이 더 중요하다. 많은 백만 불 원탁회의 회원이 지적했듯이 성공은 과정이지 결과가 아니다. 목표를 추구하도록 개발한 습관은 이러한 습관을 실행하면서 개발된 태도와 함께 좀 더 성공하도록 만들 것이다. 최고의 회원이자 동기부여 전문가는 다음과 같이 말했다.

> 지속적인 활동이 목표를 유지하고 관철시킵니다. 목표를 향해 활동할 때 늘 자신에 대해 더 좋은 감정을 가지고 활력이 있게 되며 확신과 자신감을 갖게 되는 강점을 가지게 됩니다. 우리가 타성에 젖어 성취동기가 낮아지면 자신감도 떨어지고 마음의 안식처로 도피하게 되고 삶에 대한 열정을 크게 잃을 것입니다. 우리의 자세도 나빠집니다.

목표는 우리의 습관을 개선시키고 태도를 바꿔주기 때문에 중요하다. 우리가 효율적이고 에너지가 넘쳐나면 성공할 가능성이 높아지게 되고, 목표를 달성하는 데 성공하면 더 많은 목표를 세우는 것이 용이해진다.

비전을 정하고 목표를 세우고 이러한 것을 달성하도록 규율할 때 성공의 비전은 강력한 윤리적 원칙에 입각해야 한다는 사실을 확실히 염두에 두어야 한다. 성공할수록 일과 에너지가 더 많이 들게 되며, 고된 일과 노력이 필요하지 않는 성공의 길은 불완전할 수밖에 없다. 백만 불 원탁회의 회원 중 한 사람이 말했듯이, 올바른 일을 하나하나 잘 해야 한다. 시간이나 에너지를 많이 투자하지 않고 성공하는 법이 있지만, 이러한 방법으로 성취한 성공은 깊이가 없고 일시적이다. 성공할 수 있는 유일한 길은 가망고객이 우리를 믿을 수 있도록 고무하는 것이고, 이러한 일은 가망고객이 우리로부터 성공적인 습관을 형성하고 목표를 달성하는 것을 볼 때 발생할 것이다. 가장 비윤리적인 방법을 통해 만들어진 순간의 성공은 처음엔 다른 사람에게 피해를 주나 결국에는 그 짓을 한 사람에게 피해를 준다.

영업은 윤리의식이 낮다고 자주 비난을 받는 직업이다. 사기꾼으로 천박하게 치장한 파렴치한 중고차 매매꾼이나 판매자가 등장하는 영화나 농담을 많이 보거나 듣곤 했다. 이러한 부정적인 전형으로 판매 업무를 솔직하고 정직하게 하는 일이 더욱더 중요하게 되었다. 필요한 고객을 발견하고 유지하기 위해서는 자신이 어떤 사람이고 무슨 일을 하는지에 개인적인 책임감을 갖추어야 한다. 가망고객이 우리를 성공에 초점을 맞추고 성공하려고 열심히 일하는 사람으로 알게 되면, 우리와 일을 하는 것에 대해 편안해 할 것이다. 그들이 우리의 목표 지향적 습관과 규율이 그들의 최선의 이익을 위해 효과가 있음을 알게 되면, 그들은 고객이 되어 더 많은 일거리를 주고 친구를 소개하면서 우리의 성공에 기여할 것이다.

이러한 과정은 느리기 때문에 가끔 정직, 성실, 공평보다 즉각적인 성공에 유혹을 받을 수 있다. 영업에서 성공한 사람이 되려면 인내심이 있어야 하며, 수상한 거래를 통해 개인적 이득을 획득하기보다는 시간과 노력을 쏟아 부어야 한다. 백만 불 원탁회의 전임 회장은 성공하는 데 윤리가 얼마나 중요한지 강조하면서 다음과 같은 이야기를 했다.

> 가끔 훌륭한 사람이 꼴등이 되는 경우가 있는데, 그 경우에 그는 다른 선수와는 전혀 차원이 다른 경기를 하고 있기 때문이 아닐까 생각해봅니다. 예를 들어 호주 골프 선수인 그렉 노먼은 프로 시합에서 가장 큰 드로를 치는 선수입니다. 1996년 그레이터 하트포드 오픈에서 선두 그룹에 속했지만, 처음 두 라운드에서 부적절한 공을 사용해 부주의하게 시합을 했다고 주최 측에 통보해서 자신을 실격처리 하도록 했습니다. 이게 바로 윤리입니다. 깨끗한 양심이야말로 가장 부드럽고 편안한 베개입니다.

의심스러운 윤리로 단기간 영업에서 성공할 수 있을지 모르지만 장기적 성공은 노먼과 같이, 자신의 잘못을 인정하고 윤리적으로 업무를 하겠다는 헌신을 입증했을 때 다가오는 충성스러운 고객에 달려 있다.

성공적인 영업 경력을 갖기 위해서는 자기 자신을 성공한 사람으로 상상할 수 있어야 한다. 그런 다음 비전을 작은 목표로 쪼개고 이 목표를 달성할 습관과 규율을 개발해야 한다. 정직, 공평, 동정심, 근면이라는 윤리규정에 맞게 살면, 판매는 자연스럽게 따라온다.

교육

교육은 영업의 성공과 밀접하게 관련된다. 고객의 신뢰를 증진시키고 그래서 판매를 확장시킬 수 있도록 하기 위해 전문 훈련 과정을 이수하거나 자격을 취득하는 등 영업 성공의 비전을 여러 개의 성취 목표로 세분해서 설정할 수 있다. 그러나 교육은 경력과 놀이와는 다른 영역이다.

완전한 인간 철학의 제창자인 애들러 박사는 삶의 중요 부분이 여가인데, 이 여가의 한 측면으로 교육을 들고 있다. 여가활동은 금전적으로 환산할 수 있는 이익이나 보상이 없지만 정신적인 보상이 따르는 활동이다. 이러한 활동은 일이 어려워서 매우 힘들 때도 할 만한 가치가 있다. 살기 위해 일을 해야 하듯이, 더 잘 살기 위해 여가생활을 해야 한다. 애들러 박사는 설명한다.

여가활동을 통해 사람은 인간으로서 성장하거나 자아를 개발할 수 있으며, 문명의 진보, 예술과 과학의 발전도 여기에서 이루어집니다.

어떤 형태의 배움이나 창조적인 일, 정치적으로 사회적으로 유용한 활동은 여가활동입니다. 여가활동이야말로 사회의 진보에 기여합니다. 따라서 여가활동의 수행은 도덕적인 의무가 되어야 합니다.

영업전문가인 우리는 대중에게 신뢰받은 조언자로 봉사해야 하며, 가능한 최선의 방법으로 고객에게 봉사하려면 자기 분야의 첨단 지식과 발전 상황을 계속 갱신할 책임이 있다.

교육을 계속 받으면 가망고객에게 좀 더 자신 있게 다가갈 수 있고 이로 인해 판매가 증가한다. 자신감은 대중에게 아첨해서 나오는 게 아니다. 자신감은 대개 역량에서 나올 수 있고 역량은 지식에서 나온다. 지식과 자신감을 증대시키면 자신의 가치를 더 잘 알 수 있게 되고, 좀 더 창조적인 방식으로 행동하고, 자신의 믿음을 타인에게 더 낫게 소통하고, 열심히 일해 아이디어를 행동으로 바꿀 수 있게 할 수 있다. 방향성 없이 열심히 일하기만 하면 좌절감에 빠지게 되나, 교육을 통해 일의 초점을 맞추면, 자신감을 증대시킬 수 있어 전문기술을 분석하고 개선시키는 데 도움이 될 수 있다. 백만 불 원탁회의 한 회원의 주장대로 전문가가 되려는 우리의 성공은 우리 자신이 전문성을 유지하기 위해 자기 학습과 개발을 중요하게 생각하고 지속적으로 추진하는 노력에 많이 달려 있다.

우리가 태어난 세상과 똑같은 세상에서 죽는 사치는 이제 기대할 수 없게 되었다. 우리는 지속적으로 변화를 겪고 있다. 소니 사의 개발위원회에서는 현재와 같은 기술발달 속도에 따르면 신제품이 18일 만에 구닥다리가 된다고 결론을 내렸다. 이와 같은 환경에서 성공하기 위해서는 18일이 되기 전에 그 상품에서 벗어나 대체할 수 있는 방법을 생각해 낼 수 있어야만 다른 회사에 뒤지지 않을 수 있다. 많은 사람이 개인단말기(PDA)를 가지고 다닌다. 윗옷 주머니에 들어갈 정도로 작은 이 컴퓨터는 1985년도에 이용 가능한 컴퓨터 기술보다 더 많은 기술이 압축되어 있다. 우리가 살고 있는 이 세상은 지속적인 변화의 요구를 맞추기 위해 지속적인 교육을 요청하고 있다. 아주 존경받는 백만 불 원탁회의 회원이 이것을 잘 요약했다.

> 지식과 기술에서 경쟁력을 가지려면 스스로 지속적으로 교육하고 재교육할 필요가 있습니다. 유명한 앨빈 토플러 박사는 이렇게 말했습니다. "미래의 문맹은 읽거나 쓰지 못하는 사람이 아니라, 배우지 못하거나 지식을 버리지 못하거나 재교육을 받지 못하는 사람이다."

생물이 멸종하지 않고 진화에 성공하는 것은 그 종의 규모나 힘과는 상관없이 변화하는 환경에 적응할 수 있는 능력이 있기 때문이라고 찰스 다윈은 말했다. 같은 말을 영업인의 성공에도 적용할 수 있다. 한 동기부여 전문가가 다음과 같이 말했다. "후기 산업사회에서 사람은 더 이상 생산요소가 아니라 경쟁력 그 자체입니다. 배우지 못하면 사회에서 중요한 사람이 아니라 부적절한 사람이 될 것입니다. 배우지 못하면 일을 할 수 없을 것입니다." 그는 계속해서 말했다.

후기 산업사회에서 학교, 기업훈련 과정, 세미나는 미래를 위한 농장입니다. 사람은 새로운 상품이고 우리는 새로운 농작물입니다. 교육은 지식의 추구라고 믿도록 배웠습니다. 시험에서 'A'를 받거나 제때 졸업하거나 학점을 따기 위해서 다른 과목을 배워왔습니다. 그러나 교육은 지식의 추구가 아니라 의미의 추구입니다. 교육은 우리 삶을 다르게 만듭니다. 교육은 우리의 일이나 우리를 둘러싼 것에 가치를 부여합니다. 교육은 우리에게 줄 수 있는 모든 것을 주고 우리의 재능을 극대화합니다. 지식은 이 과정에서 부수적으로 얻는 것에 불과합니다.

교육과 지식은 다른 사람 특히 가망고객을 좀 더 낫게 다룰 수 있도록 변화시킬 수 있기 때문에 중요하며, 자기 자신을 다르게 볼 수 있도록 만들기 때문에 근본적이다. 영업에서 자신의 성공과 의미를 순전히 금전적인 목표로 보는 경향이 있는데, 오늘날과 같이 항상 변화하는 시대에서는 점점 더 이를 달성하기가 어려워지고 있다. 이런 상황에서는 더 높은 교육을 추구하는 것이 편하다. 왜냐하면 돈과 성공을 동일시하는 데 내재된 압박을 덜 수 있기 때문이다. 성공의 비전을 확대하는 데 도움이 되는 교육은 공식적인 교육일 필요가 없다. 실제 한 백만 불 원탁회의 회원은 자기 자신만의 교육을 수료한 것이 어떤 교육 강좌에 등록한 것보다 도움이 되었다고 느꼈다. 그는 조언한다.

매달 한 개의 메시지를 암기합니다. 긍정적인 문장, 시, 일을 기억하면 자신의 마음뿐 아니라 세상을 보는 눈에도 도움이 되어 더 많이 외울 필요가 있을 정도입니다. 우리가 암기한 것이 우리가 되려는 한 부분이자 하나의 성과입니다.

교육을 통해, 성공이나 세상 그리고 자신이 처한 상황에 대한 사고의 폭을 넓힐 수 있다. 배우는 것은 성장하는 것이고 성장을 통해 지속적으로 변화하는 세상에서 성공하는 데 필요한 자신감과 역량을 습득할 수 있다. 오랫동안 백만 불 원탁회의 회원인 사람이 이렇게 말한다.

성장은 삶의 유일한 핵심입니다. 살아 있다는 표시입니다. 자연을 돌아보십시오 사물은 성장하든지 사멸하든지 둘 중의 하나입니다. 중간이 없습니다. 자연에서는 은퇴가 없습니다. 대가는 자신의 성장에 한계가 없음을 알고 있습니다. 하늘이 절대적인 한계도 아닙니다! 지속적으로 자신의 기술을 증진시켜 다른 사람에게 부가가치를 주는 능력을 향상시킵니다. 변화는 과정이지 목적지가 아닙니다.

교육을 통해 역량을 높일 수 있으며, 오늘날 세계와 같이 우리에게 닥친 지속적인 변화 속에서 가망고객을 도울 필요가 있을 때에 자신감을 보일 수 있다. 성공의 정의가 얼마나 넓은지 깨닫거나 성공적인 사람이 되기 위한 탐색 여정을 지속하는 데 도움이 될 것이다. 더 많은 교육을 추구하면 영업인으로서 지역사회의 일원으로서 가족의 일원으로서 그리고 인간으로서 더 많은 것을 성취할 것이다.

건강

건강하지 않으면 경력개발의 노력이나 자신의 마음을 개선하려는 노력이 다 헛일이 된다. 지난 20년간 가장 큰 화제가 된 의학전문용어는 스트레스다. 현대 생활이 복잡하고 기기묘묘해짐에 따라 삶의 모든 영역에서 스트레스가 두드러진 현상이 되었다. 영업인에게 스트레스는 특히 해롭다. 정해진 수입도 없고 장시간 일과 감성적으로 무거운 짐을 지는 매일의 의무가 요구되는 직업에서 수많은 영업인이 건강에 제대로 신경 쓰지 못하는 것은 이상한 일이 아니다. 하루 일과가 끝나면 맥이 다 빠져 파김치가 될 수 있지만 대부분 스트레스는 인위적으로 만들어진다. 스트레스 전문가가 백만 불 원탁회의 회원에게 다음과 같이 말했다.

당신의 삶이 평범한 스트레스에서 얼마나 많이 벗어났는지 생각해 보십시오 평범한 스트레스는 다음과 같습니다. 태양이 떠오른다! 우리는 해가 지기 전까지 살기 위해 토끼를 잡거나 옥수수나 뭔가를 추수해야 한다. 자, 가족이여 함께 이 일을 하자! 가족과 함께 토끼를 쫓고 옥수수를 줍다가 일광욕을 하고 운동도 하고 클로버 잎 위에서 구르기도 하고 연못에 빠지기도 합니다. 하루가 끝나면 집에 돌아가 잡은 것이나 수확한 것으로 요리하고 화롯가에 앉아 함께 시간을 보내다 잠이 들고 다음날 일어나 또다시 반복합니다. 이것이 바로 평범한 스트레스입니다.

우리 대부분이 매일매일 부딪히는 스트레스는 이것과 비교해 아무 것도 아니다. 우리는 먹을 것도 입을 것도 많고 잘 수 있는 따뜻한 곳이 있음에도 불구하고 진짜 아무 문제되지 않는 것 때문에 우리 스스로를 흥분시킨다. 예를 들어 오늘 충분히 많은 가망고객에게 전화했는가? 이번 주에 충분히 많은 약속을 잡았는가? 내가 원하는 휴가를 가기 위해 이번 분기 충분히 팔았는가? 이러한 스트레스로 편안히 쉬지 못하고 휴식과 여유가 없으면 스트레스가 더 심해지게 된다. 우리 중 많은 사람은 실제로는 더 많은 스트레스를 발생하게 한 일을 한 것의 변명으로 스트레스를 사용한다. 이런 말을 들은 적이 있는가? "어젯밤 저녁을 먹을 틈이 없었어. 중요한 보험증권 때문에 일하기 바빠서." 또는 "금연해야 하는 걸 알아. 지금 당장 그렇게 하기에는 너무 스트레스가 많아." 대부분의 미국인은 스트레스 많은 삶을 지속시키는 건강하지 못한 습관을 갖고 있으나, 변화가 더 많은 스트레스를 야기할 거라는 두려움 때문에 이러한 습관을 고치려 하지 않는다. 33%의 미국인이 흡연하고 있다. 10%의 미국인이 과음하고 있다. 67%의 미국인이 육체적으로 비활동적이며, 88%의 미국인이 건강에 도움이 되지 않는 식사습관을 갖고 있다. 이러한 구체적 통계치가 충격적이지 않으면, 스트레스의 재무적이고 감성적인 결과를 한번 보라. 1997년에 스트레스 전문가가 백만 불 원탁회의 회원에게 이렇게 말했다.

이러한 거품이 있는 삶은 업계의 한 개인으로서 그리고 친밀한 관계를 유지하는 우리로서는 엄청난 것입니다. 사람의 스트레스 관련 질병의 발병률은 지난 10년간 800%나 증가했고 국가 전체로 1년에 3

억 불이나 됐습니다. 머크 가족 재단(Merck Family Fund)의 조사에 의하면 산업계 전체로 볼 때 일과 가족의 균형을 찾기 위해 지난 5년간 은퇴자를 제외하고 28%의 미국 근로자가 자발적으로 돈을 적게 버는 일로 전환했습니다. 그럼에도 불구하고 어제 처음으로 결혼한 사람의 40~60%가 7년 이내 이혼하게 될 것입니다.

스트레스는 불가피하나 노력은 할 수 있습니다. 스트레스와의 싸움에서 부정적 효과를 최소화하길 원한다면 몸을 잘 돌보고 자신의 동료, 지역사회, 가깝고 사랑하는 사람과 배려 관계를 유지해야 합니다.

비록 스트레스로 하루에 시간이 충분하지 않다고 느끼지만, 유일하게 입증된 치료 방법은 하루 중 더 많은 시간을 자신과 가족, 지역사회를 돌보는 데 사용하는 것이다. 역설적으로 보이지만 우리 자신이 조금만 신경 쓰면 해결될 수 있는 문제다. 필요한 모든 것은 자신이 지켜나갈 일정이다. 우리 삶이 아무리 복잡해도 매주 7번의 24시간이 있으며 결국 1주일에 168시간이 주어진다. 168시간에서 일하고 잠자는 시간을 빼면 우리가 좋아하는 일을 할 수 있는 엄청난 시간이 남는다. 이 시간에서 하루 3끼 식사시간과 1주일에 3번 운동할 시간을 빼더라도 가족이나 교육, 휴식을 위해 보낼 시간이 많이 남는다. 비록 이런 추가된 일정으로 일상적인 일에 스트레스가 더해질 수 있는 것처럼 보이지만, 일정을 지키면 실제로 걱정이 줄어든다. 이렇게 건강을 유지하기 위해 시간을 배정하면, 매일 일상적으로 피할 수 없는 스트레스를 좀 더 건강하고 효율적으로 처리할 수 있게 되며, 가장 정력적인 전문가가 활용하는 스트레스 대처법을 사용할 수 있다.

건강한 스트레스인 3C이다. 3C방법은 세 가지 간단한 단계가 있다.

1. 스트레스가 있는 상황은 문제가 아닌 도전(Challenges)으로 본다.
2. 도전을 받아들이려고(Committing to facing) 한다.
3. 이러한 과정을 통제력(Control)을 갖고 실행한다.

스트레스가 인위적이고 불필요하다는 사실을 인식하고, 시간을 사용하는 법을 통제할 수 있다고 이해함으로써 최대한 스트레스가 없게 하겠다고 헌신하는 것이 좀 더 건강한 삶을 살아가는 3C방법을 사용하는 완벽한 본보기가 된다. 좋은 느낌을 갖게 되면 스트레스로 발전할 작은 문제가 커지기도 전에 해결될 수 있다. 시간을 짜임새 있게 사용하면 더 많은 것을 성취하고 일, 교육, 지역사회, 가족에게 더 많은 존경을 받으면서 자신의 건강에 쓸 시간을 갖게 된다.

봉사

유명한 인도주의자이며 노벨평화상을 수상한 앨버트 슈바이처는 마지막 연설에서 이렇게 말했다. "저는 여러분을 모릅니다. 그러나 여러분 중 행복한 사람은 봉사하는 법을 찾고 배운 사람이라는 사실은 말할 수 있습니다." 성공하기 위해서는 직업이 아니라 삶에서 성공해야 한다는 사실을 배웠다. 교육 추구의 약속과 건강하고 행복하기 위한 의식적인 시도를 보여주어야 한다. 모든 성공한 영업전문가가 갖춘 또 하나의 자질은 자신의 지역에 봉사하는 도덕적 의무이다. 다른 사람에게 봉사하는 행동은 다른 모든 성공 습관을 강화시킨다. 자원봉사 활동을 하면서 다른 자원봉사자에게 자기를 소개하면 직업적으로 더 성공할 것이다. 왜냐하면 그 자원봉사자는 고객이 될지도 모르고 다른 사람에게 우리의 이름을 알려줘서 더 많은 고객이 올 수 있다. 교육면에서도 더 나아질 것이다. 다른 사람의 삶을 더 나아질 수 있도록 할 때 이제까지 배운 기술과 아이디어를 어떻게 적용하는 지 배울 것이다. 또한 자발적으로 도움을 준 사람에게서 많은 중요한 교훈을 틀림없이 배우게 될 것이다. 다른 사람을 도우면 자신을 더 좋게 느끼게 되기 때문에 건강도 좋아질 것이다. 우리가 모범이 되어 자녀에게 다른 사람에게 봉사하는 가치를 가르칠 수 있기 때문에 가족생활을 더 잘 할 수 있을 것이다.

지역사회를 구성하는 사람이 우리 수입의 원천이기 때문에 영업인은 자신의 지역사회에 큰 부채가 있다. 그럼에도 불구하고 지역사회에 대한 의무의 중요성을 잊기 쉽다. 유명한 백만 불 원탁회의 회원이 이렇게 말했다.

삶에는 판매 이상의 것이 있습니다. 사람이 대개 규칙적으로 운동하고 식단을 조정하고 몸무게를 조절하려는 이유가 무엇이겠습니까? 자신의 마음을 넓히거나 배우자와 지속적으로 친밀한 관계를 유지하도록 시간을 더 할애하기 위해서입니다. 자신의 자녀를 개별적으로 더 깊이 알거나 가족을 위해 시간을 더 투자하기 위해서입니다. 자신이 선택한 종교에 활동적으로 참여하거나 해결할 가치 있는 지역 문제에 대응하거나 업계 조직에 더 많이 몰입하기 위해서입니다. 우리가 하는 판매가 사회적으로 사람에게 도움이 되는 일이기 때문에 업계의 다른 일이나 삶의 다른 측면에 몰입할 시간이 없다고 느끼는 함정에 빠지는 사람이 많습니다. 그러나 종교나 지역사회, 업계 활동에 더 많이 몰입할수록 자기완성의 느낌을 더 많이 성취할 수 있습니다.

영업인으로 일을 하면서 타인의 삶을 매일 개선하도록 돕고 있지만, 백만 불 원탁회의 회원이 인식했듯이 이것만으로는 충분하지 않다. 진정 균형 있고 성공적이려면 자신의 일과 직접적으로 관련이 없는 방법으로 자신의 지역사회에 시간을 투자해야 한다.

평생 자원봉사 활동을 한 사람이 자원봉사 활동의 이점을 백만 불 원탁회의 회원에게 다음과 같이 말해주었다. "우리는 동지를 발견할 수 있습니다. 우리의 진정한 친구가 소중한 것을 이루기 위해 힘을 합칩니다. 우리의 신념을 발견하며, 우리의 삶과 우리 주위 사람의 삶을 바꿀 수 있는 힘을 발견합니다. 그러나 최종적으로 진정한 영웅은 석양 속으로 말 타고 떠나가지 않는다는 것을 알게 됩니다. 영웅은 자신의 이웃이나 지역사회로 항상 돌아와 세상을 바꿔야 합니다."

자신의 지역사회를 발전시키기 위해 자원봉사 활동을 하는 것은 아주 단순한 일이다. 모든 지역사회에는 주민들이 건강하고 행복하게 살 수 있도록 수행해야 할 과제가 엄청나게 많으며, 이 일을 완수하는 데 결코 사람이 충분한 적은 없다. 교회, 학교, 병원, 도서관, 정치단체, 어린이운동 클럽은 항상 자원봉사자가 필요하다. 이런 일이 마음에 들지 않으면 지역신문에 자원봉사자가 필요한 곳이 없는지 살펴보든지, 지역사회의 다양한 자원봉사 기회를 찾기 위해 전국 자원봉사자 관리협회를 접촉해보라(사서함 32092, 리치먼드, 버지니아 주 23294). 사람의 도움이 항상 필요한 조직이 늘 있기 마련이다.

이러한 단체와 접촉하면 자신이 살고 있는 지역의 자원봉사 기회에 대한 정보를 얻을 수 있다. 지역사회에 봉사한 적이 없다면 즉시 자원봉사 활동을 하라. 성공은 틀림없이 따라온다. 에머슨이 말했듯이 "당신이 살았기 때문에 하나의 생명이라도 더 나은 삶을 살면 이것만으로 당신은 성공한 것이다."

민주당 전국위원회
430S. 캐피털 가. S.E. 워싱턴, DC. 20003
202-863-8000
www.democrats.org

공화당 전국위원회
310 퍼스트 가. S.E. 워싱턴, DC, 20003
202-863-8500
www.rnc.org

전국 사친회
330 N. 와바쉬 가. 슈트 2100
시카고, 일리노이 주 60611
800-307-4PTA
www.pta.org

국제적십자사 문의처
11층 1621 N. 켄트 가. 알링턴, 버지니아 주 22209
703-248-4222
www.redcross.org

미국결연회
230N. 13 가. 필라델피아 펜실베이니아 주 19107
215-567-7000
www.bbbsa.org

가족

우리가 살아가면서 성공을 이루어야 할 것은 가족관계다. 존경받는 백만 불 원탁회의 회원은 이렇게 말했다. "집에서 실패하는 것에 필적할 만한 성공은 어떤 영역에도 없다." 가족과 건강한 관계를 가지고 있으면, 가족이야말로 가장 강력한 동기부여의 힘이자 지원군이라는 사실을 알게 된다. 또한 가족을 동기부여하고 지원하는 것이 우리의 책임이다. 성공적인 가족 일원이 되려면 다른 사람이나 조직의 어떤 요구보다 가족을 가장 먼저 생각해야 한다. 사업과 교육에 헌신하고 놀이에 몰두하는 것은 가족 간의 유대를 강화하는 것에 비해 부차적인 일이다. 최소한 하루에 한 끼는 가족이 함께 식사하면서 서로가 나눔과 배움을 공유해야 한다. 가족소통 전문가가 백만 불 원탁회의 회원에게 다음과 같이 말했다.

> 전에는 가족의 기능이었던 것이 하나씩 외부 기관으로 이전되어버렸습니다. 자녀교육, 신앙생활, 건강관리와 생애 직업을 위한 훈련은 모두 가족의 책임이었습니다. 오늘날 이러한 일을 가정 밖의 기관에서 제공하고 있습니다. 가족은 점차 상호 감성적 만족과 공유된 기쁨을 나누는 것이 주요 목적이 된 사람의 집단으로 근본적으로 바뀌게 되었습니다.

가족 모두가 매일 많은 시간을 가정 밖에서 보내는 시대에 가정 안에서 일어나는 조그마한 소통이 상호 간 감성적 만족과 기쁨을 제공하는 것은 아주 중요하다. 전통적인 가정의 기능이 다른 기관으로 이전되었기 때문에 가족이 이러한 상호 만족과 기쁨을 제공하지 못하면 존재할 이유가 없다.

　가족이 서로 돕고 사랑하도록 하는 데에 엄청난 노력이 필요한 것은 아니다. 시간만이 필요하다. 야구시합 결과를 듣는다든가, 자전거 타는 것이나 숙제를 도와주는 등 아이들이 필요할 때 거기 있으면 된다. 그러면 내가 가족의 사랑과 지원을 원할 때 그들도 내 곁에 있을 것이다. 배우자가 출장으로 지쳐 있거나 힘든 하루를 보냈을 때 배우자를 편안하게 하기 위해 곁에 있을 필요가 있다. 그러면 내게 감성적 후원이 필요할 때 배우자가 도와줄 것이고, 직장에서 스트레스를 받고 돌아왔을 때 배우자가 참아줄 수 있을 것이다. 가족과 보낸 시간의 양이 많을수록 자신이 사랑받고 있음을 알기 때문에 자신감이 생길 뿐 아니라, 삶의 다른 영역을 개선하는 데 필요한 동기와 활력을 줄 수 있다. 유명한 동기부여 연설가는 백만 불 원탁회의 회원에게 이렇게 말했다.

> 　하루하루의 첫 번째 우선순위, 인생에서 첫 번째 우선순위, 나의 모든 것을 일으키는 기초는 늘 자던 침대에서 일어나기를 확실히 지키는 일입니다. 끝! 이것만이 제 최고의 우선순위입니다. 머리가 아프거나 독감에 걸렸을 때도 그 침대에 꼭 누워 있습니다. 이렇게 하면 아이들과 관계가 좋아집니다(솔직히 말하면 아직까지 서로 다른 점이 있지만 점점 좋아지고 있습니다). 아내와도 더 좋은 관계에 있게 되고, 글을 쓸 때도 창의력이 더 늘고, 편하게 청중 앞에서 강의하게 됩니다. 제가 하는 모든 일의 원동력입니다!

이렇게 예를 통해 증명했듯이 사려 깊고 진실한 가족사랑은 우리가 할 수 있는 가장 자연스럽고 단순한 일이며, 이것은 태도도 바꿀 수 있게 하고 경력을 높일 수 있는 추진력이 된다. 백만 불 원탁회의의 최고 판매자는 다음과 같이 말했다.

> 사람에게 친절을 베푸는 데에는 촛불을 훅 하고 끄는 데 필요한 힘도 들지 않습니다. 아내에게 "당신의 지금 헤어스타일이 마음에 들어!" 또는 아이들에게 "이렇게 도와줘서 정말 고맙다!"라고 말할 때 놀라운 일이 일어납니다. 우리가 배운 것은 사랑이 모든 것의 원천이라는 것입니다. 사랑은 사람의 기운을 고양시킬 수 있는 독특한 것입니다. 그렇게 하면 우리의 기운도 더 고양될 것입니다.

가족에게 사랑과 지원을 제공하려면, 긍정적인 방식으로 가족과 교감하는 법을 배울 필요가 있다. 가족에게 사랑을 표현하는 가장 좋은 방법은 유머감각을 통해 할 수 있다. 저명한 작가가 백만 불 원탁회의 회원에게 유머감각은 농담을 말하거나 웃기는 것 이상으로 자신의 삶에서 발생한 좋은 것의 영향을 최대화하고 부정적인 영향을 최소화하는 것을 의미한다고 설명했다. 친하게 지내는 사람 사이에서도 고의적이거나 또는 부주의하게 서로 상처를 줄 때가 있다. 가족과 사랑스럽고 건강한 관계를 가지려면 모든 가족 구성원 간 친밀한 관계에서 나오는 긍정적인 측면과 부정적인 측면을 모두 수용할 필요가 있다. 사회와 마찬가지로 가족도 항상 변화한다. 우리는 자녀와 가정에서 함께 지낼 시간이 겨우 18년 밖에 안 된다. 한 동기부여 연설가가 말했듯이 가족관계를 고려할 때 다음을 명심하는 것이 아주 중요하다. "현재는 생애 두 번 다시 올 수 없는 기회입니다. 이런 식으로 사람과 느낌과 사건이 만화경처럼 함께 다가오는 것은 딱 한 번이고 두 번 다시 결코 일어나지 않습니다."

돌봄의 연결이 성공의 정의라는 유명한 백만 불 원탁회의 회원의 조언을 명심하라. 남자와 여자, 일과 가정은 결코 분리된 실체가 아니고 통합되어 있다. 가족을 우선하는 의사결정을 내리면, 즉 가족을 우리 삶의 첫 번째 초점으로 삼으면 삶의 다른 영역에서 깜짝 놀랄 만한 보상을 받게 될 것이다. 경력이나 일에서 도전을 좀 더 편안하게 받아들일 수 있고, 가족에 대한 자신감과 진정한 사랑을 가망고객에게 강조할 수 있고, 가망고객이 품고 있는 가족을 위한 꿈을 이해한다는 것을 가망고객에게 확인시켜 줄 수 있다. 사랑스러운 가족의 힘은 가능할 것이라 상상할 수 없었던 더 위대한 일을 하는 추진력이 될 수 있다.

완전한 인간의 성공

완전한 인간의 성공 개념은 세계에서 놀라운 실적을 거둔 영업인에게 효과가 있다는 사실이 입증되었다. 모든 영업인은 아니 모든 사람은 개선을 원한다. 판매를 더 잘하고 싶고, 더 나은 삶을 살고 싶고, 가능한 최상의 삶의 질을 누리고 싶어 한다. 성공할 수 있도록 일상을 바꾸려고 하지 않는 사람이 그렇게 많이 있는 이유는 무엇일까? 많은 사람은 진정한 성공을 이루려면 삶의 특정 부분이 아니라 전체를 바꿀 필요가 있다는 사실을 알지 못한다. 우리가 판매에서 성공하기 위해 필요한 것은 자신에 대한 비전, 즉 교육적 역량과 전문적 역량, 건강, 자부심과 지역사회에 기여, 가족과 긍정적이고 사랑이 넘치는 관계를 만드는 것과 직접 관련된다. 영업인으로서 자신과 가망고객에 무거운 책임을 안고 있다. 우리는 세상에서 가장 핵심적인 직업을 맡고 있다. 최고의 백만 불 원탁회의 회원은 다음과 같이 말했다.

> 누군가가 판매의 과정을 시작하지 않으면 이 세상엔 의미 있는 일이 발생하지 않습니다. 누군가 다른 사람에게 상품, 서비스 또는 아이디어를 팔려고 신경을 쓰지 않는 한 아무 일도 일어나지 않습니다. 우리 모두는 영업인입니다. 우리 모두는 항상 판매를 하고 있습니다. 우리는 아이디어, 문제에 대한 해답, 부가할 수 있는 모든 가치를 판매하고 있습니다. 우리는 관리하고 움직이게 하고 동기부여를 하는 우리의 능력을 팔고 있습니다. 우리는 항상 판매하고 있습니다. 그러나 중요한 것은 모든 사람이 다 영업에서 성공을 거두지는 못한다는 사실입니다.

영업에서 성공하려면 먼저 삶에서 성공해야만 한다. 성공한 인간으로서 가져야 할 비전을 개발하도록 자신을 밀어붙여야 한다. 자신의 마음을 넓게 하도록 노력하고, 가족과의 관계에서 감사하고 가치를 두어야 하며, 건강을 유지하는 데 필요한 것에 관심을 기울여야 하고, 지역사회에서 받았던 일과 소속감을 보답해야 한다. 이러한 것을 성취했을 때 직업적 성공은 확실히 뒤따라온다.

조그만 것을 성취하고 그것에 만족해버리는 함정을 조심하라. 백만 불 원탁회의 회원 중 한 달변가는 다음과 같이 말했다.

> 모든 사람에게 적용되는 말이 있는데 그것은 우리 중 아무도 자신의 잠재력을 100% 발휘한 사람이 없다는 것입니다. 사실이지 않습니까? 우리가 지금 어떤 상황에 있든 개선할 여지는 많습니다. 우리는 사랑하는 사람과의 관계를 개선시킬 수 있습니다. 우리는 지금 하고 있는 일을 개선시킬 수 있습니다. 우리는 우리의 건강과 활력을 개선시킬 수 있습니다. 우리는 신과의 관계도 개선시킬 수 있습니다. 우리는 좀 더 높은 수준의 성취와 마음의 평화를 얻을 수 있습니다. 우리는 세상에 더 많은 가치 있는 일과 봉사를 통해 공헌할 수 있습니다.

성공하려면 지속적으로 자기를 평가하고 개선을 해야 한다. 성공한 영업인으로서 우리의 삶은 완전한 인간, 즉 의미 있고 행복하고 성취하면서 살아가겠다고 약속함으로써 시작된다. 지금 당장 교육, 가족관계, 건강 그리고 지역사회에 대한 봉사를 개선하겠다고 약속하라. 우리의 판매는 개선될 것이고 더 중요한 일은 우리가 공헌했기 때문에 세상은 좀 더 밝은 곳이 될 것이다.

　내 책상 위에는 한 사람의 출입증 사진이 담긴 책이 있다. 출입증
에 있는 직위는 'Sales-man'이다. 이 사람은 대학교를 졸업한 후 경기
도 의정부에 있었던 미 8군 영내에서 미군의 귀국용 비행기 표를 팔
았고 이어 영어 성경책 세일즈맨이 되었다. 법대를 졸업한 이 사람은
자신이 '엘리트'라고 생각했고 엘리트라면 변호사나 판사보다 더 중
요한 일을 해야 한다고 생각해서 세일즈맨이 되었다. 미군 영내에서
우연히 브리태니커라는 백과사전을 처음으로 보고 그 '위대한' 책의
세일즈맨이 되기로 결심했다. 이 사람이 백과사전을 미군 영내에서
팔기 위해 노력한 이야기를 들어보자.

　"의정부 8군 캠프에 가면 한국 민간인은 지정된 장소에만 있어야
했다. 그러나 그렇게 해서는 사전을 팔 수 없으니까 어떻게 해서건
영내 깊숙이 들어갔다. 점심시간에는 장교 화장실을 기웃거렸다. 소
변을 보고 나서도 화장실을 떠나지 않고 있다가 장교들이 들어와 자
기들끼리 서로 이름을 부르면서 이야기하는 것을 듣고는 장교들의

이름을 적어두었다. 그랬다가 그 사람을 다시 만날 때 반드시 이름을 불렀다. '미스터 윌리엄!'이라고 부르는 것에 감격한 미군 장교가 내 첫 손님이 되었다."

이 사람은 자기가 판매하는 물건이 고객에게 유익한 것이라는 확신을 가지면 판매는 성공한 것이나 마찬가지라고 했다. 이 사람의 삶에 대한 자세와 판매화법을 들어보자.

"저는 초창기에 땀 한 방울 흘리고 밥 한 끼 먹는 연습을 했습니다. 궂은 일 속에서도, 일하는 태도에 따라 자랑스러운 근로가 될 수 있다는 것을 그때 배운 거지요. …… 고객들한테 무릎 꿇고 설명을 합니다. 저울에 달아 팔면 비싼 책일지 모르나 저희들이 들인 품으로는 제일 싼 책이라고 말입니다."

이 사람에게서 판매 철학을 배운 웅진그룹 윤석금 회장의 기억 편

린을 더듬어보면 우리 금융 영업전문가가 부지불식간에 하고 있는 일의 기원을 엿볼 수 있다.

"이를테면 고객을 만나기 전에 차림새는 어떻게 하고, 가방은 어떤 것을 든다는 것이 다 정해져 있었다. 회사의 화장실 입구에는 등신대의 '특별한' 거울이 붙어 있었다. 그 거울에는 슈트를 완전하게 갖추어 입고 이른바 007가방을 든 남성의 윤곽이 그려져 있었다. 고객을 만나러 가기 전에 머리끝부터 발끝까지 차림새를 점검하는 거울이었다. …… 또 고객에게 0.5초 안에 깊은 인상을 심어야 한다는 것을 뼛속에 새길 만큼 반복 교육했다. 반지, 시계, 볼펜…… 특히 볼펜은 판매계약을 할 때 고객에게 사인을 하도록 건네야 하니까 반드시 최고급 미제 볼펜을 지니도록 주문했다."

'나이가 몇 살이건, 고향이 어디건, 어느 학교를 나왔건, 지난날 무슨 일을 했건, 스스로 똑똑하다고 생각하는 사람, 능력이 있는데 아무도 안 알아준다고 생각하는 사람은 자기소개서를 써서 사서함 몇 호로 보내라'라는 구인광고를 통해 모집한 판매원에게 이 사람은 물건을 파는 일이 자랑스러운 일이라는 것을 가르치고, 동정이 아니라 반드시 고객이 그것을 살 이유가 있어서 사야 한다는 것, 또는 몰랐던 것을 일깨워주는 훈련을 시켰다. 처음에는 무책임한 행동을 하는 사람도 있어 어려움이 많았으나, 긍지를 심어주고, 땀 흘린 만큼 보수를 받아가게 하고, 권리와 의무가 무엇인가를 정확하게 알도록 하는데 노력했다고 한다.

"지금도 방학 동안에 대학생들을 모이게 해가지고 이것은 인생수학이다, 또는 경제인의 자질을 갖추는 것이다 하고 훈련시키고 있습니다. 그러나 대다수는 내빼버립니다. 손 안 대고 코 풀려는 심리지요. 그들은 아르바이트를 하더라도 편안한 책상에 앉아 5시만 되면 퇴근하는 직종을 더 원합니다. 궂은일을 싫어해요. 흔히 미국 유학 갔다 온 사람이 접시닦이나 구두닦이를 하면서 공부한 것을 자랑하지 않습니까? 그런 때 저는 그 사람들에게 자기와 지면이 많은 사회에서도 같은 일을 할 수 있었을 것인가를 되묻고 싶어요. 그런 그들도 자기 아들에게는 그런 일을 안 시키려 합니다. 많은 사람이 손에 때 안 묻히고, 걷지 않고 무슨 일을 하려는 화이트칼라 지향성이 강합니다. 이런 사람들 틈에서 어느 날 눈뜨고 크게 성공을 거두는 사람이 나옵니다."

판매와 판매원에 대한 이 사람의 생각은 '회사의 신조'로 만들어져 매일 아침 조회 때 판매원이 외치는 구호가 되었다.

'나는 적극적이다.
나는 합리적이다.
나는 부지런하다.
나는 끈기가 있다.
나는 목표가 있다.

나는 나의 능력을 믿는다.

나는 나의 일이 자랑스럽다.

나는 나의 일로 나라에 공헌한다.'

이 사람의 판매에 대한 생각의 뿌리와 삶의 궤적을 좀 더 알고 싶어 하는 독자라면 『특집! 한창기』(강운구와 쉰여덟 사람 지음, 창비)와 이 사람의 저술을 엮은 세 권의 책, 『뿌리깊은나무의 생각』(한창기 지음, 윤구병·김형윤·설호정 엮음, 휴머니스트), 『샘이깊은물의 생각』(한창기 지음, 윤구병·김형윤·설호정 엮음, 휴머니스트), 『배움나무의 생각』(한창기 지음, 윤구병·김형윤·설호정 엮음, 휴머니스트)을 읽어보길 권한다.

이 사람이 지적했듯이 판매는 궂은일이자 미래의 지도자가 갖추어야 할 경험의 중요 부분이다. 영업전문가가 파는 것이 결국 자기 자신이듯이 미래의 지도자인 영업전문가는 자기 자신의 인격과 품격 그리고 비전을 다른 사람에게 팔아야 한다. 흙이 도자기로 변신하려면 높은 고온이라는 시련의 과정을 거쳐야 한다. 시련을 겪었다고 모든 흙이 도자기가 되지는 않는다. 자신의 궂은일을 어떻게 생각할 것인가? 이 사람의 육성을 들어보면 한줄기 빛이 보일 것이다.

"요새 사람들은 잘 살아보자는 생각들을 가지고 있지 않습니까? 그런데 우리는 또 옛날부터 사농공상의 사상이 뿌리 깊어서 물건을 파는 것은 부끄러운 일에 속했습니다. 지금도 자기 할머니가 소금 장사했다면 부끄러운 일로 칩니다. 허나 지금은 팔지 않는 것이 없습니다. 뜻을 팔고 아이디어를 팝니다. 목사가 설교하는 것도 자기 뜻을 파는 것이고, 국회의원이 유세를 하는 것도 결국은 자기 뜻을 파는 행위로 봅니다. 나는 그렇게 세상을 보는 거지요. …… 다만 판매라는 것이 부끄러운 일이 아니라 자랑스러운 일이다. 우선 상품이 좋아야 하고, 그것을 가장 정직하고 설득력 있는 방법으로 판매하는 것이 우리나라 근대화를 촉진하는 일에도 중요한 몫을 하고 있다고 생각합니다."

지은이

백만 불 원탁회의(MDRT) 생산성향상센터

미국에서 가장 성공한 재무설계사가 모여 1927년에 창설한 백만 불 원탁회의는 현재 국제적 조직이 되어 전 세계적으로 2만 명 이상의 회원을 보유하고 있다. 백만 불 원탁회의는 배타적 조직으로 금융업계에서 상위 6%의 실적을 올리는 영업인 만 회원이 될 수 있다. 가족과의 시간, 시간 관리, 교육, 전문적 행위, 그리고 동기부여 등을 포함한 완전한 인간에 대한 추구는 매년 백만 불 원탁회의 연례 총회에서 회원 간 공유된다. 서로 배우고 세계적으로 유명한 업계 전문가로부터 배우려고 모이는 회원은 총회에 참가하기 위해 연 수입의 10%까지 지출한다. 이는 협회에 대한 충성심이나 총회에서 얻을 수 있는 지식에 대한 가치를 얼마나 높게 평가하고 있는지 보여준다.

생산성향상센터(Center for Productivity)는 백만 불 원탁회의의 출판 사업부로 풍부한 백만 불 원탁회의 자료를 토대로 질 높은 동기부여, 교육, 훈련 상품을 개발하여 보험과 재무설계 전문가가 생산성의 최고 수준이 될 수 있도록 돕고자 만들어졌다. 1996년에 설립되어 출판과 오디오테이프, 비디오테이프, 시디롬 등을 발간하고 있다. 지난 3년간 시의적절하고 유용한 주제, 즉 기술, 사무관리, 훈련, 자기 학습, 장기 간병에 이어 가망고객 발굴, 마무리와 판매 기법을 담아낸 결과물을 만들어냈다.

백만 불 원탁회의(MDRT) 시리즈는 존 와일리 앤 선스 출판사와 공동 출판에 따라 백만 불 원탁회의 자료 중 일반 독자가 이용할 수 있는 첫 번째 정보로 기록되었다. 원탁회의나 생산성향상센터에 대한 더 많은 정보는 1-800-TRY-MDRT로 전화하거나 누리집 www.mdrtcfp.org에 접속하길 바란다.

옮긴이

김선호 CFP®

서울대학교 경영대학 경영학과 졸업
동아생명, 대신생명, 한일생명, 한독약품, 영풍생명 근무
현재 PFM연구소 소장
저서 및 역서
  『재무계산기』(김선호·조영삼·이형종 공저, 2002. 11.)
  『AFPK 위험관리와 보험설계』(2판: 안용운 외 공저, 2004. 2.)
  『CFP 위험관리와 보험설계』(1판: 이준승 외 공저, 2002. 2. 2판: 이준승 외
  공저, 2004. 3.)
  『개인재무설계 사례집』(1판: 임계희 외 공저, 2002. 8. 2판: 강용각 외 공저,
  2004. 9.)
  『모기지 컨설팅』(이성제 외 공저, 2005. 7.)
  『Financial Planning Handbook』(김선호·더맵계리컨설팅㈜ 공저, 2007. 11.)
  『재무상담사를 위한 스토리셀링』(김선호·조영삼·이형종 공역, 2003. 8.)
  『금융전문가를 위한 고객설득전략』(김선호·조영삼·이형종 공역, 2004. 4.)
  『재무상담사를 위한 고객 재무설계』(김선호·조영삼·이형종 공역, 2005. 4.)
  『재무설계사를 위한 개인재무설계 컨설팅 I』(김선호·이형종·김사헌 공역,
  2005. 8.)
  『재무설계사를 위한 개인재무설계 컨설팅 II』(김선호·이형종·강성호 공역,
  2005. 12.)
  『금융전문가를 위한 백만 불의 마무리 기법』(김선호 옮김, 2007. 12.)
이메일 yahogoma@unitel.co.kr

백만 불의 판매 기법

ⓒ 김선호, 2008

지은이 | 백만 불 원탁회의 생산성향상센터
옮긴이 | 김선호
펴낸이 | 김종수
펴낸곳 | 서울출판미디어

편집책임 | 이교혜
편집 | 배은희

초판 1쇄 인쇄 | 2008년 11월 5일
초판 1쇄 발행 | 2008년 11월 20일

주소 | 413-832 파주시 교하읍 문발리 507-2(본사)
       121-801 서울시 마포구 공덕동 105-90 서울빌딩 3층(서울 사무소)
전화 | 영업 02-326-0095, 편집 02-336-6183
팩스 | 02-333-7543
홈페이지 | www.hanulbooks.co.kr
등록 | 1980년 3월 13일, 제406-2003-051호

Printed in Korea.
ISBN 978-89-7308-149-3   03320

* 책값은 겉표지에 있습니다.